高等法律职业教育系列教材
GAODENGFALUZHIYEJIAOYUXILIEJIAOCAI

民法原理与实务

MINFAYUANLI YU SHIWU

主　编◎ 吴晓苹　但小红
副主编◎ 熊小琼

暨南大学出版社
JINAN UNIVERSITY PRESS
中国·广州

本书编委会

主　编　吴晓苹　但小红

副主编　熊小琼

撰稿人　（按撰写单元先后为序）
朱文博　但小红　吴晓苹　黄惠萍
熊小琼　谢世平　白　云　梁　晖

目　录
CONTENTS

总　序

高等法律教育职业化已成为社会的广泛共识。2008 年，由中央政法委等 15 部委联合启动的全国政法干警招录体制改革试点工作，更成为中国法律职业化教育发展的里程碑。这也必将带来高等法律职业教育人才培养机制的深层次变革。顺应时代法治发展需要，培养高素质、技能型的法律职业人才，是高等法律职业教育亟待破解的重大实践课题。

目前，受高等职业教育大趋势的牵引、拉动，我国高等法律职业教育开始了教育观念和人才培养模式的重塑。改革传统的理论灌输型学科教学模式，吸收、内化“校企合作、工学结合”的高等职业教育办学理念，从办学“基因”——专业建设、课程设置上“颠覆”教学模式：“校警合作”办专业，以“工作过程导向”为基点，设计开发课程，探索出了富有成效的法律职业化教学之路。为积累教学经验、深化教学改革、凝塑教育成果，我们着手推出“基于工作过程导向系统化”的法律职业系列教材。

《国家（2010—2020 年）中长期教育改革和发展规划纲要》明确指出，高等教育要注重知行统一，坚持教育教学与生产劳动、社会实践相结合。该系列教材的一个重要出发点就是尝试为高等法律职业教育在“知”与“行”之间搭建平台，努力对法律教育如何职业化这一教育课题进行研究、破解。在编排形式上，打破了传统篇、章、节的体例，以司法行政工作的法律应用过程为学习单元设计体例，以职业岗位的真实任务为基础，突出职业核心技能的培养；在内容设计上，改变传统历史、原则、概念的理论型解读，采取“教、学、练、训”一体化的编写模式。以案例等导出问题，根据内容设计相应的情境训练，将相关原理与实操训练有机地结合，围绕关键知识点引入相关实例，归纳总结理论、分析判断解决问题的途径，充分展现法律职业活动的演进过程和应用法律的流程。

法律的生命不在于逻辑，而在于实践。法律职业化教育之舟只有融入法律实践的海洋当中，才能激发出勃勃生机。在以高等职业教育实践性教学改革为平台进行法律职业化教育改革的路径探索过程中，有一个不容忽视的现实问题，高等职业教育人才培养模式主要适用于机械工程制造等以“物”作为工作对象的职业领域，而法律职业教育主要针对的是司法机关、行政机关等以“人”作为工作对象的职业领域，这就要求在法律职业教育中要对高等职业教育人才培养模式进行“辩证”的吸纳与深化，而不是简单、盲目地照搬照抄。我们所培养的人才不应是“无生命”的执法机器，而是有法律智慧、正义良知、训练有素的有生命的法律职业人员。但愿这套系列教材能为我国高等法律职业化教育改革作出有益的探索，为法律职业人才的培养提供宝贵的经验、借鉴。

2010 年 11 月 15 日

前　言

警官高等职业教育以培养高素质技能型法律专门人才为目标，对理论知识的传授以“必需、够用”为度，适应职业性和应用技能培养的要求。为适应这一人才培养模式的客观需要，我们编写了本书，尝试以一种新的方式及形式对民法原理及其实务应用进行阐述，确保因材施教，以期为高等职业教育教材建设提供一个新思路。

本书的编写人员为长期执教的一线教师和执业律师，具有厚实的法学理论素养和丰富的法律实务经验，从而赋予了本书如下特色：

（1）系统性。本书完整介绍了民法原理的基本内容，注重对民法基本概念、基本制度的分析和阐述，释义准确、观点明确、重点突出、结构严谨、详略得当、逻辑严密，使学生能够全面了解现行民法体系及有关规定，以构筑必要的知识基础。

（2）实用性。本书侧重民法理论在实践中的具体运用，通过引入真实事例对主要知识点进行剖析，资料丰富、评析详尽，充分展现民事活动的演进过程和民事法律的应用流程，不仅使理论与实际紧密结合，而且有助于学生形成科学的逻辑思维；同时还围绕实务应用的重点组织了大量案例和实训内容，并对各个实训环节及其形式、步骤等提出教学建议，既便于教师组织教学，又利于学生职业技能的训练和发展。

（3）新颖性。本书完全脱离了传统民法教材“总分论”的结构，以模块形式组织内容，在此基础上设置包含若干个项目的教学单元，并通过“知识及能力目标”和“内容结构图”直观地概括教学内容，既方便教师确定授课重、难点，也便于学生自学；不同教学单元有对应的情境设计，将民法原理与实操训练有机地结合起来，充分体现高职教育的特点和要求。

（4）拓展性。本书立足于提高学生的学习和实践能力的基础上，除了阐述民法基本理论外，还以“知识链接”的形式介绍与知识点相关的其他内容，每一项目之后有以案例分析为主的“思考与练习”，每一单元均有“拓展阅读”，以指导学生自主学习；教材内容也不仅仅局限于传统民法理论，如“民事争议的解决途径”单元包含了人民调解、仲裁法、诉讼法等内容，一方面拓宽学生的视野，另一方面也进一步凸显职业技能的应用特点。

本书由吴晓苹、但小红任主编，熊小琼任副主编。具体写作及分工如下（按撰写单元先后排序）：

朱文博：单元一、三，自然人制度实训

但小红：单元二项目一、二，单元十，民事法律关系实训

吴晓苹：单元二项目三，单元九项目一，人身权实训

黄惠萍：单元四、五，法人、合伙制度实训

熊小琼：单元六，单元九项目二、五，民事法律行为实训

谢世平：单元七、十一，代理制度实训

白　云：单元八，诉讼时效制度实训

梁　晖：单元九项目三、四，训练方法

由于受能力及资料所限，本书的编写不可避免地存在不足之处，敬请广大读者批评指正。

编者

2011 年 4 月

单元一

民法概论

本单元是对民法最为基础性的理论和知识的概括，内容涉及民法的含义、民法的调整对象、民法的体系、民法与其他法律部门的区别、民法的渊源、民法的适用范围等。学习民法，不仅需要理解并掌握具体的知识，更要领会民法精神并融入到自身的行为中去。学习本单元内容应着重理解民法的基本概念，掌握民法是私法这一本质特征。通过比较民法与其他法律部门的不同，从各个方面逐步认识到民法的调整范围和途径。民法规范赖以存在的法律文件和习惯，就是民法的渊源即民法的表现形式。学习民法的体系，融会贯通构成民法的各个部分的具体制度及其联系，可以更加清楚地掌握民法的基本知识和原理。

【知识目标】

重点理解并掌握民法的概念、调整对象及其本质特征、体系构成，通晓民法各基本原则的含义和功能，了解民法的渊源、民法与其他部门法的区别。

【能力目标】

通过对相关知识点的记忆和理解，领悟民法的本质与精神，以求在处理具体的民事法律实务时能够运用扎实的民法知识，作出精准的判断。

【内容结构图】

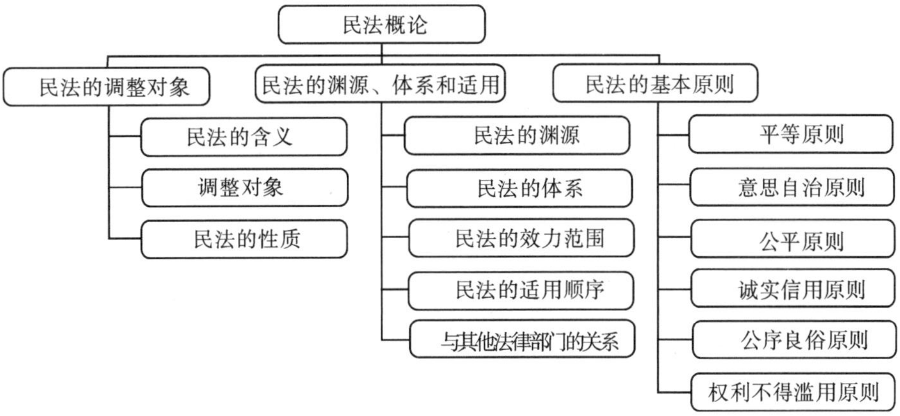

项目一　民法的调整对象

【引例】

张某开办了一间个体商店，办理了个体经营执照，并在税务机关办理了税务登记手续。经税务局核定，张某每月应缴纳500元的固定税。但后来因张某的商店经营效益较好，税务局要求张某每月缴税1 000元。张某对税务局的决定不同意，于是双方发生纠纷。张某遂诉至法院。

张某与税务局之间因税金定额发生的纠纷是否属于民法调整？

【基本理论】

民法对平等主体之间财产关系的调整，为确保市场经济的有序运行，促进社会经济的发展和人民福祉的增进提供了法律基础；民法对平等主体之间人身关系的调整，为保障个人能够进行独立的、有尊严的社会活动增添了法律力量。

一、民法的含义

“民法”来源于罗马法中的市民法（jus civile）。古罗马将其法律分为公法和私法，这一传统被大陆法系各国继承下来。我国法律传统上存在着诸法合体、民刑不分的特点，从法律文化到法律制度上都没有形成和建立独立的民法观念和民法制度体系，直到清朝末年沈家本主持制定《大清民律草案》时，聘请日本学者松冈义正等人起草民法而从日本引进“民法”一词。自此，民法的概念、观念及其整体制度才被引入我国，在主体上继受了大陆法系传统并延续至今。民法是我国法律体系中重要的部门法之一。

民法一词有多种含义，通常可作如下区分：

（1）形式民法和实质民法。形式民法是指以民法命名的立法文件，如法国民法典、意大利民法典、我国的《中华人民共和国民法通则》（以下简称《民法通则》）等。实质民法是指一切具有民法性质的法律规范，即包括了民法典和其他具有民法内容的法律法规，如合同法、继承法、专利法等。

（2）广义民法与狭义民法。广义民法是指所有调整包括物质资料占有关系、商品交换关系、继承关系、婚姻家庭关系、智力成果专有关系等各种民事关系的法律。狭义民法指的是只调整一定范围内的民事关系并对其作一般规定的法律，其他民事关系则由单行法律（如著作权法、专利法、商标法、婚姻法、继承法、保险法、票据法、公司法等）加以调整。

（3）普通民法和特别民法。普通民法是指对民事法律关系集中作出一般性规定的民法规范，如各国民法典。特别民法是指对一定范围内的私人关系进行调整的民法规范，如单行的婚姻法、合同法等。

《民法通则》是形式民法、普通民法，其中第2条规定，中华人民共和国民法调整平等主体的公民之间、法人之间、公民和法人之间的财产关系和人身关系。就目前我国的社会、经济和法律制度发展的状况来看，这一法律规定存在一些缺陷，如其中的“公民”概念无法与传统民法含义相衔接且排除了外国人、无国籍人受民事法律规范的情形；而未将非法人组织列入民事主体范围之内也与我国不断发展的社会经济状况不相符合。1998 年《中华人民共和国合同法》（以下简称《合同法》）颁布，该法第 2 条将订立合同以设立、变更、终止民事权利义务关系的主体规定为自然人、法人和其他组织，从而弥补了之前仅由《民法通则》相应规定所引述的民法定义的不足，也使得民法定义中对民事主体的表述更趋合理。民法的定义可以表述为：民法是调整平等主体的自然人、法人、其他组织之间的财产关系和人身关系的法律规范。

二、民法的调整对象

每一个独立的法律部门，都有自己特定的调整对象，解决特定的社会矛盾，从而与其他法律部门相区别。根据《民法通则》第 2 条的规定并结合民法原理，我国民法的调整对象可以概括为平等主体的自然人、法人、非法人组织之间的人身关系和财产关系。

（一）民法调整平等主体之间的人身关系

人身是作为人的人格和身份。人格是作为人至少应具备的利益要素，包括生命安全、肖像、隐私等利益要素。身份则是人在家庭或团体等相对稳定的社会关系中所处的地位和拥有的名分。因此，人格关系和身份关系是主体之间以人格利益和身份利益为客体、以人身权利为内容的社会关系。民法调整平等主体之间的人格关系；对于身份关系，民法只调整基于血缘、婚姻、收养而形成的配偶、亲属、监护等亲属法中的社会关系。

民法所调整的平等主体之间的人身关系有如下特点：

1. 主体地位平等

在人格关系中，每个民事主体均享有独立的人格利益，同时应尊重他人的人格利益。在身份关系中，每个民事主体的法律地位也应当是平等的。不过基于某些身份关系的特点，民事主体之间的权利义务有时候会存在不完全平等的情形，如父母对未成年子女享有设定住所的权利等。

2. 与人身不可分离

一般情况下，人身关系与民事主体的人身不可分离，具有专属性。除法律另有规定外，民事主体不可转让、放弃其人身权利。

（二）民法调整平等主体之间的财产关系

财产是指人体以外对人具有经济价值，能够为人支配的事物。在民法上，财产主要分为有形财产和无形财产。有形财产是具有经济价值的物质实体，如土地、房屋、汽车、服装等。无形财产是指没有物质形体但具有经济价值的精神产品或权利，如专利、商号、商业秘密等。

财产关系是指人们之间以财产为客体、以具体的经济利益为内容的社会关系。人们在具体的经济活动中会发生各种具体的经济关系，如财政税收关系、财产买卖关系等，只有如财产买卖等发生于平等主体之间的财产关系才是民法所要调整的财产关系。

民法所调整的财产关系特点如下：

1. 主体地位平等

在民法调整的各种财产法律关系中，主体之间的法律地位都是平等的，不存在隶属关系。在实现自身的利益时均须尊重他人的财产利益，各财产支配者的法律地位都是平等的，他们之间建立的民事财产法律关系亦平等地受法律保护。

2. 意思表示自由

在调整各种财产法律关系中，民法确定了民事主体表达自身意思的权利，规定任何一方均不能将自身的意志强加于对方。非经法律规定授权，任何机关和组织也不能干预平等主体之间的财产关系。

三、民法的性质

民法的性质是民法区别于其他法律的特性。了解民法的性质，可以更进一步地理解民法的含义和民法调整对象的意义。

（一）民法是私法

早在古罗马时期，就已经产生了公法与私法的划分。根据《学说汇纂》记载，罗马法学家乌尔比安认为公法“有关罗马国家的稳定”，私法“涉及个人的福利”。[①] 在大陆法系形成后，属于这一法系的国家均将其作为法律的基本划分方法。各国学者就如何确定公法与私法划分的标准，一直未有定论，但可以大致总结为：在平等的私主体之间基于意思自治建立的财产关系和人身关系属于私法关系，以公权力主体的身份基于强制命令建立的法律关系属于公法关系。根据这一划分标准，民法属于私法。

私法关系强调当事人的意思自治，尽可能减少国家的干预；确立主体地位平等，实行当事人意思自治和民事责任的国家救济。只要不涉及国家利益和社会公共利益，国家就不应进行干涉。只有在当事人发生纠纷时，国家才以裁判者的身份行使国家权力，解决纠纷。强调民法属于私法的目的在于认清民法的根本属性。民法旨在调整私人间的利益，以平等为基础，其基本职能在于规定和保护民事权利，以强调对私权的充分保护为基本的价值取向，即使国家参加民事法律关系，也是以平等主体的身份出现的，而不带有公权力的地位。强调民法的私法属性有助于在民事立法和司法实践中将民法的职能重心放在对民事主体私人利益的鼓励和尊重上，放在对民事主体权利的确认和保护上，系统、全面地规定民事权利体系，尽可能详尽、完备地规定民事权利的行使规则和保护机制，规定对民事权利的合理限制和干预程序，排除各个方面特别是公权力对民事权利的不当干预。

（二）民法是权利法

民法是私法，私法以保护私人利益为目的，这就决定了民法必须以权利为本位，是以规定主体权利为主要内容的权利法。民法保护私人利益，主要以授权性规范赋予民事主体民事权利，以民事权利为核心构筑民法制度，如规定民事权利主体、客体，民事权利的产生、变更与消灭，民事权利的行使，民事权利的种类，民事权利的保护等内容，可以说民法是一部民事主体的权利宣言书。民法规定的民事权利是民事主体的基本人权，民法是保障人权实现的具体法律制度。

民法在如下方面体现出权利法的特点：第一，民法的根本任务在于确认和保护民事主体的权利。整个民法体系都是围绕着这一目的进行的，它确认了民事主体可以依法取得的各种民事权利，并建立了完善的权利救济制度。第二，民法是以权利为中心的规范体系。民法通过体系化的方法，建立了金字塔形的权利模式。处于顶端的是民

---

① ［意］彼德罗·彭梵得. 罗马法教科书. 黄风译. 北京：中国政法大学出版社，1992. 9.

事权利这一总概念。民法总论围绕着这一概念，规定了民事权利的主体，民事权利发生、变更和消灭的根据，法院保护民事权利的期限。民事权利分为人身权、物权、债权、知识产权、亲属权、继承权，这些权利是民法典的分则部分或民事特别法的保护对象。第三，民法以权利为本位。在民事法律关系中，权利与义务往往是相对应的，一方当事人的权利往往就是另一方当事人的义务。不过，在法律思维方法上，民法强调以权利为本位，民事义务的设置是为实现民事权利服务的。因此，只有在当事人一方享有权利的前提下，另一方当事人才有必要承担义务。权利主体可以通过抛弃权利的方式来免除义务主体的义务，而义务主体则不能通过免除自己的义务来消灭权利主体的权利。

民法作为权利法的属性是由民法的私法性质决定的。民法作为私法，调整平等主体之间的民事活动，其立法目的在于通过对私权的维护调动平等主体从事民事活动的积极性，促进社会、经济、文化诸领域的发展。这就决定了民法应以权利为中心建立其规范体系，在规范形式上多采用授权性规范与任意性规范。

【思考与练习】

1. 从实际生活出发，举例说明民法所调整的社会关系。
2. 为什么说民法的本质属性是私法？试举例说明。
3. 民法是权利法这一属性在社会生活中是怎样体现出来的？

项目二　民法的渊源、体系和适用

【引例】

吴某委托某装修公司装修其新房作为自己的婚房，并将新房钥匙交予该公司保管。竣工前，吴某到新房查验工程进度时，却发现该装修公司的一名员工在其新房内上吊自杀了。吴某遂起诉至法院，要求该装修公司购买其装修的新房并承担违约责任和赔偿精神损失。吴某诉称依据民间传统习俗，死过人的新房不宜作为婚房使用，故要求该装修公司承担相应的法律责任。该装修公司辩称吴某所谓的理由没有法律依据，只是一种封建迷信，自己没有过错也不是侵权行为人，故不应承担责任。

吴某的主张能够得到支持吗？本案适用民法的哪一种渊源？

【基本理论】

一、民法的渊源

（一）民法渊源的含义

民法渊源是指民事法律规范的表现形式，在这种意义上理解的民法渊源主要是指国家机关在其权力范围内制定的各种具有法律效力的规范性文件。民法渊源的重要实践意义在于，它是法院或仲裁机构裁判案件的法律依据。由于对民法的渊源有不同的态度，因此不同的国家或不同的时代，对民法渊源的认识也会有较大的差异。大陆法系国家的民法渊源主要包括制定法、习惯法以及法理等；英美法系国家其民法渊源传统上主要是判例法；而有的国家比如瑞士的民法渊源则是多元的，除了制定法以外，还包括习惯法、学说和先例。

（二）我国民法的渊源

关于我国民法的渊源究竟包括哪些种类，民法学界并未达成一致。笔者认为，我国民法的渊源一是制定法，主要包括宪法、民事基本法、民事单行法、其他法律、国务院制定的行政法规以及地方性法规、自治条例和单行条例；二是对制定法的有权解释；三是习惯法；四是国际条约与国际惯例。

1. 制定法

制定法是指具有立法权的国家机关制定的法律。在我国，作为民法渊源的制定法包括：

（1）宪法。宪法是我国的根本大法，是由全国人民代表大会制定的规定国家根本政治制度和根本经济制度等最重要、最根本问题的法律，宪法中与民法有关的内容成为民法的渊源。

（2）民事基本法。我国目前还没有民法典，《民法通则》是我国的民事基本法，也是我国目前最重要的民法渊源。

（3）民事单行法。许多民事法律制度都是通过民事单行法加以规定或具体化的，如《合同法》、《公司法》等。

（4）其他法律。全国人民代表大会及其常务委员会制定的其他法律中也多有涉及民法的内容，如《土地管理法》、《城市房地产管理法》、《产品质量法》等。

（5）国务院制定的行政法规。在国务院制定的行政法规中，有许多涉及民事法律规范，如《中华人民共和国商标法实施条例》、《中华人民共和国公司登记管理条例》等，它们同样是我国民法的渊源。

（6）地方性法规、自治条例和单行条例。地方性法规的效力低于法律和行政法规，在相应的行政区域内有效，如《广东省专利条例》、《上海市房地产登记条例》等。自治条例和单行条例在不违背法律或者行政法规基本原则的前提下，可以对法律和行政法规的规定作出变通规定，在相应的民族自治区域产生效力，如《新疆维吾尔自治区合同格式条款监督条例》、《黔西南布依族苗族自治州农作物种子管理条例》等。地方性法规中的民事法律规范，以及自治条例和单行条例中的民事法律规范也是我国民法的渊源。

2. 对制定法的有权解释

对制定法的有权解释是指有解释权的国家机关对民事法律规范所作的解释，目的在于阐释民法规范的构成要件与法律效果，以便正确适用。在我国，对制定法的有权解释包括立法解释和司法解释，前者由制定相关法律规范的国家机关行使，后者由最高人民法院行使。

民事基本法、民事单行法和其他法律的立法解释由全国人民代表大会常务委员会负责；行政法规的立法解释由国务院负责；地方性法规、自治条例和单行条例的立法解释均由相应的立法机关负责；有关民事案件的司法解释由最高人民法院作出。

❋司法解释的主体

全国人民代表大会常务委员会于1981年6月作出的《关于加强法律解释工作的决

议》第2条规定："凡属法院审判工作中具体应用法律、法令的问题，由最高人民法院进行解释。凡属于检察院检察工作中具体应用法律、法令的问题，由最高人民检察院进行解释。最高人民法院和最高人民检察院的解释如果有原则性的分歧，报请全国人民代表大会常务委员会解释或决定。"根据这一规定，行使司法解释权的主体有两个：最高人民法院和最高人民检察院。不过，就民法而言，作出司法解释工作的主体只有最高人民法院。最高人民法院在总结以往民事审判经验的基础上，就法律的具体适用作出解释，以指导各级法院正确审判。

3. 习惯法

所谓习惯，是指一种社会规范，是人们共同生活中的惯例。不同的地区、不同的社会阶层、不同的民族存在不同的习惯。习惯法来源于习惯，但并不是所有的习惯都是习惯法。习惯法是指社会公众对其有法的认同和法的确信，并且经国家认可的习惯。习惯法具有法律约束力，是我国民法的渊源。如1951年最高人民法院西南分院关于赘婿要求继承岳父母财产问题的批复中指出："如当地有习惯，而不违反政策精神者，则可酌情处理。"再如《合同法》规定，合同的订立及履行方式等可以依照交易习惯确定。

※法条链接——

《中华人民共和国合同法》

第22条　承诺应当以通知的方式作出，但根据交易习惯或者要约表明可以通过行为作出承诺的除外。

第26条　承诺通知到达要约人时生效。承诺不需要通知的，根据交易习惯或者要约的要求作出承诺的行为时生效。

第60条第2款　当事人应当遵循诚实信用原则，根据合同的性质、目的和交易习惯履行通知、协助、保密等义务。

第61条　合同生效后，当事人就质量、价款或者报酬、履行地点等内容没有约定或者约定不明确的，可以协议补充；不能达成补充协议的，按照合同有关条款或者交易习惯确定。

第92条　合同的权利义务终止后，当事人应当遵循诚实信用原则，根据交易习惯履行通知、协助、保密等义务。

第125条　当事人对合同条款的理解有争议的，应当按照合同所使用的词句、合同的有关条款、合同的目的、交易习惯以及诚实信用原则，确定该条款的真实意思。

第136条　出卖人应当按照约定或者交易习惯向买受人交付提取标的物单证以外的有关单证和资料。

第293条　客运合同自承运人向旅客交付客票时成立，但当事人另有约定或者另有交易习惯的除外。

第368条　寄存人向保管人交付保管物的，保管人应当给付保管凭证，但另有交易习惯的除外。

4. 国际条约与国际惯例

国际条约是两个或两个以上的国家就政治、经济、贸易、军事、法律、文化等方面的问题确定其相互间权利义务关系的协议。国际惯例又称国际习惯，是指在国际法上被接受为法律的通常做法。我国缔结或参加的国际条约以及国际惯例是我国民法的渊源，适用于涉外民事活动及其民事法律关系。

二、民法的体系

民法体系，是指以概念表示的民法规范在部分上的划分及其在整体上的组合。学习民法体系，有助于体系化地理解民法问题，训练对民法的法理逻辑思维，将民法规则正确地适用于具体民事案件中。下面从不同角度说明民法的体系，其中主要方面是民法的内容体系。

（一）民法的立法规范文件体系（民法的渊源体系）

民法的立法规范文件最完备的形式就是民法典，民法典为一般法。规定特定领域民事关系或适用于特定的人或地方的民法规范则为民事特别法。从我国目前的民事立法规范性文件看，我国尚未颁布民法典，民法立法规范文件体系由以下三部分构成：

1. 《民法通则》为民事基本法

《民法通则》是在我国尚未颁布民法典而民事关系又急需调整的情况下，本着宜粗不宜细的立法指导思想制定的调整民事关系的基本民事法律文件。

2. 《合同法》、《婚姻法》等单行民事基本法

《合同法》规定的内容属于传统民法典债编部分的内容，《婚姻法》规定的内容相当于传统民法典亲属编的内容，因此这些法律规定的内容本应属于民事基本法的内容，只不过它们以单行法的形式出现。

3. 民事特别法

民事特别法是适用于特定民事领域的特定民事关系的法律规范。在我国采取的民商合一体制下，适用于商事关系的法律为特别民法，如《公司法》、《票据法》、《海商法》等。另外，《土地管理法》、《城市房地产管理法》等法律中的民事规范，也属于有关特定领域民事关系的民事特别法的组成部分。

（二）民法的内容体系

民法的内容体系，是指民法规范所规定的各项具体民事法律制度有机联系的整体构成。从民法的内容来看，主要有以下表现：

1. 总论

民法总论是关于普遍适用于民事关系的一般法律规定，如关于民法的制定依据、基本原则、适用范围的规定，关于民事主体的规定，关于民事法律行为和代理的规定，关于诉讼时效和期间的规定等。

2. 分论

分论是各项具体民事权利制度的规定。主要由物权制度、债权制度、人身权制度、知识产权制度、亲属制度、继承权制度以及民事责任等内容构成。

物权制度主要规定各种物权的种类、效力、物权的内容、变动及其保护等问题，包括物权通则、所有权和各类他物权。他物权包括用益物权和担保物权。用益物权依物权法定原则，传统民法上主要有地役权、地上权、永佃权、典权等。担保法规定的担保物权包括抵押权、质权、留置权等。它主要规定的是财产的归属秩序及其变动关系规则。

债权制度的规定主要是关于财产流转过程发生在特定的当事人之间的权利义务关系规则。它规定债的概念和效力，规定各种债的发生根据，债的变更和消灭，债的履行和债的不履行的责任等通则性问题，还规定合同之债、侵权之债和其他原因之债等各种债的关系。

人身权制度的规定包括人格权和身份权，主要是人格权，具体包括生命权、身体权、健康权、姓名权、名誉权、自由权、肖像权、荣誉权、隐私权等。

知识产权制度的规定主要是基于创造性智力成果而产生的无体财产权及其相关的人身权，主要包括著作权、专利权、商标权、发明权、发现权和其他科技成果权。

民法中关于亲属制度的规定主要包括婚姻家庭关系的规定，在民法典中一般为亲属编。

继承权的主要规定是关于自然人死亡后其遗产的归属秩序，包括法定继承、遗嘱继承、遗赠、遗赠扶养协议、无人继承和无人受遗赠死者财产的归属等制度。

民事责任制度是关于民事主体违反民事义务或侵犯他人民事权利所承担的法律责任，主要包括合同责任和侵权行为责任。传统民法上将合同责任归于债编的合同部分，将侵权行为的法律后果归入债编当中按侵权之债处理，不另设民事责任编。我国《民法通则》第六章规定了民事责任，突出了民事责任在民法中的地位。《合同法》对合同责任作了全面规定，侵权责任则由《中华人民共和国侵权责任法》予以全面规范。

以上内容是关于一般民事关系的法律制度内容的主要方面。在民商合一体制下，民法内容还应包括关于特别民事关系——商事关系的法律制度，即商事法律制度，主要包括公司法、票据法、保险法、证券法、海商法、破产法等。

由此可见，民法内容浩繁，以民法现象及其发展规律为研究内容的民法学也是内容极为丰富的学科。

三、民法的效力范围

民法的效力范围，是指民法规范在何时、何地、对何人何事发生法律效力。正确理解民法的效力范围，是正确适用民法的前提。

（一）民法的时间效力范围

民法的时间效力范围，是指民法规范适用于哪个时间段的民事关系，即对何时发生的民事关系具有适用效力。一般来讲，民法自实施之日起生效，至废止之日失效。法律规范的失效一般由法律明文宣布自废止之日起失效。有的民事法律规范性文件自身规定了施行期限，则自期限届满之日当然失效。新法颁布时往往同时规定旧法的废止时间。如《合同法》第428条就规定："本法自1999年10月1日起施行，《中华人民共和国经济合同法》、《中华人民共和国涉外经济合同法》、《中华人民共和国技术合同法》同时废止。"没有这样明文规定的，依一般原理，新法生效之日起，就同一事项应以新法优于旧法的原则适用新法，旧法视同失效。而对于适用特别事项的特别法，新颁布的普通法则不具有使其失效的作用，而仍然可适用该特别法。

民事法律规范对其实施前发生的民事社会关系，原则上无溯及适用的效力，但在法律有明文规定的某些特殊情况下，民事法律规范也可以溯及适用于既往的民事关系。例如，《最高人民法院关于贯彻执行〈中华人民共和国民法通则〉若干问题的意见（试行）》（以下简称《民通意见》）第196条规定："1987年1月1日以后受理的案件，如果民事行为发生在 1987 年以前，适用民事行为发生时的法律、政策，当时的法律、政策没有具体规定的，可以比照《民法通则》处理。”

（二）民法的空间效力范围

民法的空间效力范围，是指民法规范在何地域范围内有效，即民法规范在地域范围上所具有的效力。一般来讲，民法规范的地域效力范围及于制定该民事法律规范性文件的机关权力所管辖的地域范围。《民法通则》第 8 条第 1 款规定：“凡在中华人民共和国领域内的民事活动适用中华人民共和国法律，法律另有规定的除外。”我国领域是指我国国家主权所及的领土、领空、领海以及根据国际法、国际惯例应当视为我国领域的驻外使馆、我国航行或停泊于国境外的船舶、飞机等。有的只涉及特定事项的法律，仅仅适用于特定事项涉及的区域。例如，《城市房地产管理法》只适用于城市，而不适用于农村。

（三）民法对人的效力范围

民法对人的效力范围，即民法规范对哪些人具有效力。这里的人包括自然人、法人及其他与民事主体有关的组织。民法规范对人的适用范围的确定有属人主义、属地主义等标准。属人主义，即以当事人国籍确定法律的适用，凡具有某一国籍的人不问其在何处，均适用国籍所在国的法律；属地主义，凡居住于该国或在该领域内发生的民事行为均适用该国法律。《民法通则》第 8 条第 2 款规定：“本法关于公民的规定，适用于在中华人民共和国领域内的外国人、无国籍人，法律另有规定的除外。”可见依属地原则，凡在我国境内的本国人、外国人和无国籍人均适用我国民法；不在我国境内的则不适用我国民法，但有例外。例外情况有以下几种：一是我国民法中某些专门规定由中国自然人、法人或者其他组织进行的民事活动的内容，对外国人、无国籍人或外国法人和其他组织不适用；二是对虽然在我国境内，但依据我国缔结或参加的国际条约、双边协定或经我国认可的国际惯例，享有司法豁免权的外国人（如来访的国家元首、政府首脑及其随从人员，外国使节及其家属等）不适用我国民法；三是对于不在我国境内的我国公民，其民事关系原则上适用所在地（国）民法，但依据我国缔结或参加的国际条约、双边协定或我国认可的国际惯例，应该适用我国民法的，则应适用我国民法。

☞ **案例**

詹姆斯，美国人，现住中国，于 2004 年 10 月 7 日将其在中国所有的一套房屋租给中国人侯某。双方在当时订立一份房屋租赁合同，主要内容为：长期租赁，每月租金 1 200元，一次性交纳 3 年租金，期满后租金另议。2007 年 10 月期满后双方均未提出再议，侯某继续使用该房屋但未交租金。詹姆斯于 2008 年 7 月起诉至法院，请求侯某交纳支付拖欠的租金。

詹姆斯是居留在中国境内的外国人，该案发生在中国领域内，没有可以排除适用的情况。根据《民法通则》第 8 条的规定，詹姆斯起诉应适用我国民法，我国法院应当受理。

四、民法的适用顺序

民法的渊源是各类民法存在形式构成的一个体系，其相互之间有严密的内在逻辑，在具体适用时有其适用的顺序。我国民法的制定法渊源也因其有多种形式在适用上也有一定的顺序。依据我国《立法法》的规定及学者的解释，对民法的不同制定法渊源主要依据以下原则确定适用顺序。

1. 上位法优于下位法

这是指在法律位阶、制定机关、立法等级效力等方面其位阶、地位、效力较高的规范性文件与较低的规范性文件相冲突时，应适用位阶较高的规范性文件。例如，我国《立法法》第 79 条规定，法律的效力高于行政法规、地方性法规、规章；行政法规的效力高于地方性法规、规章。依据该条规定，可以知道《中华人民共和国专利法》的效力高于《中华人民共和国专利法实施细则》，《中华人民共和国专利法实施细则》的效力高于《关于规范专利申请行为的若干规定》（国家知识产权局制定并公布）。

2. 新法优于旧法

级别相同的规范性文件发生冲突时，新颁布生效的规范性文件优先于旧的规范性文件，但同时要注意民事法律法规一般无溯及既往的效力，如果适用于它颁布生效以前的民事问题需要有明确的特别规定。

3. 特别法优于普通法

特别民事法律、法规是适用于特殊领域的民事关系的，普通民法规范则适用于一般的民事法律关系，在法律适用时特别法优先适用。如在规范民事主体合同事务上，《合同法》优先《民法通则》适用。

4. 强行法优于任意法

对某一事项，凡有强行性规范规定的，任意性规范不得再发挥作用，应适用强行规范。

5. 例外规定排除一般规定

适用于民事问题的例外情形的，若有例外规定，应适用例外规定，不适用一般规定。

6. 具体规定优于一般原则

在原则性规定与具体规定之间，应当优先适用具体规定，在无具体规定时，适用一般原则性规定。

☞ **案例**

2008 年 3 月 10 日清晨，孕妇王丽急于分娩，与丈夫准备乘坐司机丁凡的出租车到医院。时值清晨，出租车极少，丁凡称，该车是新车，孕妇乘坐会弄脏车座，如果想坐，需要支付平时乘车费用 6 倍的乘车费，否则不能上车。王丽的丈夫考虑到天色较早，搭乘出租车极为困难，且王丽的情况紧急，于是同意按 6 倍于平时乘车费的款额支付。事后，王丽及其丈夫向法院起诉，要求丁凡返还多收的钱款。

丁凡多收王丽夫妇乘车费属于乘人之危的行为，这种行为按照《民法通则》第 55 条的规定是无效的，当事人因该行为取得的财产，应当返还给受损失的一方。但依照《合同法》第 54 条第 2 款和第 3 款的规定："一方乘人之危，使对方在违背真实意思的情况下订立的合同，受损害方有权请求人民法院或者仲裁机构变更或者撤销；当事人请求变更的，人民法院或者仲裁机构不得撤销。”出租车载客这一事实在出租车公司与乘客之间产生了合同关系，因此对于这一案件应当首先适用《合同法》。王丽及其丈夫要求丁凡返还多收的钱款，即只是要求变更乘车合同中的费用，人民法院不能根据《民法通则》认定合同无效而判令丁凡退还全部车费。

五、民法与其他法律部门之间的关系

（一）民法与商法

在实行民商分立立法模式的大陆法系国家中，私法的两个主要组成部分是民法和商法。商法既包括商法典，也包括其他规定了商法内容的法律、法规等。一般认为商法包括公司法、证券法、票据法、保险法、海商法、破产法等内容。

民法与商法的区别是：第一，主体不同。商法的主体是以营利为目的而从事商业行为的商事主体。民法的主体则具有普遍性，无论其是否从事营利活动，均属于民法上的主体。第二，调整对象不同。民法的调整对象是平等主体之间的人身关系和财产关系，而商法仅调整社会生活中的主体之间的商事活动。基于这一特点，商法在有关交易行为、商业管理、诉讼时效等方面的规定有别于民法的规定。第三，商法具有强烈的技术性。为了促使商业活动有序进行，商人间形成了许多交易规则。这些交易规则往往是非常复杂的技术性规范，如票据的操作流程等。与商法相比，民法的调整对象是社会一般人的普通生活，如私人财产、合同、婚姻、继承等，其技术性比较低。第四，商法具有国际性。由于国际贸易和国际商事活动的发展，商事活动往往跨越国界，从而使商法具有国际性的特点，各国商法在内容上具有明显的共同性或相容性。与商法相比，民法的民族性和地域性的特点非常突出。

在实行民商合一立法模式的大陆法系国家中，商法被吸收到民法之中，故不存在民法与商法的区分。我国在立法模式上采取的是民商合一的体制，因此我国不存在商法这一部门法。不过，这并不影响在法学研究和法学教育领域设立商法这一学科。

（二）民法与行政法

行政法是规定国家机关的组织及其管理活动的法律规范的总称。民法与行政法的区别在于：第一，调整对象不同。民法调整的是平等主体之间的人身关系和财产关系；行政法的调整对象是国家机关在行使国家权力过程中彼此之间，国家机关与自然人、法人、非法人组织之间发生的社会关系。第二，调整方法不同。民法采取平等、意思自治的调整方法，行政法采取命令与服从的调整方法。第三，法律原则不同。民法贯彻平等、意思自治、诚实信用、公序良俗等基本原则，而行政法则强调行政合法性和行政合理性的原则。第四，法律规范的特点不同。民法中存在大量的任意性法律规范，而行政法多是强制性的法律规范。

（三）民法与经济法

经济法是国家依法适当干预、管理社会经济活动的法律规范的总称，其核心内容是宏观调控法、反垄断法和反不正当竞争法。民法与经济法的区别是：第一，调整对象不同。民法调整的是具有平等性的主体之间的财产关系、人身关系，而经济法调整的是政府在依法适当干预、管理经济活动的过程中所形成的经济关系。第二，主体地位不同。在民事法律关系中，各个主体具有平等的法律地位；在经济法律关系中，主体之间处于管理与被管理、监督与被监督的不平等地位。第三，调整方法不同。民法鼓励当事人采用平等、自愿协商的方法确定财产关系的内容，多采用授权性和任意性的法律规范；经济法则采用政府直接干预、管理、命令的方法，不允许当事人协商确定经济关系的内容，多采用强制性的法律规范。

（四）民法与劳动法

劳动法是调整劳动关系和由劳动关系而产生的劳动保险、劳动福利等社会关系的法律规范的总称。

民法与劳动法的区别是：第一，调整对象不同。民法调整平等主体之间的人身关系和财产关系，范围广泛；劳动法仅调整劳动关系，范围较窄。第二，主体地位不同。民事法律关系的主体之间具有平等的法律地位，无隶属关系；劳动法律关系的主体之间存在着劳动上的隶属关系或者劳动监督关系。第三，争议解决方式不同。劳动纠纷往往通过劳动仲裁机构和劳动行政管理部门解决，而民事纠纷则会通过普通的仲裁机构和法院解决。

【思考与练习】

1. 我国民法的渊源有哪些？除了书中介绍的几种类型外，你认为是否存在其他的民法渊源？

2. 如何理解我国民法的适用范围？

3. 案例分析：

李某因患心肌炎前往某省立医院就诊。经过一段时间治疗已基本痊愈。某日下午李某再次来到该医院复查。因其当时还有一些感冒病状，接诊大夫就为李某开取了药物和针剂。在护士为其进行注射后，李某在十余分钟内出现寒战等异常现象。经该院抢救后，李某脱离生命危险，住院治疗诊断结果为“脑水肿”。李某后经数次治疗仍无良好结果。最后经该省医疗事故鉴定委员会鉴定结论为：“……发生寒战、抽风，究其原因，与输液反应有关……治疗抢救措施不当，造成缺氧性脑病，导致痴呆……属二级甲等医疗事故。”李某家人遂起诉该医院至法院，要求赔偿医疗费、交通及住宿费、误工工资、生活补助费以及今后医疗费45万元。该医院承认李某受损之事实，但不愿意依照《中华人民共和国民法通则》规定赔偿，而只愿意根据该省《医疗事故处理条例实施细则》的规定给付李某一次性经济补偿5 000元。

本案应该适用何种法律规范？

✧思考方向：

① 李某因在医院注射针剂致身体受到损害并引起纠纷，这种纠纷属于何种类型的纠纷？当事人之间存在何种社会关系？

② 医疗事故损害的是患者的生命健康权，这是否属于民法的调整范围？如果是，侵害人应当根据民事法律规范承担损害赔偿责任。

③《民法通则》是我国的民事基本法，该省《医疗事故处理条例实施细则》是某一卫生行政部门确认医疗事故及其分类、等级的行政类程序性法律规范，其中关于补偿的规定只是进行行政处理时牵涉到的一个相关问题，即使该规定可以认为属于民事类实体性法律规范，其效力层次也低于《民法通则》，如与《民法通则》的规定相抵

触则不能适用。本案应该适用《民法通则》还是该省《医疗事故处理条例实施细则》？

项目三　民法的基本原则

【引例】

马某家境较贫寒，但家中有祖传古画一幅，古董商袁某得知后多次找到马某愿以高价购买，都被马某婉言拒绝。马某的儿子在一次出游中，遭遇交通事故，严重受伤，需要移植肾脏，因此，急需一大笔钱做手术。马某四处筹措仍欠缺一大部分，只好找袁某商议卖画。袁某得知马某情况后，便大幅度压价，称此画价值已经大大降低，只肯出原价的一半收购。马某无奈，只得同意。事后，马某找到袁某，希望袁某能再追加一点钱作为补偿，但袁某称当时马某是自愿出卖，不愿追加。马某遂向人民法院起诉要求追加价款。

本案中，马某可以运用哪些民法的基本原则支持自己的主张？

【基本理论】

民法基本原则是指导民事立法、民事司法和民事活动的基本准则，是民法本质和特征的集中体现。立法者必须在民法基本原则的指导下制定具体的民法规范，司法者在适用法律、作出裁判时，应当与民法基本原则的精神相符。民事主体在进行民事活动的过程中，也应当遵守民法基本原则的要求。

民法基本原则具有非规范性。民法是由具体的法律规范和基本原则构成的。法律规范往往内容明确，通过设置行为模式和法律后果的方式，直接为社会生活设定法律规则。民法基本原则不预先设定任何确定、具体的事实状态，不直接涉及当事人的具体权利义务，也不规定确定的法律后果。因此，民法基本原则不具有法律规范通常具备的具体行为模式和法律后果的逻辑构成，它是从整体上指导和协调民事法律的调整机制，反映的是民法的基本价值取向，如平等、公平、自由等。

根据民法基本原则所具备的上述特点，并结合《民法通则》第一章“基本原则”的规定，本书认为我国民法的基本原则包括：平等原则，意思自治原则，公平原则，诚实信用原则，公序良俗原则，权利不得滥用原则。

一、平等原则

（一）平等原则的含义

《民法通则》第3条确认了平等原则，该条规定，当事人在民事活动中的地位平等。所谓平等原则，是指在一切民事活动中，当事人的法律地位都是平等的，任何一方都不得把自己的意志强加给对方。该原则的实质在于强调主体资格和法律地位的平等，强调主体从事民事活动的机会平等，排斥民事活动和民事关系中任何一方当事人对他方当事人的特权地位。民法是民事主体生活关系、经济关系的法律表现形式，地位平等是其基本要求。平等原则集中体现了民法的本质特征，是民法区别于其他部门法的主要标志。

（二）平等原则的体现

1. 民事主体的法律地位平等

民事主体的法律地位平等主要包括两方面的内容。其一，主体的法律资格平等。所谓民事权利能力，是指民事主体依法享有民事权利、承担民事义务的资格，即担当民事主体的资格。自然人和法人是两类最重要的民事主体，我国法律认可各类自然人和法人的民事权利能力平等的原则。其二，在具体的民事法律关系中，当事人的地位平等。参加民事活动的当事人，无论是自然人还是法人，无论是政府机关还是私营企业，无论其经济能力是大还是小，都具有平等的法律地位，任何一方都无权将自己的意志强加给对方。在民事法律关系中，当事人之间没有上级与下级的关系，没有行政隶属关系。国家以民事主体的身份参加民事法律关系时，也是与其他民事主体处于相同的法律地位。

2. 民事主体在民事法律关系中平等地享受权利和承担义务

民事主体参与到具体的民事法律关系中，平等地享受民事权利和承担民事义务。任何民事主体既不能享有特殊的权利，也不承担特殊的义务。当事人可以依法平等协商确立相互间的权利和义务，也可以依法平等协商变更或者终止相互间的权利义务。民事法律关系中的民事权利和民事义务是一致的，即当事人相互间的权利义务相对应，每一方享有的权利与付出的义务大致相当。但应注意，平等原则并不意味着民事主体对权利的实际享有没有差别。这种差别一方面来自于法律规定的合理的限制。例如，由于自然人与法人的性质不同，自然人专属享有的婚姻、亲属、继承、扶养等方面的民事权利就不能为法人所享有。另一方面，权利实际享有上的差别来自于当事人事实能力上的差别。此时，平等原则强调的形式意义上的平等可能带来实质上的不平等。因此，现代民法在注重形式平等的同时，也开始关注实质平等，对那些在社会生活中处于弱势地位的群体（如消费者、雇员、残疾人等）给予特殊保护，赋予其特殊的民事权利，从而为平等原则注入新的内容。

3. 民事主体的民事权益平等地受法律保护

法律并不因主体为自然人、法人还是其他组织，而对其合法权益予以不同的保护。任何民事主体的合法民事权益受到侵害时，当事人都可请求予以法律救济，法律对其保护是同等的。有人认为，中国是社会主义公有制国家，因此应当对国有企业和私营企业采取区别对待的措施，对国有企业的保护要优于私营企业。这一错误观念是与民法平等原则相违背的。在民法范畴内，各类民事主体的权益应当平等地受到法律保护，获得同类性质的法律救济。

4. 民事主体的民事责任平等

民事主体在民事活动中都须遵守法律，尊重他人的利益。任何一方不法损害他人的利益，都应依法承担相应的民事责任。任何民事主体承担的民事责任范围都以等价赔偿为原则，民事关系的当事人相互间不存在惩罚和制裁关系。

☞ **案例**

某市交警队交警于某驾驶单位汽车与某公司邢某驾驶的汽车相撞。经现场勘察，于某应负主要责任。双方对责任性质并无异议，但在协商赔偿事宜过程中，双方未达成一致意见。邢某遂向法院起诉，要求交警队赔偿。交警队辩称：自己本身就是交通事故的处理执法机关，其与邢某是管理与被管理关系，此事应由交警队自己解决，法院不应当受理。交警队遂拒绝出庭。

本案中，交警队是交通事故处理的执法机关固然无异议，但由于其车辆与他人车辆发生相撞的交通事故，交警队与对方之间就因交通事故的发生而发生民事赔偿关系，交警队也因此成为赔偿关系的当事人一方。在这种损害赔偿关系中，交警队的“身份”不是执法机关，而是与对方当事人处于平等地位，双方不是管理与被管理、隶属与管辖的关系。因为此时双方是处于民事法律关系中而不是行政法律关系中，因此，交警队与原告平等地享有民事权利、承担民事义务，法院受理此民事争议理所应当，交警队的答辩理由违反民法的平等原则，不能成立，交警队应当出庭。

二、意思自治原则

（一）意思自治原则的含义

意思自治原则又称自愿原则、私法自治原则，是指民事主体有权在法律允许的范围内根据自己的意愿处理自己的事务，设立、变更和终止民事法律关系。意思自治的核心是确认并保护个人自由。

意思自治为民事主体提供了实现个人意愿的法律手段，而当事人借以实现意思自治的手段则是民事法律行为。《民法通则》第 4 条规定民事活动应当遵循自愿原则，就是对意思自治原则的确认。

（二）意思自治原则的体现

1. 民事主体根据自己的意愿设立、变更或终止民事行为

意思自治原则首先表现为民事主体自主处理其事务，不受他人的非法干预。正是以意思自治原则为基础，现代民法建立了民事法律行为制度。民事主体是否进行民事行为、以何种方式进行何种内容的民事行为、该民事行为何时消灭等，均由当事人决定，其他人无权干涉。只要该民事行为不违反法律的强制性规定和公序良俗，就会得到法律的认可和保护。

2. 民事主体应当通过协商进行民事行为

绝大多数的民事行为都是双方或多方行为，在进行此类民事行为时，当事人相互间应当尊重彼此的意愿，通过协商达成一致意见，任何一方都不得把自己的意志强加于他方当事人。

3. 意思自治原则的核心是合同自由原则

私法自治原则在民法各个制度中都有具体的表现，如在法人领域表现为社团自治原则；在合同法领域表现为合同自由原则；在婚姻法领域表现为婚姻自由原则；在侵权法领域表现为过错责任原则等。由于合同是市场经济的纽带，合同法是民法中最为活跃的领域，合同法律关系是在社会生活中发生最为频繁的民事法律关系，因此，意思自治原则在合同法中体现得最为明显，并具体化为合同自由原则，包括缔约自由、选择相对人的自由、内容和形式自由、变更或解释合同的自由等。

4. 当事人的意思表示具有优先于任意性法律规范的效力

民法中的任意性规范是为了弥补当事人意思表示的缺陷而设定的，其作用是在当事人的意思表示不明确时，用以拟制当事人的意思表示。因此，在意思表示与任意性

法律规范并存的情况下，应当优先适用当事人的意思表示。

（三）对意思自治的限制

尽管意思自治赋予民事主体充分的决定自由和行为自由，但它也存在明显的缺陷。意思自治仅强调各个民事主体在形式上的平等与自由，并没有顾及并非人人平等的社会现实。弱势群体可能因难以在民事行为中充分地表达和实现其意志，从而在意思自治的表面下承受着被压迫的结果。例如，在消费者与商家的交易中，商家可以凭借其在经济实力、信息占有等方面拥有的优越地位而迫使消费者签订权利义务不对等的合同，表面上消费者签字同意，看似符合意思自治的要求，但是实际的结果却是合同的内容并没有平等地顾及当事人双方的利益。因此，意思自治彻底的坚持可能会损害社会公正性。

为了弥补意思自治的缺陷，法律从各方面限制了它的适用范围：一是公法对私法的渗透，许多原本属于私法的领域已经越来越多地出现公法的内容，如《土地管理法》、《城市房地产管理法》均以公法手段就民事主体之间的交易行为进行了约束，限制了意思自治的行使；二是私法领域中强行规范的增加，如《合同法》关于格式合同订立的要求；三是法院更多地使用自由裁量权，对当事人民事行为中不适当的内容进行调整。另外，在没有当事人意思参与的情况下形成的法定法律关系也得到了很大的扩展，如基于信赖责任形成的法律关系或基于交易安全义务而形成的法律关系，《合同法》规定的缔约过失责任和表见代理即属于此类。

三、公平原则

（一）公平原则的含义

公平既是一种高尚的道德情操，又是法律追求的最高价值目标。民法直接涉及人与人之间利益的协调与平衡问题，因此应当把公平作为其基本原则。公平原则是指民事主体应当本着社会公认的公平观念从事民事活动，立法机关和司法机关在制定民事法律规范和裁判民事纠纷时，也应当遵循公平的观念和要求。《民法通则》第4条确认了公平原则。

（二）公平原则的体现

1. 民事立法以维持当事人的利益平衡为目标

立法者在制定涉及民事主体利益的民法规范时，都尽量维持各方当事人之间的利益平衡，使得每一方当事人的利益都能得到法律妥当的保护。以公司法中股东权益为例，传统公司法理论与实务认为股东权益是以其所持股份的多少来衡量的，这必然导致大股东控制公司、损害小股东利益的现象，为了在大股东与小股东之间维持利益平衡，现代公司法发展出了不少保护小股东利益的制度，如累积投票制等。

2. 法院可依职权或当事人的请求调整当事人之间失衡的利益

在为数不少的民事法律关系中，当事人之间的利益关系因各种原因而出现失衡的状态，如当事人订立了显失公平的合同，或在合同履行过程中因情势变更而出现显失公平的情况。在这些情况下，法院可以根据当事人的请求或者依据法律赋予的权力而调整合同内容，使当事人的权利义务关系重新回到平衡状态。

3. 民事主体应当依据社会公认的公平观念从事民事活动

在各种民事法律关系，尤其是合同法律关系中，当事人之间应当合理、恰当地配置权利、义务，一方在实现自己利益而享有权利的同时，也要为对方实现其利益承担相应的义务。一方的给付与对方的对待给付之间是否符合公平原则的要求，是否具有等值性，民法采纳的判断依据是主观等值原则，即当事人主观上愿意以此给付换取对待给付，即为公平。

四、诚实信用原则

（一）诚实信用原则的含义

诚实信用原则简称诚信原则，是指民事主体在从事民事活动，行使民事权利和履行民事义务时，应当诚实、守信，在不损害他人利益和社会公共利益的前提下追求自己的利益。《民法通则》第4条确认了诚实信用原则。

诚实信用原则本为市场经济活动的道德准则，它要求市场参与者在不损害他人利益和社会利益的前提下追求自己的利益，目的是在当事人之间的利益关系和当事人与社会的利益关系中实现平衡，以维持市场道德秩序。

（二）诚实信用原则的体现

诚实信用原则在现代民法中具有重要地位，被称为民法的“帝王条款”。但是，诚实信用是一个高度抽象的概念，其内涵和外延都具有很大的伸缩性，因此又被称为“白地规定”。也就是说，诚实信用没有确定的含义，具有广泛的包容性。诚实信用原则在民法中主要体现为三方面：

1. 诚实信用原则是当事人行使权利、履行义务的基本准则

诚实信用原则对当事人从事民事活动具有指导作用，它确立了当事人应以善意的方式行使权利、履行义务的行为规则。在现代市场经济条件下，诚实信用原则已经成为市场参与者遵循的基本法律准则。

2. 诚实信用原则是解释民法和意思表示的依据

由于诚实信用原则是市场参与者最基本的行为准则，因此它成为解释当事人意思表示的重要依据。《合同法》第125条规定：“当事人对合同条款的理解有争议的，应当按照合同所使用的词句、合同的有关条款、合同的目的、交易习惯以及诚实信用原则，确定该条款的真实意思。”另外，诚实信用原则也是民法的重要解释方法。

3. 诚实信用原则是填补法律漏洞的工具

诚实信用原则的内容极为概括抽象，立法者正是通过这一极具弹性的基本原则，授予法官自由裁量权，允许他们在法无明文规定或规定不明确时依据自己的正义观念作出裁判，填补法律漏洞，使之能够应付各种新型案件。因此，在现代民法中，诚实信用原则意味着承认司法活动的创造性与能动性。不过，法官在适用诚实信用原则时，如果能够适用具体规定和采用类推等方法填补法律漏洞，则不得适用诚实信用原则。

☞ **案例**

2002年6月15日某外贸公司与某房地产公司签订房屋预购合同，双方对房屋地点、面积、价款等都作了相应规定。2003年4月2日工程完工，同年4月29日经该市质检站验收合格。施工期间，由于市场建材价格大幅度上涨，该市建委与中国建设银行该市分行联合下文，规定从2002年11月1日起建筑工程结算以原合同所定直接费用的50%~70%计取上涨价差。房地产公司按此规定结算后，通知外贸公司追加价款99

万元，否则不交付房屋。外贸公司不同意，遂向人民法院起诉，要求房地产公司按约定交付房屋。

该外贸公司与该房地产公司订立合同是在平等基础上自愿协商的，但在合同履行过程中，建材大幅度涨价，使成本提高，这一情况对双方来说都是无法防止的外因。这种合同订立基础的客观情况发生变化，且是根本变化的情况，非当初所能预料。如果当事人仍按照原合同履行则显失公平，有违诚实信用原则。因此，法院应当基于诚信、公平原则，平衡双方当事人利益，依情势变更规则，根据《民法通则》第 4 条规定，允许当事人变更合同。

五、公序良俗原则

（一）公序良俗原则的含义

公序是指公共秩序，良俗是指善良风俗，二者合称为公序良俗。公共秩序既包括一个国家的现行法律秩序，也包括作为法律秩序基础的根本原则和根本理念等。善良风俗是指社会应有的道德准则和伦理秩序。公序良俗原则主要是指民事行为的内容及目的不得违反公共秩序或善良风俗，当事人行使权利的方式亦应遵守公序良俗原则。我国民法虽然没有使用公序良俗的概念，但同样实质性地认可了该原则。《民法通则》第 7 条规定："民事活动应当尊重社会公德，不得损害社会公共利益，扰乱社会经济秩序。"该条就是对公序良俗原则的确认。

（二）公序良俗原则的体现

公序良俗原则作为民法的基本原则具有高度的抽象性，其作用在于维护公共秩序和公共道德，其功能在于当发生有损于国家利益、破坏公共秩序和违背公共道德秩序的民事行为，又无直接的法律强制性和禁止性规定的情况下，授权法官以社会公共秩序和公共道德准则判决该民事行为无效。在司法实践中，法官直接援用公序良俗原则判决某个民事行为无效，必须以法律确认的公共秩序和社会公众普遍尊崇的社会公共道德为依据，而不得随意援用。例如，某甲向某乙购买刀具本为正当的民事买卖行为，但若某甲购买刀具的目的是为了杀死某丙，某乙明知此事仍予出售，则其民事行为违背了公序良俗原则。

☞ **案例**

卢某有房屋一间，想对外出租，但由于该房的地理位置较偏僻，当地商贸活动也不发达，多次与他人协商出租事宜时，均因租金问题未能达成协议。2000 年 2 月，卢某经朋友介绍与周某洽谈租房事宜，双方达成协议，协议中载明租金及租房用途（开设游戏厅）。在订立合同过程中，卢某得知周某开游戏厅是借口，周某租房的真正目的是为赌博活动提供场所，但由于卢某贪图眼前利益，仍与其签订合同并约定一切责任由周某承担。后周某的赌博活动被公安机关查处。卢某要求周某支付后几个月的租金，周某不予理睬，卢某遂向法院起诉，要求周某支付租金。

对于卢某与周某按照平等、自愿、诚信的原则签订的合同，法律应当加以有效的保护，但其前提是该合同内容不得违反国家有关政策和法律、行政法规的强制性规定，不得损害国家、集体和他人的合法利益以及社会公共利益。周某借卢某的房屋作赌博场所，违反了相关法律法规的规定，也损害了社会公共利益，因为赌博侵蚀了我们国家健康良好的社会风气，有违社会公德标准。法院应当根据我国民法中的公序良俗原则，对卢某要求周某支付租金的诉讼请求不予支持。

六、权利不得滥用原则

权利不得滥用原则又称禁止权利滥用原则，是指民事主体在行使民事权利时不得超越正当界限，损害社会公共利益或他人利益，否则，即构成权利滥用，应当承担相应的法律后果。

早在古罗马法时，即有“行使自己的权利，无论对于任何人，皆非不法”的观念。在古典自然法学理论盛行时期，权利本位是其理论核心。但是到了 19 世纪后期，古典自然法学理论无法解释因“私权绝对”导致的极端个人主义和私利膨胀的消极现象，代之而起的是以强调社会利益为主要内容的社会法学理论。该理论认为法律的终极目标不仅在于保护个人的自由与权利，还应兼顾整个社会的发展，从而强调权利的社会性。在这一观念的影响下，从 19 世纪末期开始，各国民法开始对权利的行使施加了一定限制，确立了权利不得滥用原则。

《民法通则》虽然没有明文规定这一原则，但是其第 6 条和第 7 条的规定已经体现出了其实质内容。其基本内涵是：权利的行使不得违反法律和政策，不得违背社会公德，损害社会公共利益，扰乱社会秩序。

权利不得滥用原则，本质上是一项协调个人利益和社会公共利益的法律原则。人是具有社会性的，人必须参与社会的分工与合作，互换其利益，才能更好地生存和发展，因此人对社会应承担一定的义务，这个义务就是个人权利的行使不得违反法律和损害社会公共利益。民法一方面充分保护私权，另一方面又规定权利不得滥用原则，将权利的行使限制在不违反法律和不损害社会公共利益的范围之内，这就协调了个人利益和社会公共利益。例如，所有权是一种内容非常丰富的民事权利，权利人原则上可以随意处分自己的所有物，但是房屋所有权人在行使权利时要受到相邻权或建筑物区分所有权的限制，有时还会受到公法的限制。

【思考与练习】

1. 如何在民事活动中贯彻平等原则？香烟销售者拒绝向未成年人出售香烟是否违反平等原则？《婚姻法》规定男性必须年满 22 周岁、女性必须年满 20 周岁才能结婚，与民法的平等原则是否构成冲突？

2. 意思自治是不是意味着当事人完全可以按照自己的意愿行使权利、从事各种民事活动？试举例说明。

3. 对于素有“帝王条款”美誉的诚实信用原则，你有什么现实的生活案例予以印证？

4. 案例分析：

张某与李某同住一栋两层楼内。李某为第一层的所有人，第二层归张某所有。因张某家人需经第一层楼梯才能进入第二层楼，而李某不允许张家经由第一层，张某家人只能从自家窗口进出。张某要求李某允许其使用楼梯，李某称第一层房屋为自己所有，有权禁止任何人通行。因此，张某诉至法院，请求判决允许其经由楼梯进出。

本案能否适用相应的民法的基本原则？

✧思考方向：

① 本案中当事人各享有什么权利？他们应当如何行使权利？

② 如何评价李某不许他人擅自进入其房屋，致使张某家人只能从窗口进出的这一行为？

③ 张某要求李某允许其经由楼梯进出是否具有合法性和正当性？

④ 法院是否应当支持张某的诉讼请求？

【拓展阅读】

1. ［德］耶林著，郑永流译：《为权利而斗争》，法律出版社 2007 年版。

2. 姚辉：《民法的精神》，法律出版社 1999 年版。

3. 易继明：《民法劝学篇》（1 ~3），中国私法网，2004 年 5 月 17 日。

4. 谢怀栻：《民法的意义与近代民法的形成》，载《外国民商法精要》，法律出版社 2002 年版。

5. 徐国栋：《诚实信用原则的概念及其历史沿革》，载《法学研究》1989 年第 4 期。

6. 朱苏力：《中国当代法律中的习惯——从司法个案透视》，载《中国社会科学》2000 年第 3 期。

单元二

民事法律关系

民事法律关系是民法对平等主体间的人身关系和财产关系加以调整的结果，是一种以法律形式表现出来的社会关系。民事法律关系的确认既具有实体意义又具有程序意义。通过确认民事法律关系，可以明确哪些民事主体之间由于何种民事法律事实形成了何种民事法律关系，在该民事法律关系中哪一主体享有何种民事权利，哪一主体承担何种民事义务等。在民事诉讼实践中，民事法律关系是确认民事诉讼法律关系的前提和基础，民事诉讼当事人的确定必须依靠确认民事法律关系来解决。

【知识目标】

了解和掌握民事法律关系的主体类型、客体种类，重点理解民事法律关系的内容包括民事权利和民事义务，对民事义务的违反即产生民事责任；明确民事法律事实是引起民事法律关系产生、变更或终止的原因。

【能力目标】

正确辨别哪些主体由于什么法律事实发生了哪种民事法律关系，在该民事法律关系中主体享有哪些民事权利，承担哪些民事义务，谁违反了义务，谁应当承担民事责任，从而在民事诉讼中确定适格的诉讼主体，认定原被告的民事责任，以正确解决民事纠纷。

【内容结构图】

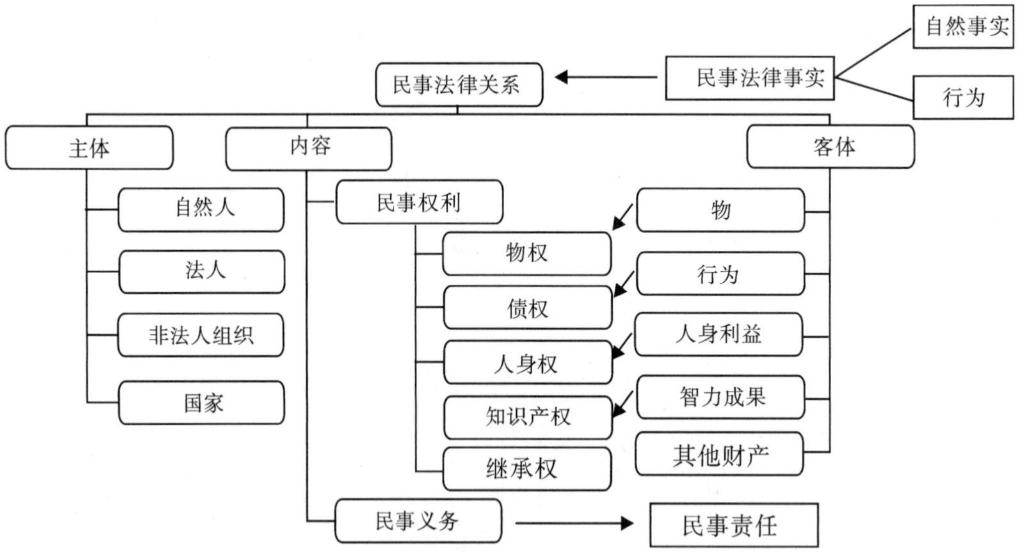

项目一　民事法律关系的构成

【引例】

陈春之妹陈萍是娄军的妻子。娄军与陈萍于2000年12月30日登记结婚。2001年5月4日举行婚礼。为使新房更显气派，娄军于4月22日向妻子提出：将其娘家的3件古董借来摆一下，婚礼过后即归还。陈萍同意，随即与娄军一起向父亲陈兴华提出上述要求，但遭到其他兄弟姐妹的反对。他们认为，上述3件古董在大哥陈春1996年结婚时，已经作为结婚礼物送给他了，只不过大哥在外地工作，才将古董寄存在父亲处。现大哥不在上海，未经大哥本人同意，不应出借。5月1日，娄军夫妇再次到陈家商借，于是由陈兴华做主，将3件古董借给娄军夫妇1个月。1个月后，陈萍与娄军商量归还古董，娄借故推辞，提出再借一段时间，遭陈反对，双方为此发生口角。6月23日，陈萍暂回娘家居住。7月14日，陈萍回到新房，发现古董不在房内，便向娄追问，娄称古董被其母亲朱珍藏起，如要拿走，必须先将朱赠送的金首饰归还。双方因此又大闹一场。次日，两家人共同商议解决办法未果，不欢而散。2001年10月18日，陈春起诉至法院，要求娄军归还3件古董。①

问：本案涉及哪几类民事法律关系，并分辨该民事法律关系中的主体、客体和内容。

【基本理论】

一、民事法律关系的含义

民事法律关系是民事法律规范调整的、以民事权利和民事义务为内容的平等的社会关系。它是民法调整的平等主体之间的财产关系和人身关系在法律上的表现。民事法律关系具有以下特征：

（一）民事法律关系是以民事权利和民事义务为内容的社会关系

民事法律关系是一种权利义务关系。任何民事法律关系一经建立，当事人即互享民事权利，互负民事义务；或一方享有权利，另一方则应承担相应义务。如日常生活中常见的买卖合同，买方和卖方之间的买卖合同关系一经建立，买方即享有取得标的物所有权的权利，同时承担支付价款的义务；卖方即享有取得标的物价款的权利，同时承担交付标的物的义务。买卖双方之间的买卖合同关系即以双方享有的民事权利和承担的民事义务为内容。

（二）民事法律关系体现了双重意志

民事法律关系首先体现当事人的意志。除法律规定外，大部分民事法律关系的建立必须遵循自愿原则，如果当事人双方不能达成意思表示的一致，则民事法律关系难以建立。如日常生活中最简单的买卖合同关系，买卖双方就标的物的价格、数量、质量等充分表达自己的意愿，达成意思表示的一致，买卖合同关系才能成立。民事法律

① 姚辉等．民法总论案例教程．北京：中国政法大学出版社，1999.

关系又体现国家意志。民法以具体的民事法律关系是否合法为标准，对其科以肯定或否定的价值判断。如果民事法律关系合法，法律就赋予其法律效力；如果不合法，就要否定其法律效力，并使法律关系的主体承担相应的民事责任。

（三）民事法律关系是平等的社会关系

民法调整的社会关系发生在平等主体之间，民法实行的基本原则之一是平等原则，由此也就决定民事法律关系是一种平等的社会关系。无论是个人、法人、国家机关，还是社会团体，在民事法律关系中都是独立的，互不隶属，地位平等，平等地享有民事权利和承担民事义务。

二、民事法律关系的分类

民法调整平等主体之间的各种财产关系和人身关系，因此也会形成各种各样的民事法律关系。为了正确区分和把握各种民事法律关系，可根据不同的标准，做如下分类：

（一）财产法律关系和人身法律关系

根据民法的调整对象，民事法律关系可分为财产法律关系和人身法律关系。

财产法律关系是指民事主体在物质资料的生产、分配、交换和消费过程中形成的，以满足人们的财产利益需要的民事法律关系。它包括财产所有关系和财产流转关系，前者如所有权法律关系，后者如买卖合同债权法律关系。

人身法律关系是指与当事人的人身不可分离，以人格利益、身份利益为客体的民事法律关系。它包括人格关系和身份关系，前者如生命健康权法律关系、姓名权法律关系、肖像权法律关系、名誉权法律关系，后者如监护权法律关系、亲属权法律关系、荣誉权法律关系。

区分财产法律关系和人身法律关系的法律意义在于：两种民事法律关系中权利主体所享有的权利性质不同。财产法律关系中，权利主体所享有的是财产权，一般具有可让与性，如所有人可将自己的财产所有权通过买卖、赠与等方式转让给他人。而人身法律关系中，权利主体所享有的是人身权，人身权具有人身依附性，一般不具有可让与性，如权利主体所享有的生命健康权等，必须依赖于特定的人身存在，不得转让。

（二）物权关系和债权关系

财产法律关系根据权利人实现权利方式的不同，可分为物权关系和债权关系。

物权关系指权利人可以按照自己的意思直接支配物，无须义务人的积极配合即可行使并实现其权利的民事法律关系，如所有权法律关系，所有人行使并实现所有权，无须义务人的积极作为，其对自己的物可直接进行占有、使用、收益和处分。

债权关系是指权利人必须依赖义务人的一定行为，才能行使和实现其权利的民事法律关系。如买卖合同法律关系，买方取得标的物所有权的权利必须借助于卖方交付标的物的积极作为才能实现，卖方取得价款的权利必须借助于买方支付价款的积极作为才能实现。

区分物权关系和债权关系的法律意义在于：掌握物权关系和债权关系的不同特点，有助于正确理解和把握民法中物权法和债权法这两大基本的财产权法律制度。

（三）绝对民事法律关系和相对民事法律关系

根据民事法律关系中义务主体的范围，民事法律关系可分为绝对民事法律关系和相对民事法律关系。

绝对民事法律关系是指法律关系的义务主体是权利人以外的一切不特定人的民事法律关系。如物权法律关系、人格权法律关系。在绝对民事法律关系中，不特定的义务人所承担的是消极的、不作为的义务。

相对民事法律关系是指法律关系的义务主体是具体的即特定的人的民事法律关系，如债权法律关系。在相对民事法律关系中，特定义务人所承担的主要是积极的作为义务。

区分绝对民事法律关系和相对民事法律关系的法律意义在于：

（1）有助于正确确定民事法律关系中的义务主体及其所承担的义务，绝对法律关系中的义务主体是不特定的任何人，而相对法律关系中的义务主体则为特定的人。

（2）有助于明确民事法律关系中权利主体行使实现权利的特点，绝对法律关系中权利主体享有的权利是支配权，权利主体可凭自身的意志行使并实现权利，而相对法律关系中权利主体享有的权利是请求权，权利主体必须请求对方当事人为或不为一定行为，才能实现自己的权利。

（3）有助于区分侵权行为法和合同法所保障的权益范围，前者保障的是绝对法律关系，后者保障的是相对法律关系。

（四）单一民事法律关系和复合民事法律关系

根据民事法律关系内容的复杂程度，民事法律关系可分为单一民事法律关系和复合民事法律关系。

单一民事法律关系是指只有一组相对应的权利义务内容的民事法律关系。如在所有权法律关系中，所有人享有占有、使用、收益和处分的权利，非所有人承担不得妨碍的义务，当事人之间只此一组对应的权利义务关系。

复合民事法律关系是指由两组或两组以上相对应的权利义务共同构成的民事法律关系。如买卖合同关系中，存在两组相对应的权利义务，一为买方享有取得标的物所有权的权利，卖方承担交付标的物的义务；二为卖方享有取得价款的权利，买方承担支付价款的义务。买卖合同关系就是复合民事法律关系。

区分单一民事法律关系和复合民事法律关系的法律意义在于：有助于合理确定当事人的权利、义务和责任。

三、民事法律关系的构成

任何一个民事法律关系的构成都需要有主体、内容和客体三项要素，缺一不可，要素发生变化，具体的民事法律关系也会发生变化。

（一）民事法律关系的主体

民事法律关系的主体，又称民事主体，指参与民事法律关系、享受民事权利和承担民事义务的人，即民事法律关系的当事人。

民事法律关系是一种社会关系，社会关系发生在人与人之间，因此法律关系的构成必须有作为法律关系主体的人参加，民事主体是构成民事法律关系不可缺少的一个要素。民事法律关系的主体必须是双方的，任何一方主体可以是单一的，也可以是多数人①。

依照我国民法的规定，可以作为民事法律关系主体的包括以下几类：

1. 自然人

自然人是指因出生而获得生命的人类个体，即生物学意义上的人，是民事法律关系的最重要的参与者。

2. 法人

法人是与自然人相对应的概念，是指由法律赋予民事权利能力和民事行为能力的社会组织。法人有自己的名称、组织机构和场所、独立的财产和独立承担民事责任的能力，因此法人也可以参与民事法律关系，独立享受民事权利和承担民事义务。

3. 非法人组织

非法人组织是指不具有法人资格、但可以以自己的名义从事民事活动的社会组织，如合伙企业。因为非法人组织只是拥有相对独立的财产，所以非法人组织虽然可以以自己的名义参与民事活动而成为民事法律关系的主体，但并不能独立地承担民事责任。

4. 国家

在特定的情况下，国家也可以成为民事法律关系的主体，因为国家不仅是国家主权的代表，同时又是国家财产的所有者，当国家参与民事活动时，它就成为民事法律关系的主体。如国家作为受赠人承受自然人或法人赠与的财产，国家发行国债等。

（二）民事法律关系的内容

民事法律关系的内容是指民事主体所享有的民事权利和承担的民事义务。民事法律关系是一种权利义务关系，如果仅有法律关系的主体，而主体之间没有权利义务，仍不能发生民事法律关系。因此，民事法律关系的内容要素是构成民事法律关系的必备要素。

民事权利和民事义务是任何民事法律关系都不可缺少的两方面内容，权利和义务是相对应存在的，权利的内容通过相应的义务来表现，义务的内容则由相应的权利来限定，一方的权利就是他方的义务，一方的义务就是他方的权利，没有无义务的权利，也没有无权利的义务。如买卖合同关系中，卖方所享有的取得标的物价款的权利就是买方所负的支付价款的义务，而买方所享有的取得标的物所有权的权利，就是卖方所负的交付标的物的义务。交付标的物和支付价款的权利义务就是买卖合同关系的内容。

民事法律关系的内容要素会直接决定民事法律关系的性质和类别，它是划分各类民事法律关系的重要依据，因此，民事法律关系的内容要素在构成民事法律关系的三要素中居于主导地位。如一方支付价款、取得标的物所有权，另一方交付标的物并取得价款，该民事权利民事义务的内容决定双方当事人之间产生的是有偿的买卖合同；一方无偿取得标的物所有权，另一方承担交付标的物的义务，该民事权利民事义务的内容决定当事人之间产生的是无偿的赠与合同。

（三）民事法律关系的客体

民事法律关系的客体是指民事权利和民事义务所指向的对象。民事法律关系的客体是民事法律关系的依托，没有客体，也就谈不上民事法律关系的建立，民事主体的

① 此处的“人”，与生物学意义上的人不同，作为民事主体的人是法律确认的、在社会生活中可以以自己的名义承受权利义务的人。

权利和义务也就无从体现，因此客体也是构成民事法律法律关系必不可少的要素。

可以作为民事法律关系客体的主要有：物、行为、人身利益、智力成果和其他财产。

1. 物

物是指存在于人身之外、能为民事主体控制和支配并能满足主体需要的物质资料。物主要是物权法律关系的客体，如所有权法律关系的客体就是所有人所有的物。

作为民事法律关系的客体物与物理学上的物有联系又有区别。物理学上的物（物体、物质）是由物的自然属性决定的，而民法上的物不仅具有自然属性，而且还具有法律属性。民法上的客体物具有以下法律特征：

（1）物存在于人身之外。人类虽然属于高级动物，但人是享有独立人格的民事主体，所以人不能成为民事法律关系的客体物，能作为民事法律关系客体物的只能是存在于人身之外的物。

（2）物能够满足人们社会生活的需要。物只有具有一定的经济价值，能够满足人们的社会生活需要，人们希望占有使用它，才会为此而建立一定的法律关系。所以作为民事法律关系的客体物必须具有可使用性，即具有价值和使用价值。

（3）物能够为人力所实际控制或支配。只有能为人所控制或支配的物，人们才能按照其意思通过建立一定的民事法律关系来对其进行处分，才能以物为客体建立各种权利义务关系。

❋实践中常见的物的分类：

第一，不动产与动产。所谓不动产，指不能移动或一经移动即损害其使用价值的物，如土地及地上的定着物。所谓动产，则指可以移动且不会损害其使用价值的物，如汽车。

第二，主物和从物。根据两个物在效用方面的关系，可将物分为主物和从物。所谓主物，指具有独立的经济效用的物。所谓从物，指具有经常地补助主物的效用，且与主物属于同一主体，并不属于主物的成分。如汽车与备胎之间就是主物与从物的关系。

第三，原物与孳息。原物指能产生收益的物，孳息指原物孳生的收益。孳息分天然孳息和法定孳息。前者指依据物的自然属性或用法而获得的收益，如母鸡所生的鸡蛋；后者指因法律关系所得的孳息，如存款所生的利息。

第四，特定物与不特定物。根据交易当时当事人的意思是否具体指定，可将物分为特定物和不特定物。特定物指当事人意思具体指定的物，如徐悲鸿的奔马图。不特定物指当事人仅以种类、品质、数量等抽象地指定的物，如5公斤泰国香米，1部诺基亚 N90 手机。

第五，流通物、限制流通物与禁止流通物。根据物能否为交易的标的可将物分为流通物、限制流通物和禁止流通物。流通物指可以作为权利的客体物且可以被自由处分的物，限制流通物指法律对其流转给予一定程度的限制或者禁止私相转让的物。我国法律根据物的属性以及它对生产、生活的影响程度，规定下列物分别为禁止流通物和限制流通物：专属于国家的财产（如矿藏、水流、海域）、假币、淫秽物品、毒品等为禁止流通物。金银、文物、麻醉品、枪支弹药等为限制流通物。其他法律未做限制流通或禁止流通规定的，则为流通物。

第六，可分物和不可分物。根据分割是否导致物的性质或价值明显毁损，可将物分为可分物和不可分物。可分物指物的性质不因分割而变更，且物的价值也不因分割而减少的物，如大米、白糖等。反之，则是不可分物。

2. 行为

行为是民事主体有意识的活动。行为主要是债权法律关系的客体，如保管合同关系就是以保管人对被保管财产的保管行为作为客体的。

3. 人身利益

人身利益是人身权法律关系的客体，如生命、健康、肖像、名誉等人格利益和荣誉等身份利益。

4. 智力成果

智力成果是指脑力劳动所创造的精神财富，是知识产权法律关系的客体，如著作权法律关系的客体就是作品，作品是智力成果。

5. 其他财产

财产在民法上是一个多含义的概念，有时专指物，有时包括物和财产权利，有时指物以及财产权利和财产义务。这里的财产是指物以外的财产。

引例分析

在前述引例中，涉及两种民事法律关系：一是陈春与娄军之间的借用关系，二是陈萍与朱珍之间的赠与关系。这两个民事法律关系均属于财产民事法律关系，因为两个民事法律关系都是在物的使用流转过程中发生的，为满足权利人利益需要的民事法律关系；均属于债权法律关系，因为两个民事法律关系中权利人权利的实现都必须依赖特定义务人的积极作为；均属于相对民事法律关系，因为两个民事法律关系的义务主体都是特定的人；均属于单一民事法律关系，因为这两个民事法律关系中都只存在一组相对应的权利义务关系。在第一个借用关系中，陈春、娄军是该民事法律关系的主体，陈春是出借人，娄军是借用人；客体是借用行为，3 件古董是该民事法律关系的标的物；内容是陈春享有要求娄军返还原物（3 件古董）的权利，借用人娄军承担到期返还原物的义务。在第二个赠与关系中，朱珍、陈萍是该民事法律关系的主体，朱珍是赠与人，陈萍是受赠人；客体是赠与行为，金饰品是标的物；内容是陈萍享有取得赠与物的权利，朱珍承担交付赠与物的义务。这一赠与关系因为交付行为的完成而消灭。这两种民事法律关系是相互独立的，其中一种民事法律关系的发生、变更、消灭，不会影响另一民事法律关系的发生、变更和消灭。发生争议的是第一个借用关系，娄军通过陈春之父借用原告 3 件古董，应当妥善保管，按期归还，不能以与该借用关系无关的理由拒绝归还，否则就侵害了陈春的财产所有权。陈春与娄军争议的民事法律关系的标的物 3 件古董，系特定物，不可替代，而且在娄军处，因此，娄军必须返还原物，而不应以金钱来抵偿。

【思考与练习】

1. 举例说明民事法律关系的构成。

2. 如何区分不同的民事法律关系？

3. 案例分析：

（1）徐荣虎1999年11月下岗待工后，经介绍向他人购买一辆“幸福”250—C型摩托车，转让费为人民币3 700元。2000年1月起，徐将此摩托车停放于宏卫保管站的停车棚内，并向保管站按月支付停车费人民币50元。2000年3月28日，徐荣虎为增加收入，与个体业主顾某订立租用摩托车协议，由徐荣虎为顾某提供摩托车服务，顾某每月支付徐人民币2 000元。2000年4月23日晚，唐闵春窜至宏卫保管站停车棚，趁保管站管理人员不备，将徐荣虎停放的摩托车窃走，出售后得赃款人民币1 400元。经有关部门估价，该被窃摩托车价值人民币3 200元。失窃后，徐荣虎、宏卫保管站即到派出所报案。不久，唐闵春案发被捕，被窃车辆无法找回，徐荣虎遂与宏卫保管站交涉，要求保管站承担保管物被窃的责任。宏卫保管站则认为作案者已被抓获，失主且报案，应向盗窃犯追偿。双方协商未果，2001年3月，徐荣虎向法院提起诉讼。①

问：该案存在哪几个民事法律关系？各民事法律关系的类别如何？各民事法律关系的主体、内容、客体是什么？

✧思考方向：

① 本案中有几个民事法律关系的主体？

② 各个民事法律关系主体之间是否具有某种民事权利义务关系？

③ 判断各个民事法律关系的类别及其构成。

（2）李某之父死后，李某将其父遗体送到安阳市殡仪馆，办完手续后，商定于12月20日举行遗体告别仪式后火化。但安阳市殡仪馆因工作失误，提前将李父遗体火化。为怕原告知道，殡仪馆遂用另一具遗体冒充。12月20日，李家在殡仪馆举行遗体告别仪式，有270人参加。仪式进行中，有人发现遗体并非李某父亲。顿时，吊唁大厅一片混乱。李某及其亲属精神上因此受到极大伤害，遂向法院提起诉讼，要求殡仪馆赔偿损失，在《安阳日报》上公开赔礼道歉，确认其父骨灰，退还工作人员所收的小费。被告安阳市殡仪馆承认工作失误，对原告的要求没有异议。②

问：本案中，被告用他人遗体顶替死者遗体摆置于灵堂之上，供死者亲朋吊唁，此种行为侵害了哪种民事法律关系？尸体能否成为民法上的物？

✧思考方向：

① 明确民法上的物的特征。

② 判断自然人的身体及其各部分是不是物，尸体和从活体上分离的物体如血液、毛发等是不是物？

③ 用他人遗体顶替死者遗体供其亲朋吊唁，伤害的是吊唁者还是死者？如果是前者，这种伤害主要是精神上的损害，一般情况下不会造成直接的财产损害。

④ 造成他人精神损害的行为侵害的是哪种民事法律关系？

---

① 姚辉等．民法总论案例教程．北京：中国政法大学出版社，1999.

② 姚辉等．民法总论案例教程．北京：中国政法大学出版社，1999.

项目二　民事权利和民事义务

【引例】

1. 甲向乙购买A屋，受让房屋所有权后向丙借款，设定抵押于丙，丙的债权到期未获清偿。甲、乙、丙各可主张何种权利？

2. 老太太某甲，携其心爱小狗散步于街巷，乙酒后驾车蛇行，撞伤某甲，压死小狗。甲可否向乙主张权利？假设甲于事故发生两年后才向乙行使权利，乙能否拒绝？

【基本理论】

一、民事权利的含义

权利一词，是外国法律名词的意译。权利在拉丁文中称为jus，在法语中称为droit，在英语中称为right，在德语中称为recht。以上各个语种中的不同称法都含有正义、直道的意思。日本学者开始译为“权理”，取合理之意，后来才改译为“权利”，取利益之意。人与人共处，各有主张，涉及不同的利益，难免发生冲突。要维护社会生活的正常秩序，就必须对所涉主体的不同利益加以界定，这一界定需要借助法律来完成。这样，法律就在一定的要件之下，就其认为合理正当者，赋予个人某种力量，以享受其利益。因此，所谓权利就是指经由法律确认的、得以享受特定利益的能力。

民事权利是指民事主体为实现某种利益而依法为某种行为或不为某种行为的可能性。其内涵具体包括：权利主体依法直接享有某种利益或实施一定行为的可能性；权利主体有权在法定或约定范围内请求义务主体为一定行为或不为一定行为，以保证其享有或实现某种利益的可能性；权利主体在权利受到侵犯时，有权请求国家机关予以保护。

民事主体能够享有何种民事权利，由法律规定，但具体是否享有某一项权利，则决定于其是否参与民事法律关系，因为民事主体享有的具体民事权利是民事法律关系内容的组成部分。

二、民事权利的分类

（一）法律上的基本分类

民法上一般把具体民事权利分为五类：人身权、物权、债权、知识产权、继承权。

人身权是指民事主体依法享有的与其人身不可分离而且没有直接财产内容的民事权利。如生命健康权、姓名权、肖像权、名誉权、隐私权、荣誉权等。

物权是指民事主体依法直接支配特定的物并排除他人干涉的民事权利。如所有权、国有土地使用权、宅基地使用权等。

债权是指民事主体（债权人）享有的请求债务人为特定行为的民事权利。如合同债权、不当得利债权、无因管理债权、侵权行为债权等。

知识产权是指人们对智力创造成果和工商业标记依法享有的民事权利。如著作权、专利权、商标权等。

继承权是指继承人依照法律的直接规定或被继承人生前立下的合法有效遗嘱而享有的继承被继承人遗产的权利。

（二）财产权与人身权

根据民事权利内容的性质，民事权利可分为财产权和人身权。

财产权是指以财产权益为内容直接体现财产利益的权利。财产权主要包括物权、债权、继承权。

人身权是指与权利主体的人身不可分离而无直接财产内容的权利。人身权分为人格权和身份权。

财产权可以用金钱计价，不具有人身依附性，可以在权利主体之间自由转让，可以继承，财产权受侵害后一般以财产责任的方式予以救济。而人身权不能用金钱来衡量其价值，具有人身依附性，一般不能转让、继承，受到侵害主要以非财产的责任方式予以救济。

（三）支配权、请求权、形成权、抗辩权

根据民事权利作用的不同，民事权利可分为支配权、请求权、形成权、抗辩权。

支配权是指对标的物直接支配，并排除他人干涉的权利。物权是典型的支配权。支配权的特点是：一方面，权利人可以直接支配权利客体，不需要他人的协助；另一方面，权利人有权禁止他人妨碍其对权利客体的支配。如物权中的所有权，一方面，所有人有权对自己的物直接支配（包括占有、使用、收益和处分），不需要义务主体的积极配合就能实现自己的权利；另一方面，所有人可禁止他人妨碍其支配自己的物，具有排他性。

请求权是指请求他人为一定行为或不为一定行为的权利。债权是典型的请求权。请求权的特点是：权利人权利的实现必须依赖特定的义务人的行为，即通过义务人为一定行为或不为一定行为，权利人的权利才能实现。如买卖合同中，买方享有请求卖方交付标的物的权利，如果卖方不履行交付标的物的义务行为，买方的权利就无法实现；卖方享有请求买方支付价款的权利，如果买方不履行支付价款的义务行为，则卖方的权利也无从实现。

形成权是指依照权利人的单方意思表示就能使权利发生、变更或消灭的权利。无权代理中本人所享有的追认权，合同保全中债权人所享有的撤销权都属于形成权。形成权的特点是：权利主体作出单方的意思表示就产生相应的法律效果，不需要对方相应的行为或意思表示。如无权代理中，本人对无权代理行为作出追认的意思表示就可使无权代理转化为有效代理，行为后果由本人承担，而不需要行为相对人的意思表示。

抗辩权是指对抗请求权的权利。抗辩权的作用在于阻止对方请求权的效力，或否认对方权利的存在从而使抗辩权人能够在一定条件下拒绝向其债权人履行义务，但债权人的权利并不因此而消灭。抗辩权分为永久性抗辩权和延期抗辩权，前者如诉讼时效期间届满的抗辩权，后者如双务合同履行中的同时履行抗辩权、先履行抗辩权、不安抗辩权。

（四）绝对权与相对权

根据民事权利效力范围的不同，民事权利可分为绝对权与相对权。

绝对权，又称对世权，是指效力及于一切人的权利。绝对权的特点是：权利人可向任何人主张权利，与权利人相对应的义务主体是不特定的任何人，其承担的是消极的不作为的义务。如物权、知识产权均属于绝对权。

相对权，又称对人权，是指效力仅及于特定人的权利。相对权的特点是：与权利主体相对应的义务主体是特定的，权利人只能向特定的义务人主张权利，权利主体的权利必须依赖义务主体积极履行义务的行为才能实现。如债权就是典型的相对权。

（五）主权利与从权利

根据民事权利的相互关联、相互依存的程度，民事权利可分为主权利与从权利。

主权利是指在两个相互关联的民事权利中，可以独立存在的权利。从权利是指在两个以上的民事权利中以其他权利的存在为前提的权利。从权利处于从属的地位，它随主权利的存在而存在，随主权利的消灭而消灭。如债权与担保债权实现的抵押权之间相互关联，这两种权利中，能独立存在的是债权，其为主权利，抵押权依赖于债权而存在，债权消灭，抵押权也随之而消灭，抵押权则为从权利。

（六）专属权与非专属权

根据民事权利有无转移性，民事权利可分为专属权与非专属权。

专属权是指专属于权利人自身享有，不得转让和继承的权利。如人身权就是典型的专属权利。非专属权指非专属于权利人自身享有，可以转让和继承的权利。如财产权原则上都是非专属权。

（七）既得权与期待权

根据权利的实现要件是否完全具备，民事权利可分为既得权与期待权。

既得权是指权利的实现要件完全具备，权利人实际享有的权利。一般的民事权利都是既得权。期待权是指实现要件尚未全部具备，须待其余要件发生后才能实际享有的权利。如附延缓条件和附始期的民事法律行为中所设定的民事权利就是期待权，权利主体要实际享有该权利，必须等到民事法律行为中所附的延缓条件成就或所附的始期届至。

引例分析

在前述引例1中，甲向乙购买A屋，订立房屋买卖合同。在该合同中，甲乙二人均享有合同债权（该权利按上述民事权利的分类看，属财产权、相对权、请求权、非专属权、既得权），甲有权请求乙交付房屋并作过户登记，乙有权请求甲支付房屋的价款；甲的债权因乙履行义务而获得实现后，甲即享有A屋的房屋所有权（该权利属物权、财产权、绝对权、支配权、非专属权、既得权）。甲向丙借款，丙对甲享有债权，为确保该债权的实现，甲将A房屋抵押给丙，丙即对甲的A屋享有抵押权，到期甲没有清偿债务，丙就可以将A屋拍卖、变卖，从所得的价款中优先受偿。丙所享有的债权和抵押权相互关联，债权属主权利、抵押权属从权利。

引例2中，老太太某甲享有人身权，对其小狗享有财产所有权，乙驾车撞伤甲，压死小狗，侵害了甲的人身权（绝对权、专属权）和财产所有权（该权利属财产权、绝对权、支配权、非专属权、既得权），甲对乙享有因侵权行为而生的损害赔偿债权，甲可向乙主张赔偿人身伤害的损失（财产损失和精神损害）和财产损失。设甲与事故后2年才向乙主张权利，因诉讼时效已经届满，甲丧失胜诉权，故当甲向乙主张权利时，乙享有诉讼时效届满的抗辩权，可对抗甲的请求权而拒绝给付。

三、民事权利的行使

民事权利不会自动实现，必须通过权利主体的一定行为。民事权利的行使是指权利人为实现自己的权利而实施的一定行为。权利的行使是权利人实现其权利的过程，其结果是权利实现，从而满足了自身的需要。

（一）民事权利行使的方式

权利主体行使权利的方式有事实方式和法律方式。事实方式是指权利主体通过一定的事实行为行使权利，如房屋所有人对自己的房屋进行占有、使用等。法律方式是指权利主体通过民事法律行为的方式行使权利，如房屋所有人对自己的房屋进行出租而获取租金，或进行出卖而获取价金。

一般情况下，民事权利由权利主体自己行使，但多数民事权利并不要求权利人自己行使权利，即法律允许权利主体通过代理人来行使其权利。同时法律也规定某些民事权利只能由权利主体自己行使，如立遗嘱等与人身相关的权利。

（二）民事权利行使的限制

民事权利是私权利，因此，民事权利的行使一般由权利主体按自己的意志决定。但任何权利的行使都不是毫无限制的，民事主体行使民事权利时也会受到相应的限制。

我国《宪法》第51条规定："中华人民共和国公民在行使自由和权利的时候，不得损害国家的、社会的、集体的利益和其他公民的合法的自由和权利。"《民法通则》第4条规定，民事活动应当遵循诚实信用原则。要求民事主体正确行使权利，兼顾他人的权益，讲诚实守信用。第6条规定，民事活动应当遵守法律。第7条规定，民事活动应当尊重社会公德，不得损害社会公共利益。这些规定，一方面鼓励民事主体正当行使权利，另一方面为民事主体行使权利划定了明确的界限，禁止权利人超出这些界限滥用权利而侵犯他人和社会的利益。因此，民事主体在行使自己的民事权利时，应在法律规定的范围内正当行使权利，禁止滥用权利。

民事主体行使权利时滥用权利，将承担不利的后果。实践中确定民事主体是否滥用权利，应坚持主客观条件。从客观上看，条件有二：首先，民事主体必须享有某种民事权利，这是滥用权利行为产生的前提，没有权利的存在，不可能构成滥用权利；其次，行为人行使权利须造成了对他人或社会的损害，即必须有客观结果。从主观上看，民事主体构成滥用权利，其主观必须有过错，该过错多数情况下表现为故意，有时也表现为过失。由于滥用权利的行为超越了法律所规定的界限，因此该行为不受法律保护，滥用权利行为人应承担相应的法律责任。如租赁合同中，承租人享有对租赁物的使用权，但承租人在行使该使用权时应当按照约定的方法或租赁物的性质使用，这一限定就是承租人使用权的范围。超越了这个范围，即未按约定的方法或租赁物的性质使用，就构成了对租赁权的滥用，这会损害出租人的权利，因此而致使租赁物受到损失的，出租人可以解除合同并要求赔偿损失。

☞ **案例**[①]

赵琳与周蕴分别系204室和304室的业主，两户系上下相邻关系，房屋结构两户一

① 摘引自"北大法律信息网"。

致。周蕴购买304室房屋后对房屋进行了装修，几乎拆除了连接阳台和房间之间的全部墙体，并将原先的房间改建成卫生间，安装的马桶位于204室业主卧室的上方。赵琳认为周蕴滥用权利，其改造装修侵犯了自己的相邻权，诉诸法院要求周恢复原状。

相邻关系是两个以上相互毗邻的不动产所有人或使用人在使用不动产时，相互之间应当给予便利或接受限制而发生的权利义务关系。赵琳与周蕴作为不动产的相邻各方，应当按照方便生活、团结互助的精神，正确处理双方相邻关系。尽管房屋所有权人有权按照自己的意愿使用住房，但权利行使必须合理、适当，不得滥用，不得给相邻方的生活造成影响。建设部《住宅室内装饰装修管理办法》规定禁止拆除连接阳台的砖、混凝土墙体，周蕴对自己房屋内部进行的改造违反了相关法规、规章的禁止性规定，给赵琳房屋的质量及居住安全带来了一定的隐患；马桶的位置在楼下业主卧室的上方，该房间原来又不具备防水功能，无论从善良风俗还是从房屋的正常使用安全考虑，都将影响楼下居民的相邻权。故周蕴的行为属滥用权利，影响了相邻方的相邻权，其应该对改造装修的房屋恢复原状。

四、民事权利的保护

民事权利的保护是指民事权利受到侵害时，用民事保护的方法，防止或减少权利所受到的侵害或使受到的侵害得到恢复。

民法不仅规定和确认了民事主体所能享有的各种民事权利，同时也规定了民事主体违反民事义务、侵害民事权利时所应承担的民事责任以及必要的制裁方式。民事主体在其民事权利受到侵害时，可以采取民法规定的各种方法和措施对自己的权利进行保护。

民法在赋予权利人享有的民事权利内容中，给予了权利人以保护其权利不受侵犯的权能。这种权能表现为权利人在其合法权益受到他人妨碍或侵害时，有权运用法律提供的手段进行自我保护，或者请求有关国家机关对违法者适用法律的强制性措施予以制裁。因此，民事权利的保护方法可分为自我保护和国家保护两种。

（一）自我保护

自我保护也称私力救济，是指民事权利受到侵害时，民事主体自己采取法律所许可的必要措施保护其权利。

某些情况下，民事主体的权利受到侵害，来不及请求国家机关予以保护，如不及时制止或躲避侵害，不仅会使权利遭受损害，而且会造成社会危害。因此，各国民法均规定，民事主体可在一定程度上进行私力救济。私力救济包括自卫行为和自助行为，前者又包括正当防卫和紧急避险。

（1）正当防卫是指权利人为了保护自己的人身或财产权益免受不法侵害，可以对正在进行不法侵害的违法行为人予以适度的还击，以制止正在进行的违法行为或减轻违法行为可能造成的损害。《民法通则》第128条规定，因正当防卫造成损害的，不承担民事责任。正当防卫超过必要的限度，造成不应有的损害的，应当承担适当的民事责任。

正当防卫行为应注意四个关键要件：一是正当防卫行为所针对的行为只能是不法行为，对合法行为的防卫应承担民事责任；二是时间性，该不法行为是正在进行的。

如果不法行为尚未发生而予以防卫，则构成假想防卫，如不法行为已经结束仍予以防卫，则构成事后防卫，行为人均应承担民事责任；三是防卫反击的对象只能是不法行为人本人。对其他人的“防卫”行为会构成侵权，应承担民事责任；四是防卫反击的限度为必要，超过该必要限度，则构成防卫过当，防卫人应承担适当的民事责任。

☞ **案例**①

2005 年 5 月 6 日 20 时许，焦国亮与同事吴志清、王生坤、陈树芳在佛山市南海区大沥镇公园广云路边派发佛山市南海海康门诊部（以下简称门诊部）的宣传单时，被害人陈春光伙同多名老乡上前拿被告焦国亮手中的宣传单，焦国亮不给，陈光春便与多名老乡殴打焦国亮，将焦国亮打倒在地上。焦国亮便掏出工作时放在裤袋内的剪刀向围殴自己的陈光春等人刺去，刺中陈光春左颈部一刀（后经送医院抢救无效死亡）。原告陈耀礼、刘玉连是死者陈光春的父母，是死者陈光春法定第一顺序继承人，于 2006 年 2 月 20 日向法院提起诉讼。

佛山南海区人民法院认定：被告焦国亮故意伤害陈光春身体致其死亡，其行为已构成故意伤害罪，除依法承担刑事责任，还应承担民事赔偿责任。由于被告焦国亮在遭受死者陈光春等人围殴过程中，为保护其人身权利免受正在进行的不法侵害而行使正当防卫权，只是其正当防卫行为较不法侵害明显超出必要限度，因此，死者陈光春对本案损害的发生负有主要的过错，故可减轻被告焦国亮的赔偿责任。根据本案的实际，酌定减轻被告焦国亮的赔偿责任比例 70%，因被告焦国亮是被告门诊部雇请的员工，且在履行职务过程中致人损害，故焦国亮的民事赔偿责任，依法应由其所在单位门诊部替代承担。被告焦国亮无须在本案中承担连带赔偿责任。依照最高人民法院《关于审理人身损害赔偿案件适用法律若干问题的解释》及《广东省 2005 年度人身损害赔偿计算标准》的有关规定，核定本案的赔偿范围包括：丧葬费 9 489.5 元（实际为 10 569 元超出部分视为原告自愿放弃）、死亡补偿费 87 317.4 元（4 365.87 ×20 年）、误工费 322.95 元（4 365.87 元/年 ×3 天 ×3 次 ×3 人），合共 97 129.85 元，由被告门诊部承担 30% 即 29 138.96 元。原告的诉讼请求超出核定范围的部分，不予支持。综上，依照《中华人民共和国民法通则》第 119 条的规定，判决：一、被告佛山市南海海康门诊部应于判决发生法律效力之日起十日内赔偿 29 138.96 元予原告陈耀礼、刘玉连。二、驳回两原告的其他诉讼请求。本案受理费 50 元，由被告佛山市南海海康门诊部负担。

原告不服，上诉至佛山市中级人民法院，二审法院维持原判。

（2）紧急避险是指为了使公共利益、自身或他人的合法权益免受正在发生的紧急危险将造成的更大损害，在别无选择的情况下，采取的造成他人较少损害的紧急措施。《民法通则》第 129 条规定，因紧急避险造成损害的，由引起险情发生的人承担民事责任。如果险情是由自然原因引起的，紧急避险人不承担民事责任或者承担适当的民事责任。因紧急避险措施不当或者超过必要的限度，造成不应有的损害的，紧急避险人应当承担适当的民事责任。

① 摘引自“北大法律信息网”。

紧急避险应注意两个最关键的要件，一是迫不得已，该措施的采取是在别无选择的情况下所采取的；二是丢小保大，损失了较小利益，保存了较大利益。一般而言，当人身利益与财产利益并存时，人身利益大于财产利益；财产利益并存时，即以财产的价值进行判断。在紧急避险中，较小利益的损失者，其损失由引起险情发生的人承担；如险情因自然原因而引起，紧急避险人采取措施无不当的，则由紧急避险措施中的受益人给予适当补偿；紧急避险人采取紧急避险措施不当或者超过必要的限度造成不应有的损害的，紧急避险人应当承担适当的民事责任。

☞ **案例**①

原告田宝志承包的顺义区杨镇小店村的四个鱼池位于被告北京青龙缝纫制品有限公司的墙外。2003 年 1 月 6 日夜里 24 时许，被告北京青龙缝纫制品有限公司生产车间因电路短路而发生火灾，北京市公安消防总队顺义中队在 2003 年 1 月 7 日凌晨 0 时 1 分接到报警后，于 0 时 31 分赶到火灾现场进行扑救。因消防车所带水量不够，即用其中一辆消防车将水管直接送入相邻的原告田宝志承包的四个鱼池北数第二个鱼池中破冰取水，至火被扑灭，从该鱼池取水持续 40 分钟，取水量约 25 立方米。2003 年 3 月份，天气逐渐转暖，冰层融化，田宝志在该鱼池中饲养的鲤鱼苗全部死亡，浮到水面上，造成经济损失。而未抽水的其他 3 个鱼池没有出现大量死鱼现象。原告曾多次找有关单位及被告，均未得到解决。田宝志承包的该鱼池面积为 5 亩，于 2002 年从北京市平谷区大兴庄镇三福庄村张佩玉处购买鲤鱼夏花鱼苗 10 万尾。顺义区水产养殖服务中心技术人员李如潮证实：在一般条件下，夏花鱼苗成活率在 80% 以上，根据本地区的一般饲养条件，鲤鱼苗每亩产量在 1 500 千克，每千克销售价格在 6 元左右。

北京市顺义区人民法院根据上述事实及相关证据认为：被告北京青龙缝纫制品有限公司因电路短路失火，北京市公安消防总队顺义中队采取紧急避险行为为被告救火，从原告田宝志的鱼池中破冰取水，造成原告鱼池中饲养的鲤鱼苗死亡的事实清楚，证据充分，对因此给原告造成的经济损失，被告作为受益人应当承担赔偿责任。被告北京青龙缝纫制品有限公司辩解原告的鱼死亡是因为鱼生病等其他原因，未能提供相关证据，因此不予采信。原告要求被告赔偿损失 60 000 元，请求赔偿额过高，可根据当地在一般饲养条件下鲤鱼苗的产量及销售价格，酌情确定。

北京市顺义区人民法院依据《中华人民共和国民法通则》第 129 条的规定，作出如下判决：被告北京青龙缝纫制品有限公司赔偿原告田宝志经济损失 45 000 元，于判决生效之日起 10 日内付清。案件受理费 2 310 元，由原告田宝志负担 500 元（已交纳），被告北京青龙缝纫制品有限公司负担 1 810 元，于判决生效之日起 7 日内交纳。

被告不服，上诉至北京市第二中级人民法院，二审法院维持原判。

（3）自助行为是指民事主体为保护自己的权利而自行采取的保全措施。自助行为的采取必须是为了保护自己的民事权利，而且必须采取法律所许可的方式。《民法通则》第 89 条第（四）项规定，按照合同约定一方占有对方的财产，对方不按照合同给付款项超过约定期限的，占有人有权留置该财产，依照法律的规定以留置财产折价或

① 摘引自“北大法律信息网”。

者以变卖该财产的价款优先得到偿还。此规定表明，对于依合同约定预先占有对方财产的合同当事人，在自己的合同债权未获如期实现时，可按照法律规定采取相应的自助行为，以保护自己的合同债权。如加工承揽合同中，定作人拒绝支付加工费，加工人可行使留置权而暂时扣留加工物，要求定作人在不少于两个月的期限内履行债务，到期定作人仍未履行债务，加工人可将留置物拍卖、变卖，从所得的价款当中优先受偿，以实现自己的债权。

☞**案例**①

许建刚与许业友、许国双系邻居关系，双方因道路问题发生纠纷。2008 年 8 月 15 日上午，许业友、许国双将许建刚宅基上的厨房南院墙、厨房、北院墙推倒，毁坏其厨房后坡及烟囱。许建刚多次找许叶友、许国双调解处理此事无果，诉至法院，要求许业友、许国双对推倒的院墙、毁坏的厨房及烟囱恢复原状，并赔偿财物损坏及误工费等各项损失共计 1 500 元。

一审法院认为，原告许建刚作为宅基地使用权人依法对集体分配的宅基地享有占有和使用的权利，有权依法利用该地建造住宅及附属设施，原告在自己合法的宅基地上建造的院墙、厨房及烟囱，应当受法律保护，被告许业友、许国双毁坏原告财物的行为实属不该，故支持原告要求二被告恢复原状的诉求，原告要求二被告赔偿经济损失无证据佐证，不予支持。

许业友、许国双不服判决，提起上诉称：一审程序违法，本案不应作为民事案件受理；许建刚的围墙、房檐属违法建筑，不应恢复原状，上诉人的行为属自助行为，原审认定事实不清。许建刚答辩称一审判决正确，应予维持。

在二审庭审中，上诉人向法庭提交该村规划图、政府信访事项处理意见书及现场照片，用于证明被上诉人的厨房及院墙占用规划道路，被上诉人认可上述证据的真实性，但并不承认占用道路。

二审法院查明的事实与原审相同，并认为：被上诉人许建刚的厨房及围墙等均建于 20 世纪 90 年代，属历史形成的农村村民的财产，基于当时农村乡村建设管理的实际，政府部门也未认定其为非法建筑，上诉人提交的规划图系 2000—2010 年的规划，且政府信访意见书明确提出规划道路因两家建房都有不同程度占用，乡村研究的处理意见是按新规划待统一打通道路时给予解决，故二上诉人无权擅自毁损被上诉人的财产。二上诉人毁坏被上诉人院墙及厨房的事实，原审法院对证人有明确的调查笔录可以证明，故上诉人上诉称自己行为为自助行为，理由不能成立。原审认定事实清楚，适用法律正确，于是维持原判。

（二）国家保护

国家保护又称公力救济，是指当民事权利受到侵害时，权利主体请求国家机关通过法定程序予以保护。

公力救济是最主要的保护民事权利的方法，其最常见的方式就是通过诉讼来保护民事权利。由于民事权利的种类、受到侵害的方式不同，权利人提起诉讼的目的和要

---

① 摘引自“北大法律信息网”。

求也不同，一般而言，民事诉讼的请求有三种：

(1) 确认之诉，即请求人民法院确认某种民事法律关系是否存在的诉讼。如确认财产所有权的归属，确认合同的有效无效，确认某种身份关系的存在等。

(2) 给付之诉，即请求人民法院责令对方履行某种行为，以实现自己的权利的诉讼。如请求债务人履行债务，支付违约金、赔偿损失等。

(3) 形成之诉，即请求人民法院通过判决变更现有的民事法律关系的诉讼。如请求分割共有财产、请求解除合同关系、请求解除夫妻关系等。

五、民事义务

(一) 民事义务的含义

民事义务是指义务主体为满足权利人的利益需要，在权利限定的范围内必须为一定行为或不为一定行为的必要性。其具体含义表现在：

(1) 民事义务具有利他性。义务主体必须依据法律规定或合同约定，为一定行为或不为一定行为，以满足权利人的利益。

(2) 民事义务具有限定性。义务人只承担权利限定范围内的义务，即只承担法律规定或合同约定范围内的义务。

(3) 民事义务具有约束性。义务主体必须履行自己所承担的义务，否则将依法承担民事责任。

(二) 民事义务的分类

民事义务按照不同的标准分类，就有不同的类别。主要有以下几种：

1. 法定义务和约定义务

根据民事义务发生原因的不同，可将其分为法定义务和约定义务。法定义务是指直接根据法律规定而产生的义务。如物权关系、人身权关系中不特定的义务主体所承担的消极不作为义务即属于法定义务。约定义务是指由当事人自行协商而确定的义务。如合同关系中债务人所承担的合同义务即为约定义务。

2. 积极义务和消极义务

根据民事义务履行方式的不同，可将其分为积极义务和消极义务。积极义务又称作为义务，是指义务人必须做出积极行为的义务。如买卖合同关系中，买方支付价款、卖方交付标的物的义务都属于积极义务。消极义务是指义务人不作为的义务。如所有权关系中，义务人所承担的不得妨碍所有人行使所有权的义务。

3. 专属义务和非专属义务

根据民事义务对义务主体的依附性，可将其分为专属义务和非专属义务。专属义务是指义务人必须亲自履行而不得由他人代为履行的义务。如加工承揽合同中，加工人所承担的加工完成定作物的义务。非专属义务是指义务人不必亲自履行而可以由他人代为履行的义务。如买卖合同中买方支付价款和卖方交付标的物的义务都属于非专属义务。

(三) 民事权利和民事义务的关系

民事权利和民事义务共同构成民事法律关系的内容，两者相互联系、相互制约、相互适应、同时并存，形成对立统一的关系。一方面，民事权利和民事义务互相依存，有民事权利必有民事义务；反之，有民事义务必有民事权利。民事权利靠民事义务辅佐达成，民事义务的履行就是民事权利的实现；民事义务不履行，民事权利也就无从实现。另一方面，民事权利与民事义务又相互对立，民事权利是为满足权利人自己利益需要的，具有利己性，而民事义务是为满足他人即权利人的利益需要的，具有利他性；民事权利是一种“可为”，而民事义务是一种“必为”，民事权利体现了当事人的自由，民事义务则体现了对当事人的约束。

☞ **案例**

农民李某向某保险公司购买了 10 万元的房屋财产保险。春节期间，小孩子放爆竹，不慎将其屋后的柴草引燃，大火烧着了李某的新房。这时李某正在朋友家喝酒，邻居叫他回家救火，醉醺醺的李某说：“我家保了险啦，随便烧！反正保险公司得赔我。”由于李某对救火不积极，其房屋家具全部被烧毁，事后李某去保险公司领保险金。可保险公司通知李某说，由于他没有履行法律规定的投保人应承担的防损扩大义务，在弄清由此造成的扩大损失数额前，保险公司拒绝理赔。双方为此发生纠纷。

保险是一种合同法律关系。根据保险合同的约定，投保人向保险人支付保险费，保险人在保险标的遭受约定事故时承担经济补偿责任或履行约定的给付义务。保险合同关系是复合民事法律关系，其中存在着几组相对应的权利和义务：①保险公司承担着一旦保险事故发生，就应按保险合同规定的赔偿数额给付保险金的义务，反过来看，这是投保人的权利；②投保人承担着缴纳保险费的义务，反过来看，这是保险公司的权利；③《保险法》第 57 条规定：保险事故发生时，被保险人应当尽力采取必要的措施，防止或者减少损失。防损扩大义务是法律规定投保人应承担的义务，反过来看，这是保险公司的权利。在保险合同法律关系中，当事人的权利和义务是相互联系、相互制约、相互适应、同时并存的，投保人和保险公司均须履行自己的义务，以使对方享受权利和利益。权利的内容总是通过与其相适应的义务才表现出来的，义务的内容又总是由权利的实质所决定的，权利和义务从不同的角度表现着同一个民事法律关系。

李某享有遭受火灾时要求保险公司赔偿的权利，保险公司承担赔偿义务，两者之间都是以对方的存在作为自己存在的条件的。同时，保险公司享有要求李某作为投保人履行施救义务的权利，而李某承担着防损扩大的义务。由于李某违反了自己的防损扩大义务，保险公司就可以行使就扩大损失拒绝赔偿的权利。

【思考与练习】

1. 在社会生活中，应当如何行使及保护自己的民事权利？
2. 举例说明民事权利和民事义务的关系。
3. 案例分析：

1996 年和 2000 年，黄某先后承包了经济合作社的旱地及涌尾因省道建设路基加高加固而形成的四口鱼塘（其中三口是相连贯通）从事养鱼。侯某原来也在黄某的鱼塘旁边承包了一口鱼塘养鱼，后其将鱼塘改为种植果树。2005 年 5 月 9 日，因天降大雨，积水无法及时疏通，黄某的四口鱼塘贯通成一片。当天上午，侯某认为水淹浸了其果园的果树，遂将黄某四口鱼塘中最低水位的一口鱼塘的暗渠排水口处的围栏及栏网挖开。侯某挖开的水口是当地公路的去水口，黄某将该去水口堵塞蓄水养鱼，围栏及栏网被挖开后鱼随水流失。当日下午 6 时，黄某将围栏及栏网重新装好。后黄某起诉，要求侯某赔偿因鱼流失而造成的损失 8 600 多元，经查实，其实际损失为 4 200 元。

黄某堵塞去水口，导致侯某的果场被水淹没，侯某为了使自己的财产损失不至于扩大，疏通去水口，是否属于紧急避险？责任应如何承担？

✧思考方向：

① 在本案中黄某和侯某各享有什么民事权利，承担哪些民事义务？

② 紧急避险必须具备的要件是什么？

③ 黄某的行为对侯某是否造成影响？侯某的行为与黄某的损失存在联系吗？

项目三　民事法律事实

【引例】

2007 年 2 月，在某宾馆工作的傅某与到该宾馆住宿的鲁某相识，后两人发展成恋人关系。当年 9 月，傅某怀孕，双方发生分歧。傅某坚持要将孩子生下来，鲁某则坚决不同意。为了说服傅某去做人流手术，鲁某表示自己愿意拿钱补偿，并给傅某打了一张 10 万元的欠条。欠条上写着“傅某把孩子打掉，鲁某给 10 万元”、“鲁某今生只爱傅某一个人”，鲁某还答应三个月内和傅某结婚。傅某拿到这张欠条兼保证书后，便到医院做了引产手术。不料做完手术，鲁某就消失了。2008 年 6 月，傅某经多方寻找，找到了鲁某的家，得知鲁某因与他人斗殴重伤，已于 2008 年 1 月死亡。傅某认为鲁某虽然已经死亡，但他有遗产，鲁某的父母应该兑现鲁某生前许诺给她的 10 万元。鲁某的父母拒绝了傅某的要求。

问：该欠条是否说明鲁某与傅某之间存在某种民事法律关系？傅某能否要求鲁某的父母支付 10 万元？鲁某死亡，他的遗产在法律上会发生什么变化？

【基本理论】

作为民事主体之间的一种社会关系，民事法律关系均有一个发生、变更、终止的过程，而这种变动的过程必然是由一定的原因引发的。这个原因就是民事法律事实。

一、民事法律事实的含义

民事法律事实是指民事法律规范规定的能够引起民事法律关系产生、变更和消灭的客观现象。民事法律规范本身并不能在民事主体之间引起民事权利义务关系，只是赋予民事主体享有民事权利、承担民事义务的可能性，只有在客观上出现了一定的事实条件，民事主体之间才能实际形成相应的权利义务关系，才能引发民事法律关系的产生、变更或消灭。例如，法律规定父母有抚养未成年子女的权利和义务，只有在孩子出生这一事实出现后，才在父母和未成年子女之间产生亲子关系，父母才实际取得法律所规定的亲权，并实际承担抚养的义务。由此可见，民事法律关系是民事法律规范的规定和实际发生的民事法律事实共同作用的结果。

民事法律事实具有客观性、法定性。首先，民事法律事实是一种客观现象，是存在于人的主观意识之外的可以为人所认识的客观存在；其次，不是所有客观现象都是民事法律事实，客观现象能否成为民事法律事实取决于民事法律的规定，只有合乎民法规范的客观现象，才能引起民事法律关系的产生、变更和消灭。例如，刮风下雨这样的自然现象一般不会引起民事法律关系的变动，但如果是台风、洪水等自然灾害，依照法律的规定构成不可抗力的，则属于民事法律事实，可以成为当事人不履行民事义务的免责事由，从而引起相关民事法律关系的变更；再如，引例中鲁某给傅某打下欠条作出付款的承诺，但是这种承诺以傅某实施涉及人身权益的行为为前提，不符合法律有关合同订立的规定，不是民事法律事实，所以不能够据此在双方当事人之间形成民事法律关系。

民事法律事实出现时，产生如下法律效果：

（1）引起民事法律关系的产生。只有通过民事法律事实，才能使民事法律所规定的权利义务，转化为当事人实际享有的权利和承担的义务。

（2）引起民事法律关系的变更。因法律事实的出现导致民事法律关系变更的情形有三种。主体变更，即权利主体或者义务主体发生变化；内容变更，指主体享有的民事权利和承担的民事义务在范围或者性质上发生变化；客体变更，如客体的类型发生变化等。

（3）引起民事法律关系消灭，使主体之间的权利义务不再存在。

☞ **案例**①

2007 年 5 月 17 日，李新江在八里桥邮政所开立个人结算账户，账号为 4150，户名为李新江。5 月 18 日，该存折被他人以户名为“李新江”账号为 7034 的存折调换。同日，李新江将 3 万元现金存入调换后的账号为 7034 的存折，后发现存折被调换的事实，立即申请邮政所对该账户的 3 万元存款停止支付，并向公安机关报案。5 月 21 日，公安机关决定对李新江财物被诈骗案立案侦查，并于 5 月 29 日对 7034 号账户的存款 30 010元予以冻结。经侦查，7034 号账户内的 3 万元存款系李新江所存，因未抓捕到犯罪嫌疑人，无法将该账户存款取出发还施事主。李新江诉至法院，请求判令八里桥邮政所及邮政局共同撤销该笔存款交易并返还存款 3 万元。八里桥邮政所及邮政局认为原告李新江不是账号 7034 存款合同的当事人即该账号的存折所有人，无权要求八里桥邮政所更改存款合同返还该笔存款。

法院认为，李新江于 2007 年 5 月 18 日在八里桥邮政所向 7034 号账户存款 3 万元，与八里桥邮政所之间建立存款合同关系。由于李新江本人亲自开立的账号为 4150，公安机关证明其因被骗才将 3 万元存款误存入 7034 账号，可以认定李新江向 7034 号账户存款 3 万元的行为系基于重大误解而产生。根据我国法律规定，因重大误解订立的合同，当事人一方有权请求人民法院或仲裁机构予以变更或撤销。李新江申请撤销其与八里桥邮政所就 7034 号账户的存款合同，符合上述法律规定，故判令被告返还原告存款 3 万元。

本案中，李新江在邮政储蓄所存款，邮政储蓄所开具存折作为凭证，通过这些行为在两者之间建立了储蓄合同关系，存款人凭存折支取存款本金和利息，储蓄机构依照规定支付存款本金和利息。李新江因重大误解将原本打算存入账号为 4150 的存折的 3 万元存入了账号为 7034 的存折，根据法律规定由法院判决予以撤销，他与邮政储蓄

① 王爱农．误存入同名账户的存款应否返还．中国法院网．

所之间的这一储蓄合同关系随之消灭，邮政储蓄所即丧失了继续占有该笔存款的依据，因此应予返还。

二、民事法律事实的基本类型

民事法律事实多种多样，根据其是否与当事人的意志有关，可以分为自然事实和行为两种基本类型。

（一）自然事实

自然事实是指与当事人的意志无关的，能够引起民事法律效果的客观现象。与当事人的意志无关，指的是该现象本身不直接包含民事法律关系主体的意志，并非指该现象的发生或出现与人的意志毫无关系。

自然事实包括自然事件、社会事件和状态。

（1）自然事件是指某种偶发的、不能归因于人的客观现象。常见的自然事件有：①人的出生、自然死亡，它能引起民事主体资格的产生或消灭、继承法律关系的产生等；②自然灾害，如地震、洪水、台风、瘟疫等，它能够引起合同关系的变更、解除，或者导致保险合同所附条件成就，引起保险金的赔付，或者免除侵权行为人的民事责任等。

（2）社会事件包括战争、罢工、动乱或者人为事故、人为原因引起的死亡、人的失踪等。虽然是由人的行为引起的事件，作为事件的原因与人的行为有关，但事件本身与民事法律关系主体的意志无关。例如，战争、罢工、动乱等由人的群体性行为引发的事件，但事件本身的发展与个体的人的意志无关，事件本身不直接含有意志属性。再如，某人因自杀死亡，引起婚姻法律关系的终止，死亡这一事实虽然与死者自己的求死思想有关，但对于该事实引起的民事法律效果的承受者即其配偶来说，则完全没有联系。

（3）状态是指某种客观现象的持续，如时间的经过。一定时间的经过可以依法导致一定的法律效果的发生。例如，正常人年满 18 周岁就具有完全民事行为能力，可以独立地进行民事活动；再如，根据时效制度的规定，时效期间届满，可以使权利人取得一定的权利或者使其权利归于消灭等。

（二）行为

行为是指与民事主体的意志有关的，能够引起一定民事法律效果的客观现象。

作为民事法律事实的行为，根据不同的标准可以分为：

1. 合法行为和违法行为

合法行为是指符合法律规定或者为国家法律认可的行为，合法行为的实施产生有利于行为人的民事法律效果。凡是违反法律规定侵害他人合法权益的行为是违法行为，违法行为人应当依法承担相应的民事责任。如损坏他人的物品侵害他人物权的，依法应当承担赔偿责任；违反合同约定的，应当承担违约责任。

2. 当事人的行为和他人的行为

当事人的行为是指当事人自己实施的，发生民事法律效果的行为，如订立合同，引起当事人之间合同法律关系的产生。他人的行为指非由当事人实施却在当事人之间发生民事法律效果的行为，如人民法院或仲裁机构作出裁决，裁决生效后，可导致当事人之间产生、变更或者消灭一定的民事法律关系。

3. 民事行为、准民事行为和事实行为

（1）民事行为是指民事主体旨在确立、变更、终止民事权利义务关系的行为，其法律效果与行为人的意思表示有直接联系。具体包括民事法律行为、可变更可撤销的民事行为、无效民事行为、效力待定的民事行为。

（2）准民事行为是指民事主体按照法律规定的条件将其内心意思表示于外便引起一定法律效果的行为，主要包括意思通知行为（如要约拒绝、履行催告等）、观念通知行为（如发生不可抗力通知、债权让与通知等）和感情表示行为（如被继承人对继承人的宽恕等）。

（3）事实行为指民事主体实施的没有预期目的但能够依法直接产生一定民事法律效果的行为。事实行为人主观上并无确立、变更或消灭某一民事法律关系的意识，但其行为符合法律规定的构成要件，从而引起相应的民事法律效果。例如，拾得遗失物、发现埋藏物、先占、著作、无因管理、侵权行为等，都是事实行为。

三、民事法律关系的事实构成

民事法律关系的事实构成，是指引起民事法律关系的产生、变更或消灭的两个以上的民事法律事实的总和。一般情况下，一个民事法律事实足以构成一个民事法律关系产生、变更或消灭的原因，但在某些情况下，一个民事法律关系的变动需要两个或两个以上的民事法律事实相互结合为依据。例如，遗嘱继承关系的发生，必须以被继承人立有合法有效的遗嘱、被继承人死亡和继承人在继承开始时未死亡以及继承人没有放弃继承权四个法律事实同时存在为前提。这样的民事法律关系，只有在事实构成具备的情况下，才能产生、变更或者消灭；仅有部分民事法律事实出现，则不会发生变动的结果。

☞ **案例**

程某与林某为夫妻。2000 年 5 月程某父亲去世时，在市内留有住房一套，至今未继承分割，一直由程某母亲居住。2005 年 2 月 16 日林某起诉离婚，24 日程某即以公证的方式放弃继承该房产，3 月两人调解离婚。离婚后，林某以放弃继承的房产应是婚姻关系存续期间已由程某继承取得、属夫妻共同财产等为由起诉到法院，请求判令程某的放弃行为无效，并对争议房产及其他尚未分割财产进行分割。

程某认为放弃继承父亲财产，无须征得原告同意，且继承遗产与否，并不影响其应尽的义务，其放弃继承的行为应是合法有效。

法院认为，被告的放弃行为，虽然会影响到原告可主张的夫妻共同财产的多少，但这只涉及被告对自己权利的处分，却不涉及被告对原告法定义务的履行，应属合法有效，且在双方离婚时被告并未实际取得可继承房产的份额，故原告要求分割上述房屋的诉讼请求不能得到支持。

本案中，林某是否对程某可以继承的房产享有共同财产权，关键在于是否具备形成该物权法律关系的民事法律事实。根据《婚姻法》的规定，婚姻关系存续期间，一般情况下夫妻一方继承所得的财产为夫妻共有财产，但是从遗产转化为夫妻共同财产需要满足下列要件：①夫或妻一方有继承权；②继承人没有放弃继承权；③遗产分割完成；④不动产登记在继承人名下。程某在遗产分割前放弃继承权，相关遗产也未分割，不论是程某还是林某都对其不享有所有权。

【思考与练习】

1. 结合本项目原理，分析并回答引例的问题。

2. 精神病人打伤他人，能不能引起民事法律关系的产生?

3. 案例分析：

赵仲对李冰提起离婚诉讼，法院开庭审理之后未当庭作出判决。赵仲乘出租车回家，出租车司机杨某超速驾驶，在十字路口与一货车相撞，杨某与赵仲当场死亡。李冰因离婚和赵仲之死受到刺激，精神异常。出租车公司支付赵仲死亡赔偿金25万元。赵仲和李冰的儿子赵东东年仅10岁，赵仲的哥哥赵甲认为赵东东年小不懂事，要求出租车公司将死亡赔偿金直接转入自己的账户，由其替赵东东保管。赵仲与李冰的银行存款30万元也被赵甲取出并存入他自己的账户。赵东东的外祖父李丁认为赵甲企图侵吞赵东东的财产，要求赵甲把死亡赔偿金和30万元存款还给赵东东。此时，法院向李冰送达离婚判决书，判决她与赵仲解除婚姻关系。

本案中，有几个民事法律事实？这些民事法律事实引起哪些民事法律关系的发生、变更和消灭?

✧思考方向：

① 明确民事法律事实的判断标准，民事法律事实有哪些具体类型?

② 找出案例中存在的客观现象，如赵仲与李冰离婚诉讼、赵仲在车祸中死亡、李冰精神异常、出租车公司支付赵仲死亡赔偿金25万元、赵甲把死亡赔偿金和赵仲李冰的存款存入自己的账户、李丁要求赵甲把相关款项还给赵东东、法院判决李冰与赵仲离婚等。

③ 判断上述客观现象是否为民事法律事实，进而确定本案中有哪些民事法律关系产生、变更或者消灭。

【拓展阅读】

1. 申卫星:《溯源求本道“权利”》，载《法制与社会发展》2006年第5期。

2. 杨立新、王竹：《常态与应急：地震等严重自然灾害背景下的民法思考》，载《东方法学》2008年第8期。

3. 谢太洵:《高校与学生之间的法律关系初探》，载《云南大学学报》（法学版）2005年第6期。

4. 姚辉:《internet与表达自由》，载《判解研究》2001年第1期。

5. 申卫星：《对民事法律关系内容构成的反思》，载《比较法研究》2004年第1期。

单元三

自然人

民法是私法，调整的是私人之间的社会关系。私人首先是自然人，是构成民事法律关系的主体要素之一。依自然规律出生的自然人要取得民事主体资格必须具备法律规定的两种能力：民事权利能力和民事行为能力。不同民事行为能力的自然人所实施的民事行为效力不同，为弥补无民事行为能力人和限制民事行为能力人在行为能力方面的欠缺，对其进行监督和保护，民法规定了监护制度；若自然人长期下落不明，以其为一方主体的财产法律关系和人身法律关系会一直处于不稳定的状态，不利于社会的安定团结，为此民法规定了自然人的宣告失踪和宣告死亡制度。

【知识目标】

理解自然人民事权利能力和行为能力的含义，掌握民事权利能力的开始与终止的标准、我国民法对民事行为能力的划分标准，理解并掌握宣告失踪和宣告死亡两种制度的程序条件规定、法律效果的认定，理解并掌握监护制度的基本内容，了解自然人的户籍和住所问题。

【能力目标】

通过学习，实践中能正确判断自然人是否具备实施某一具体民事行为的主体资格，从而正确认定自然人实施民事行为的效力；能够为无民事行为能力人和限制民事行为能力人正确地选定监护人；并能够正确处理有关宣告失踪和宣告死亡的实务问题。

【内容结构图】

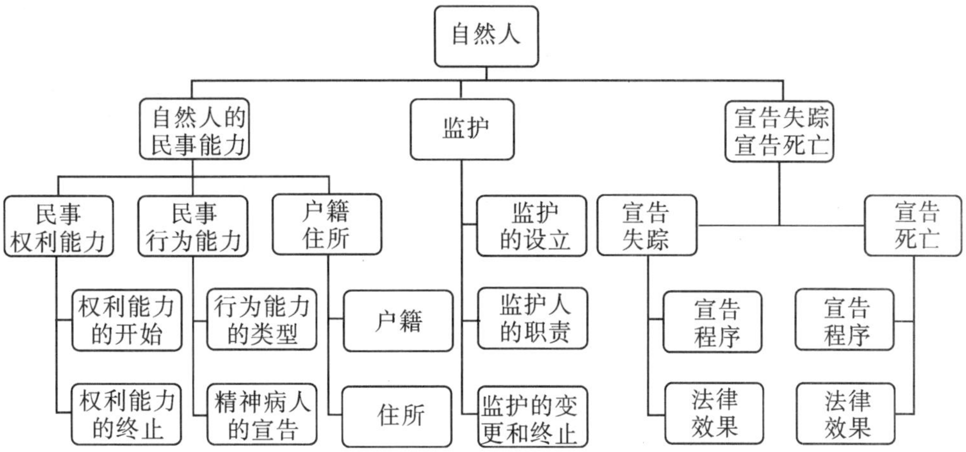

项目一　自然人的民事能力

【引例】

叶某的女儿小云很有绘画天赋，年仅7岁就在各级组织的少儿书画比赛中获奖。当地一家美术出版社得知此事后去信给小云，说该出版社准备出版一本均由少儿创作的美术作品集，希望小云能够选出几张寄给出版社由其择优采用。小云征得叶某同意后就给该出版社寄去3张作品。但之后很长时间没有得到该出版社答复。半年多后，叶某在书店看见该美术出版社出版的一本少儿获奖美术作品选集，其中就有小云寄去的两幅作品。叶某找到该出版社质问其为何不通知小云的作品已被选用、不支付报酬给小云，且在被选用的作品上不署小云的姓名。该出版社辩解称，小云只有7岁，哪里有什么著作权？这本书只是一本教材性读物，出版社是不给报酬的。

小云对自己的作品是否有著作权？

【基本理论】

自然人的民事能力是法律赋予自然人这一民事主体进行民事活动，谋求自身利益的合法资格。民事权利能力的认定，必须把握自然人出生与死亡的时间和标准，对胎儿利益的保护从理论到实务都要深刻理解民事权利能力的内涵。民事行为能力的分类，虽然在各国民法中规定不同，却基本上是以抽象的技术性标准为未成年人和精神病患者的利益保护，以及社会利益的维护设定了合理的界限。自然人的户籍和住所问题，在很大程度上是自然人的民事能力落实到实践中所展现的法律性技术处理的两个方面，不仅关乎民法的规范，还涉及行政法甚至刑法等规范的适用。

一、自然人的含义

自然人是基于自然规律出生而取得民事主体资格的人。

首先，自然人是生物学意义上的人。民法上所称的自然人必须是基于自然规律出生并存活的人。不是生物意义上的人的生命体，不能成为自然人；无生命的人体或丧失生命的人体以及存活于母腹而尚未出生的胎儿，也不是自然人。这里有必要指出的是，为法律所许可并且在社会生活中常见的通过人工授精形成胚胎后移于母腹所孕育生产的“试管婴儿”以及通过剖宫产方式出生的婴儿均属于民法上所称的自然人。因为借助医学手段而自母体出生并不违背自然规律。①

其次，自然人是被赋予民事主体资格的人。人因出生而作为一种生命体存在，是人的自然属性；可以作为民事主体而享有民事权利、承担民事义务则是人的法律属性。现代民法均赋予生物意义上的人以民事主体资格。

《民法通则》第二章的篇名为“公民（自然人）”，该章及其他章节中有关具体问题的规定，则直接用“公民”这一表述。这就产生了公民与自然人是否同义的问题。公民与自然人无论在概念外延还是在适用领域均有诸多差异。首先，公民与国民同义，

---

① 刘士国．民法总论．上海：上海人民出版社，2001.1.

是指具有一国国籍的自然人；由于民事活动的开放性以及国际交往的扩大，自然人不仅包括本国公民，还包括外国人及无国籍人。民法在调整社会关系时，必然会遇到如何对待非本国公民的民事主体资格的问题。《民法通则》在第8条第2款对此作了规定，即“本法关于公民的规定，适用于在中华人民共和国领域内的外国人、无国籍人，法律另行规定的除外”。其次，学界一般认为公民是一个公法概念，而自然人则是一个私法概念。两者适用的社会关系领域有别，随着我国市场经济体制改革的深入发展，人们的生活逐渐分化为政治生活与社会生活两个领域，两个概念的区分应属必要。1986年颁布的《民法通则》使用“公民”这一用语主要是考虑到当时我国私法观念淡薄的现实，并照顾到新中国成立以来的用语习惯，在公民后附加自然人则是为了与国外通行的法律用语相衔接。在《合同法》颁布施行之后，“公民”的概念已经被更贴近民法理念的“自然人”这一术语所替代。

二、自然人民事权利能力

（一）自然人民事权利能力的含义与特征

1. 自然人民事权利能力的含义

自然人的民事权利能力是法律赋予自然人享有民事权利、承担民事义务的资格。主体之所以成为主体就是能够在法律上享有权利和承担义务，离开对权利义务的享有和承担，主体就不能成为主体。因此，主体必须有权利能力，有权利能力是主体资格的标志，是具有人格的内容。因而这里所谓的权利能力，是主体资格、人格或地位的意义，而不是一般意义上的人们做事的能力大小或强弱问题。民事权利能力为自然人享有民事权利、承担民事义务提供了可能性。不过，自然人要将这种可能性转化为现实性，还必须具有相应的民事行为能力，参加相应的民事活动，形成具体的民事法律关系。因此，仅具有民事权利能力并不能当然使自然人通过自己的行为取得权利，也无法通过自己的行为行使权利。

2. 自然人民事权利能力的特征

自然人的民事权利能力具有平等性、不可剥夺性及不可转让性。现分述如下：

（1）平等性。

《民法通则》第10条规定，公民的民事权利能力一律平等。根据这一规定，自然人享有平等的民事权利能力，不受民族、种族、性别、年龄、职业、职务、宗教信仰、教育程度、家庭出身、财产状况等的影响。

自然人民事权利能力一律平等指的是参与机会的平等，它赋予自然人同样的参与民事活动的机会，而不是结果的平等。

关于外国人和无国籍人在本国的民事法律地位，各国经历了由不承认主义到有限承认主义、相互对等主义，再到平等主义的发展过程。现今多数国家采取平等主义的立法政策，但这并不意味着两者的民事权利能力范围完全一致，现实中由于各种复杂的原因使得两者之间还存在诸多差别。

（2）不可剥夺性。

现代社会中，从事民事活动是自然人维持生存并谋求发展的重要途径，而民事权利能力则是从事民事活动的前提和基础。民事权利能力与主体的生存须臾不可分，剥夺其民事权利能力无异于将其放逐于社会之外，有关当事人将无法生活。因此，任何自然人的民事权利能力均不受限制和剥夺。

(3) 不可转让性。

现代社会致力于承认并保障每个人的主体地位，反对将人视为客体的做法。为了确保这种秩序，法律对主体的自由范围作了限制，即民事权利能力不得放弃与转让。即使当事人要转让、抛弃民事权利能力，法律亦不承认其效力。

❋民事权利能力与民事权利的区别

自然人的民事权利能力与其享有的民事权利是两个有内在联系又有重要区别的概念，两者的区别主要是：

第一，民事权利能力是享有民事权利的资格和前提；而民事权利则是基于这种资格参加民事法律关系而取得的利益，是自然人的民事权利能力得以实现的结果。

第二，民事权利能力包括享有民事权利和承担民事义务的资格两方面内容；民事权利和民事义务则是两个不同的概念，它们在民事法律关系中互相独立，民事权利本身并不包含义务。

第三，民事权利能力与自然人的人身须臾不可分，不得转让、抛弃，也不得被剥夺；而民事权利，除专属权外，自然人可以依自己的意志转让、抛弃，并且也可以依法受到限制。

第四，民事权利能力作为一种抽象的资格，具有平等性；而民事权利则因各人的条件不同、参加的民事法律关系各异，每个人享有的具体的民事权利千差万别。

(二) 自然人民事权利能力的开始

《民法通则》第9条规定："公民从出生时起到死亡时止，具有民事权利能力，依法享有民事权利，承担民事义务。"由此可见，自然人的民事权利能力始于出生，终于死亡。

1. 自然人的民事权利能力始于出生

对出生的标准，民法理论上有多种观点，比较重要的有阵痛说、一部露出说、全部露出说、啼哭说、独立呼吸说等。[①] 我国采用了医学上公认的标准，即胎儿完全脱离母体且具有生命。这实际上采用的是独立呼吸说。出生的要件有两个：一为"出"，即胎儿完全脱离母体；一为"生"，即胎儿脱离母体后有独立的生命，能够独立呼吸。出生的婴儿只要有生命，不论存活的时间长短，均在该时间内具有民事权利能力。这一点在继承法上尤其有意义。例如，母亲甲因难产而死亡，如果婴儿是死产，则该婴儿无权继承母亲的遗产，而应由其父亲乙及其他合法继承人如甲的父母继承。如果该婴儿是活着出生，即使仅仅活了很短的时间，他仍然有权继承甲的遗产。在该婴儿死亡后，乙作为第一顺序继承人继承该婴儿的遗产。

值得注意的是，上述关于出生的标准以及时点的判断只是一种理论上的应然，而实践中能否对这一时点正确认知则是另一问题。实践中涉及某一自然人的出生时间问题时，往往由于时隔很久或存在利益冲突，有关当事人在该问题上会存在争执，因此司法实践中需要借助一定的证据来证明出生时间，这就是出生证明制度。最高人民法

---

① 王利明. 民法总则研究. 北京：中国人民大学出版社，2003. 335.

院《关于贯彻执行〈民法通则〉若干问题的意见（试行）》第 1 条规定，出生的时间以户籍证明为准；没有户籍证明的，参照其他有关证明认定。但这只是出生时间的证据问题。实践中如果对某一自然人的出生时间发生争议，并能够查明实际出生时间的，应当以实际的出生时间为准。比如医院的出生证明或者能够确定真实性的家属、知情人（如接生医生和护士等）的证明与户籍证明不一致的，本书认为，应以该医院出生证明或者能够确定真实性的家属、知情人的证明为准。因为出生时间是一个客观存在的事实，而且寄托了该自然人和利害关系人的真实情感，户籍证明是以医院出生证明为依据，只是在一般情况下证明该自然人的出生时间，并以此作为一种与身份相关事项的准据。

2. 胎儿利益的保护

当然，从受孕到出生是一个连续的自然过程，人出生前后的生理关联不是一个出生时间就可以分开的。但对于胎儿是否具有民事权利能力以及如何保护其利益，不同国家和地区有不同的规定，主要有三种立法例：

第一种是总括保护主义，即只要其出生时尚生存，胎儿就被视为出生前即具有权利能力。如《瑞士民法典》第 31 条第 2 款规定："胎儿只要出生时尚生存，出生前即具有权利能力的条件。"我国台湾地区"民法"第 7 条亦规定："胎儿以将来非死者为限，关于其个人利益之保护，视为既出生。"

第二种是个别保护主义，即胎儿原则上无民事权利能力，但在个别情况下，视胎儿为已出生者，具有民事权利能力，对其利益予以保护。法律所列举的胎儿利益，主要是损害赔偿请求权、继承权和受遗赠权。如《德国民法典》第 1923 条规定："只有在继承开始时生的人，才能成为继承人。在继承开始时尚未生存但已被孕育成胎儿的人，视为在继承开始前已经出生。"因此，该法典在继承权方面承认胎儿享有部分权利能力。

第三种是绝对贯彻自然人民事权利能力始于出生的原则，不承认胎儿有民事权利能力，但考虑到其出生后的利益，法律设有特别的保护性规定，这主要见于遗产继承领域。如我国《继承法》第 28 条规定："遗产分割时，应当保留胎儿的继承份额，胎儿出生时是死体的，保留的份额按法定继承办理。"最高人民法院《关于贯彻执行〈继承法〉若干问题的意见》明确规定："为胎儿保留的遗产份额，如果胎儿出生后死亡的，由其继承人继承；如胎儿出生时就是死体的，由被继承人的继承人继承。"

完全否定胎儿的民事权利能力的规定明显存在不足。胎儿可以感受母体及外界的刺激，似乎有着如同正常出生后的基本活动意识和能力，而现代社会中危害胎儿利益的行为不断出现，如交通肇事、医疗输血造成感染等导致胎儿权益受害的事例多有发生，却因缺乏法律依据而不能给予相应的保护，对加害者也无法给予应有的制裁。

但是，如果将自然人享有民事权利能力的时间前推至受胎之时，就使得其确定性变得模糊；另外，自然人所具有的伦理学意义上的人格，即意识、意志和理智也只有在出生之时才能确定。因此，仍然应当以出生作为自然人享有民事权利能力的开始时间。

☞ **案例**

鲁某的母亲张某怀孕后到宁波市镇海区某医院做产前检查，在该院共做了四次 B

超检查。鲁某出生后被发现左手腕关节以下缺失。鲁某母亲张某认为，由于该医院B超诊断失误，造成残疾儿童出生，对鲁某以后的生活、婚姻带来很大影响，为此张某以鲁某为原告、以医疗事故人身损害赔偿为由将该医院诉至法院，要求该医院支付医疗费、精神损害抚慰金、假肢费等各项费用30 663元。

浙江省宁波市镇海区法院经审理认为，当事人提起诉讼，应当符合起诉条件。虽然原告以医疗事故损害赔偿为由起诉，但起诉理由实为因被告在对原告母亲张某进行产前检查中，未能通过B超检查手段及时检查出原告为先天性残疾而造成原告的降生，即如果被告当时能及时确诊原告左手腕关节以下缺失，原告父母可以选择是引产还是分娩，故本案实质为优生优育选择权赔偿纠纷。法律规定，自然人的民事权利能力始于出生、终于死亡，在被告对原告母亲张某进行产前检查时，原告尚为胎儿，无民事权利能力，亦不可能决定自己是否出生，显然优生优育选择权只能由原告父母行使。现小孩已出生，原告家长再以小孩名义起诉，要求原告对自己生存权利作出选择，显然有悖常理，原告家长作为法定代理人明显超越代理权限，故本案原告主体不适格，鲁某不应成为本案的当事人。据此，依法裁定驳回原告鲁某的起诉。

（三）自然人民事权利能力的终止

1. 自然人的民事权利能力终于死亡

法律上所称的死亡包括自然死亡与宣告死亡。因年老寿终正寝，因疾病死亡，因事故死亡等都是自然死亡。无论何种原因，只要客观地导致自然人生命终止的事实发生都是自然死亡。关于宣告死亡问题详见后述。自然人的民事权利能力终止后，其本人不再是民事主体，无所谓死者的民事权利。死者的人格遗留利益则是对死者亲属或人类社会生活秩序的利益。因此，对死者人格遗留利益的侵害实质是对其亲属利益和社会利益的损害。

2. 自然人死亡时间的认定及推定

自然人的死亡事关民事权利能力的终止，其法律后果主要有死亡人原来享有或承担的民事权利义务的变更、终止，婚姻关系的终止，以及继承的发生等，因此正确认定死亡时间具有重大的法律意义。关于自然死亡的标准与时点，民法学说主要存在三种学说：心脏停止跳动说、呼吸停止说及脑电波消失说。[①] 我国司法实践中仍采取传统医学上公认的呼吸和心跳均告停止作为自然人死亡的标准。与出生时间相同的是，实践中也会对死亡时间发生争议，因此需要采用一定的证据予以证明。实践中以医院或其他机关出具的死亡证明书载明的死亡时间为准，但死亡证明书记载的时间应与自然死亡的实际相一致，否则就不具有法律效力。

几个人在同一事件中死亡，而又不能确定死亡先后时间的，如何确定死者的先后顺序？这牵涉到死亡时间推定的问题。最高人民法院《关于贯彻执行〈继承法〉若干问题的意见》第2条规定，相互有继承关系的几个人在同一事件中死亡，如不能确定死亡先后时间的，推定没有继承人的人先死亡。死亡人各自都有继承人的，如几个死亡人辈分不同，推定长辈先死亡；几个死亡人辈分相同，推定同时死亡，彼此不发生继承，由他们各自的继承人分别继承。这一规定主要是从保护继承人的权益出发，依

① 王利明．民法总则研究．北京：中国人民大学出版社，2003. 341.

据自然顺序来解决该问题的。

※脑死亡

脑死亡，是指包括脑干在内的全脑功能丧失的不可逆转的状态。不少国家过去一直把“心跳停止”和“呼吸消失”作为死亡的标准。随着医学科技的发展，病人的心跳、呼吸、血压等生命体征都可以通过一系列药物和先进设备加以逆转或长期维持，但是如果脑干发生结构性破坏，无论采取何种医疗手段均无法挽救患者。因此，与心脏死亡相比，脑死亡显得更为科学，标准更可靠。

脑死亡有别于“植物人”。“植物人”脑干功能存在，昏迷只是由于大脑皮层受到严重损害或处于突然抑制状态，病人可以有自主呼吸、心跳和脑干反应，而脑死亡则无自主呼吸，是永久、不可逆性的。

自1968年美国哈佛大学死亡定义审查特别委员会提出脑死亡判断指标以来，世界上已有80多个国家和地区陆续建立了脑死亡标准，一些国家还制定了相应的脑死亡法，也有国家采用脑死亡和心脏死亡标准并存的方式。

毕竟人类对大脑的了解还知之甚少，近年来一些脑死亡后重新恢复自主呼吸甚至意识的“奇迹”似乎表明脑死亡并不足以证明一个人真正死亡。有鉴于此，多数承认脑死亡为死亡依据的国家还保留有传统的“自主呼吸停止，心脏停搏，瞳孔放大，血压为0”等作为判定死亡的标准，脑死亡仅仅是辅助判定。

三、自然人民事行为能力

（一）自然人民事行为能力的含义和特征

1. 自然人民事行为能力的含义

自然人的民事权利能力只是自然人成为民事主体、享有民事权利、承担民事义务的资格，而要实施法律保护的民事法律行为，则要具备相应的民事行为能力。

自然人的民事行为能力，是指自然人能够以自己的独立行为取得民事权利和承担民事义务的能力。

2. 自然人民事行为能力的特征

比较与自然人民事权利能力相关的几个概念，自然人民事行为能力的特征表现如下：

自然人的民事权利能力与民事行为能力密切相关，民事权利能力是自然人具有民事行为能力的前提。不过，自然人的民事行为能力和民事权利能力仍然存在如下区别：第一，任何自然人均平等地拥有民事权利能力，但并非每个自然人均具有民事行为能力。第二，自然人的民事权利能力始于出生、终于死亡，而自然人只有在达到一定年龄并具备正常的精神状态的情况下，才能具有民事行为能力。

民事行为能力以意思能力为前提。所谓意思能力，是指自然人可以认识自己的行为以及判断自己行为后果的能力。虽然意思能力是自然人具有民事行为能力的基础，但两者并不完全相同。意思能力的有无属于纯粹的事实判断，民事行为能力的有无则是以事实判断的结论为前提，进行价值判断的产物。所以有无意思能力通常应结合具体情形进行判断，但有无民事行为能力通常应依据法律确立的一般标准进行判断。因此，可能会出现有健全的意思能力却无民事行为能力的情形，如早慧的儿童；也可能会出现有民事行为能力却无相应意思能力的情形，如处于昏迷状态的完全民事行为能力人。

※民事责任能力

所谓民事责任能力，是指行为人对民事违法行为承担民事责任的能力。大陆法系民法理论及民事立法认可自然人的民事责任能力，但《民法通则》仅采纳了民事权利能力和民事行为能力的概念，而未采纳民事责任能力的概念，因此民法理论上对自然人的民事行为能力有广义与狭义之分。广义的民事行为能力既包括自然人从事民事法律行为而取得民事权利、承担民事义务的能力，也包括自然人从事不法行为并对该行为的结果承担责任的能力；狭义的民事行为能力则仅指前者。我国过去的民法理论对自然人的民事行为能力多采纳广义说，现在有不少学者采纳狭义说，并将自然人为不法行为、对该行为承担责任的能力视为民事责任能力。本书在此采纳自然人民事行为能力的狭义说。

（二）自然人民事行为能力的分类

自然人要从事民事法律行为必须具有相应的认识能力、控制能力和判断能力，这些能力存在着程度上的差别和逐步发展的过程。自然人只有智力发展到一定程度，有一定的社会经验且精神状态正常，才能正确地识别事物、准确地表达自己的意思、判断行为的后果、理智审慎地处理自己的事务。因此，法律并没有平等地赋予自然人民事行为能力，而是根据一定的标准作了区分。我国民法以年龄和精神健康状况为标准，将自然人的民事行为能力分为完全民事行为能力、限制民事行为能力和无民事行为能力三种。

1. 完全民事行为能力

完全民事行为能力是指自然人能独立从事民事法律行为的能力。各国民法都以成年作为自然人具有完全民事行为能力的标准。属于完全民事行为能力的自然人包括两类：

其一，满18周岁的成年人。自然人年满18周岁为成年人是我国法律的通制，这也符合我国自然人的智力及判断能力的发育状况。《民法通则》第11条第1款规定："18周岁以上的公民是成年人，具有完全民事行为能力，可以进行民事活动，是完全民事行为能力人。"我国民法确定自然人年满18周岁为完全民事行为能力人，是基于对其智力状况的判断，而不是对自然人经济状况的考虑。年满18周岁的自然人即使没有经济收入，也是完全民事行为能力人。最高人民法院《关于贯彻执行〈民法通则〉若干问题的意见（试行）》第161条第2款规定："行为人致人损害时年满18周岁的，应当由本人承担民事责任；没有经济收入的，由扶养人垫付，垫付有困难的，也可以判决或者调解延期给付。"

其二，16周岁以上不满18周岁，以自己的劳动收入为主要生活来源的人，即劳动成年制。《民法通则》在制定时，考虑到我国法律以16周岁为就业及参军的最低年龄，现实中也有年满16周岁以自己的劳动收入维持生活的人存在。因此规定了劳动成年制。《民法通则》第11条第2款规定："16周岁以上不满18周岁的公民，以自己的劳动收入为主要生活来源的，视为完全民事行为能力人。”最高人民法院《关于贯彻执行〈民法通则〉若干问题的意见（试行）》第 2 条对此作了进一步规定：“16 周岁以上不满 18 周岁的公民，能够以自己的劳动取得收入，并能维持当地群众一般生活水平的，可以认定为以自己的劳动收入为主要生活来源的完全民事行为能力人。”以自己的劳动收入为主要生活来源的未成年自然人视为完全民事行为能力人，有利于这些自然人自主从事生产经营和各种民事活动，有利于对其合法行为及利益进行法律保护，以实现其民事生活目的利益。

我国法律还对自然人从事某些类型的民事法律行为规定了特殊的年龄要求，此即特殊民事行为能力。例如，根据《婚姻法》第 6 条的规定，结婚年龄男不得早于 22 周岁，女不得早于 20 周岁。根据《收养法》第 6 条的规定，收养人必须年满 30 周岁，才可以收养未成年人。

2. 限制民事行为能力

限制民事行为能力又称不完全民事行为能力，是指自然人只能在法律限定的范围内独立从事民事法律行为的能力。限制民事行为能力人所实施的与其年龄、智力和精神健康状况相适应的民事法律行为有效，而其他的民事法律行为则只能由其法定代理人代理或经过法定代理人的同意才能进行。

按照《民法通则》第 12、13 条的规定，限制民事行为能力人包括两类：

其一，10 周岁以上的未成年人。一般说来，10 周岁以上的未成年人应为在校中、小学生，具有从事民事法律行为的需要，已经具备一定的识别能力和判断能力，其智力发育程度能够理解和判断自己社会生活中的一定方面的行为性质及其利害，在与他人的社会交往中具有相应的意思能力，因此，法律赋予其与年龄智力状态相适应的民事行为能力，允许其以自己的独立意志实施与其年龄智力状况相应的民事法律行为，为自己设定权利和承担义务。但 10 周岁以上的未成年人毕竟处在生长发育阶段，还不能完全充分地理解社会生活各方面民事法律行为的性质及其法律上的各种利害后果，因此，法律从维护未成年人利益和民事社会生活关系安全出发，对 10 周岁以上的未成年人的民事行为能力又给予必要的限制，除与其年龄智力状况相适应的民事法律行为外，对其他民事法律行为的实施，则不认为其有民事行为能力，须经法定代理人同意方可实施或者由法定代理人代为实施。

其二，不能完全辨认自己行为的精神病人。不能完全辨认自己行为的精神病人，是指因患有精神疾病，不能完全正确认识和判断自己实施的民事法律行为的性质及其利害后果，但又没有完全丧失意思能力，只是其意思能力受到障碍的人。法律为了保护这些精神病人的利益，维护民事社会生活秩序，对其行为能力给予限制，认可其具有实施与其精神健康状况相适应的民事行为的能力，即在其可以辨认的自己行为部分范围内具有民事行为能力，在因精神疾病障碍而不能辨认的行为部分范围内则不具有行为能力。精神病人是否为限制民事行为能力人，应依利害关系人的申请，由人民法院依据医学鉴定的结论进行宣告。应当注意，这里所说的精神病人是指成年的精神病人。

对于限制民事行为能力人可以独立从事的民事法律行为的范围，《民法通则》只做了原则性的规定，即只能进行与其年龄、智力、精神健康状况相适应的民事法律行为，其他比较复杂的民事法律行为应由他的法定代理人代理或征得他的法定代理人的同意。

实践中判断限制民事行为能力人可以独立实施的民事法律行为时，应考虑如下因素：行为与其生活的相关程度，本人的智力或精神状况是否能够理解其行为并预见该行为的后果，行为涉及的财产数额，行为的性质等。

3. 无民事行为能力

无民事行为能力是指自然人不具备独立从事任何民事法律行为的能力。无民事行为能力人既不能由自己独立从事民事法律行为，也不能在经其法定代理人的同意后自己从事民事法律行为。各国民法均规定，无民事行为能力人所为的民事行为无效，其目的在于保护这些人不致因自己的行为发生对己不利的后果，而与无民事行为能力人订立合同或对之作出意思表示的人则不受保护。这是因为，根据法律的评价，对无民事行为能力人的保护优先于对交易的保护。无民事行为能力人要从事民事法律行为，只能由其法定代理人代理进行。通过这种方式，无民事行为能力人仍然可以享有权利，承担义务。

根据《民法通则》第12、13条的规定，无民事行为能力人包括不满10周岁的未成年人以及完全不能辨认自己行为的精神病人。有些国家和地区的民法将禁治产人规定为无民事行为能力人。至于精神病人是否不能辨认自己的行为而为无民事行为能力人，也应经利害关系人申请，由人民法院依法进行宣告。

无民事行为能力人所为的民事行为无效只是一般规则，实践中也有例外情形，如无民事行为能力人接受奖励、赠与、报酬的，他人不得以其无民事行为能力为由主张该行为无效。在前述引例中，小云不仅依法对其作品享有著作权，而且也有权要求出版社支付报酬。另外，我国儿童一般于6周岁起就要接受义务教育，在此过程中需要进行一些数额不大的民事法律行为，如购买文具等，这个年龄段的人一般能够预见这种行为的后果。另一方面，日常生活中有很多定型化的行为，其法律后果相当确定，未成年人为此种行为时，一方面不会对其利益造成损害，另一方面也不会对社会交易秩序构成损害。

（三）精神病人无民事行为能力与限制民事行为能力的宣告

精神病人为无民事行为能力人还是限制民事行为能力人，依我国《民法通则》规定和《民事诉讼法》规定的特别程序由人民法院宣告。《民法通则》第19条规定："精神病人的利害关系人，可以向人民法院申请宣告精神病人为无民事行为能力人或者限制民事行为能力人。"可见确定精神病人为无民事行为能力人或者限制民事行为能力人，必须具备以下条件：①该自然人患有精神病。②须经利害关系人申请，没有利害关系人的申请，不得宣告。利害关系人是指精神病人的配偶、父母、成年子女及其他亲属，也可以是同其有民事权利义务关系的当事人。③须经人民法院宣告。根据《民事诉讼法》第187条的规定，申请认定精神病人无民事行为能力或者限制民事行为能力，应当向该精神病人住所地基层人民法院提出。

人民法院在依特别程序审理此类案件时，认定被申请人是否患有精神病，应当根据司法精神病学的鉴定或者参照医院的诊断、鉴定确认。在不具备诊断、鉴定条件的情况下也可以参照群众公认的当事人的精神状态认定，但应以利害关系人没有异议为限。精神病人（包括痴呆症患者）如果没有判断能力和自我保护能力，不知其行为后果的，可以认定为不能辨认自己行为的人；对于比较复杂的事物或者比较重大的行为缺乏判断能力和自我保护能力，并且不能预见其行为后果的，可以认定为不完全辨认自己行为的人。在普通的民事诉讼中，当事人及利害关系人提出一方当事人患有精神病（包括痴呆症），人民法院认为确有必要认定的，应当裁定中止诉讼，先按照民事诉讼法规定的特别程序，作出当事人有无民事行为能力的判决，然后再恢复诉讼，如确认精神病人（包括痴呆症患者）为限制民事行为能力或无民事行为能力人，应当按照民事诉讼法的规定由其法定代理人代为参加诉讼。

自然人因患有精神病被宣告为无民事行为能力人或限制民事行为能力人的，其行为能力只是因精神障碍而被否定或限制，但随着精神病的治疗，精神健康的恢复，而逐渐恢复其意思能力，对其行为有部分或全部辨认能力的，可以经本人或利害关系人申请，由人民法院宣告其为限制民事行为能力或完全民事行为能力人。

※相关法律

《中华人民共和国民事诉讼法》第187~190条

※禁治产人

所谓禁治产人，是指在事实上缺乏自决能力，需要对其采取保护措施，以免其人格遭受重大侵害的人。例如，我国台湾地区“民法”第14条规定：“对于心神丧失或精神耗弱致不能处理自己事务者，法院得因本人、配偶、最近亲属二人或检察官之声请，宣告禁治产。禁治产之原因消灭时，应撤销其宣告。”该法第15条规定，禁治产人，无行为能力。其制度类似于《民法通则》所规定的精神病人无民事行为能力或限制民事行为能力的宣告。

四、自然人的户籍和住所

（一）自然人的户籍

户籍是以户为单位记载自然人的姓名、性别、民族、出生、住所、结婚、离婚、收养、失踪和死亡等事项的法律文件。在我国，户籍是证明自然人身份的重要文件，它对于确定自然人何时开始和终止民事权利能力和民事行为能力，明确自然人家庭状况和财产继承关系，确定自然人姓名权等都有重要的法律意义。

我国自1984年起开始实行居民身份证制度。2004年1月1日起实施的《中华人民共和国居民身份证法》规定，居住在中华人民共和国境内的年满16周岁的中国自然人应当申请领取居民身份证。居民身份证登记项目包括姓名、性别、民族、出生日期、住址等信息，它是证明自然人个人身份的法律凭证。

（二）自然人的住所

自然人的住所，是指法律认可的自然人民事生活的中心处所和经常居住所在的地方。我国《民法通则》第15条规定：“公民以他的户籍所在地的居住地为住所，经常居住地与住所不一致的，经常居住地视为住所。”可见，《民法通则》是以公民户籍所在地的居住地的客观事实，或户籍所在地与经常居住地不一致的，则以经常居住地的客观事实确定公民住所。最高人民法院《关于贯彻执行〈民法通则〉若干问题的意见（试行）》第9条规定：“公民离开住所地最后连续居住一年以上的地方，为经常居住地。但住院治病的除外。公民由其户籍所在地迁出后到迁入另一地之前，无经常居住地的，仍以原户籍所在地为住所。”

自然人的住所确定后在法律上引起以下效果：

（1）为确定自然人下落不明的前提，自然人最后离开住所，处于下落不明的状态达到法定的期限，才可以对他进行失踪宣告或者死亡宣告。

（2）为确定债务履行地的标准。例如，根据《合同法》第62条的规定，当事人就履行地点约定不明的，依照合同法第61条的规定仍不能确定的，给付货币的，在接受货币一方所在地履行；交付不动产的，在不动产所在地履行；其他标的，在履行义务一方所在地履行。在这里所谓的一方所在地就是指当事人的住所地。

（3）为确定诉讼管辖法院和司法文书送达地的标准。

（4）为合同订立等法律行为成立地。例如，要约到达受要约人时生效，承诺到达要约人时合同成立。除非当事人有特定的要约承诺地点，一般以其住所为意思到达的地点。

（5）为法律意义的登记行为管辖地。例如，婚姻登记、收养登记等在当事人的住所地。

（6）单位监护人或监护指定单位的确定依据。《民法通则》第16条、17条规定未成年人、精神病人的住所地的村民委员会、居民委员会指定监护人或由其担任监护人。

（7）在涉外民事法律关系中确定法律适用的准据法的依据。例如，《民法通则》第149条规定，遗产的法定继承，动产适用被继承人死亡时住所地法律。

【思考与练习】

1. 以自己为例，说明自然人民事权利能力和民事行为能力的含义。

2. 找找身边的小例子来区别一下完全民事行为能力人和限制民事行为能力人的言行的不同之处。

3. 了解本班同学的户籍，判断并确定其住所。

4. 案例分析

岳某年仅15岁就学会了绣花和养蚕，每年通过她的劳动就能取得上万元收入。她父母双亡，和其舅舅、舅妈在一起生活。舅妈虽然在生活上给予岳某一些照顾，但每年都将岳某的收入控制在自己手里，拿去给自己的儿子盖新房准备结婚。17岁时岳某觉得自己完全可以独立生活了，因此要求和舅舅、舅妈分开过日子。为了帮助岳某独立生活，村农工商联合公司和岳某单独签订了养蚕承包合同，由村里向她提供蚕种和饲料，年底按蚕茧产量提成付钱。到了产茧的时候，由于这一年蚕茧价格看涨，村里是有多少收多少。一天，岳某的舅妈在趁岳某外出时，将岳某养的蚕茧全以自己的名义卖了钱，而且将全部收入纳为己有。岳某找到村民委员会，要求村里为自己做主。可是其舅妈对村里的人说：“这是我们自己的家事，别人最好少管；岳某现在还不到18岁，一个女孩子又没有出嫁，签合同不经我们娘家人同意，能算数吗？我们卖的是自己家的茧，至于是自己的还是外甥女的，能分得那么清吗？”村里人见岳某的舅妈这么厉害，都不愿管这件事。岳某没有办法，只好起诉到人民法院，请求人民法院依法保护自己的合法利益。

岳某有独立签订并履行合同的能力吗？依据法律，人民法院应当如何判决？

◇思考方向：

① 了解独立签订并履行合同的能力的含义。订立合同是一种民事法律行为，自然人必须具有完全民事行为能力才能独立实施。

② 明确我国法律有关自然人民事行为能力的规定，包括《民法通则》和最高人民法院的相关司法解释。

③ 根据相关法律规定和本案的具体事实，判断岳某是否具有完全民事行为能力。

④ 如岳某具有完全民事行为能力，则其具备独立签订并履行合同的能力。确定人民法院判决的大致内容。

项目二　监　护

【引例】

孙某居A市，其丈夫早逝，独子李某在外地工作。一人独居的孙某十分孤单，就从其老家B县收养了一名孤儿徐小花，母女关系十分融洽。孙某悉心培养徐小花并在适龄阶段送其去自己退休前的工作单位，即本市艺术学校学习。李某为此十分眼红，并在探亲期间对徐小花恶语相加，孙某数次劝说也不见效。几年后孙某病故，未留下任何遗嘱，但有一张20万元的存折。由于徐小花只有12岁，须有监护人进行照管。李某见其母亲留下这张大额的存折，遂表示愿意担任徐小花的监护人。而在B县，徐小花亦有一个亲生哥哥徐某也表示愿意担任监护人。李某表示反对，认为徐某住所离A市有700多公里，不方便照顾被监护人，而自己有能力将被监护人转学接至自己所在城市进行照顾。此时，A市艺术学校的负责人因与孙某素来要好，十分喜爱她的养女，也提出表示愿意担任监护人，且被监护人长期住校，不到一年时间就要毕业，学校可以帮助其解决学习和生活困难。三方为此争执不下，诉至法院。

应该由谁担当监护人？监护人依法应如何确定？

【基本理论】

未成年人或者精神病人由于认知能力的欠缺或者障碍，不能独立处理自身事务，为保护其人身和财产利益，法律设立了监护制度。监护是一种权利，但其行使的目的不是为监护人谋求利益，而是为保障被监护人的利益，这是设置监护人职责的出发点，也是监护的设立、变更和终止的法律准则。

一、监护的含义

（一）监护的含义和目的

所谓监护，是指对未成年人和精神病人的人身、财产及其他合法权益进行监督和保护的法律制度。依法对未成年人和精神病人的人身、财产及其他合法权益进行监督和保护的人称为监护人，被监督保护的人称为被监护人。

传统民法理论区分亲权与监护两种制度。亲权是父母对未成年子女以教养保护为目的，在人身和财产方面权利义务的统一，其中人身方面的亲权可以分为保护权、教育权和惩戒权，财产方面的亲权可分为财产管理权、使用收益权、处分权和财产上的代理权、同意权。不过，亲权过于强调父母对子女的权力，带有强制与不平等的色彩。

随着儿童权利日益受到尊重，“亲权”一词也逐渐从民法中退出。《德国民法典》已经放弃了这一概念，改称为“父母照顾权”。我国有学者认为应仿效德国，在《婚姻法》中引入父母照顾权制度。① 本书认为“父母照顾权”概念能体现出父母与子女之间的平等关系，传达的是父母对子女所应尽的义务，改变了“亲权”概念蕴涵的父母对子女命令、惩戒的内容，表明民法顺应社会文明的提高所作的改变。在越来越关注未成年人健康成长的当代社会，将“父母照顾权”概念及其理念引入中国民法之中有一定的意义。不过，子女是在成长的过程中逐步与父母达到一种平等的地位的，过分强调子女在未成年时与父母的平等地位，忽视父母运用适当的教育、管制权利，反而不能够真正地保护子女的权益。监护是对不在亲权（父母照顾权）之下的未成年人，或被宣告为禁治产人的人身财产利益保护所设立的法律制度。《民法通则》未明确区分亲权和监护，而笼统规定为监护制度，实际上是涵盖了传统民法的亲权和监护制度。

监护制度的目的在于直接保护被监护人的人身、财产和其他合法权益，进而维护社会利益。被监护人是未成年人和精神病人，他们是无民事行为能力或限制民事行为能力人，其人身财产和其他权益很难以自己的独立行为去实现和维护。监护制度为他们设置监护人，对其人身、财产和其他合法权益进行监督和保护，这就弥补了被监护人行为能力的欠缺，可以充分有效地保护其合法权益。

被监护人由于意思能力的欠缺或障碍，不仅不能审慎地处理自己的事务，而且由于不能分辨自己行为的性质和法律后果，往往实施不法行为，给他人的合法权益造成损害，从而影响社会利益和公共秩序。监护人对被监护人履行监督保护职责，对其行为加以教育和管束，并对其违法行为后果承担责任，就能有效预防和制止他们实施不法行为，损害他人利益和社会利益。

（二）监护的性质

关于监护的性质，学界有两种观点：一种观点认为监护为一种权利，应归入身份权；另一种观点认为监护为一种职责。本书认为应当将监护视为一种权限，即监护是为了被监护人的利益而以法律规定的形式行使的权利，同时也是监护人所应依法承担的一种义务，其权利义务的范围及内容以被监护人的利益为限。《民法通则》对监护人的要求也体现了这一特点。

监护作为一种民事法律制度，其实质内容在于监护人为被监护人利益和社会利益，依法律的规定负有的监护职责，而不是监护人为实现自己的私人利益而享有的民事权利。

在我国目前民法不区分监护与亲权的情况下，监护的概念包括了亲权的内容，在这一意义上理解的监护是权利义务的统一，所谓监护权正是在这一意义上使用的，除此以外，监护则纯粹是一种职责。我国《民法通则》第18第2款条规定：“监护人依法履行监护的权利，受法律保护。”对此，应当理解为其中依法履行监护的职责也受法律保护。根据最高人民法院《关于确定民事侵权精神损害赔偿责任若干问题的解释》第2条的规定，非法使被监护人脱离监护，导致亲子关系或者近亲属间的亲属关系遭受严重损害，监护人向人民法院请求赔偿精神损害的，人民法院应当依法予以受理。

---

① 王丽萍．论家庭对未成年人的保护——以父母照顾权为中心．法商研究，2005（6）：133.

二、监护人的设立

监护人设立的方式有法定监护、委托监护、遗嘱监护和指定监护。法定监护是指按照法律的直接规定而设立的监护。委托监护是指法定监护人与受托监护人通过委托合同而设定的监护。遗嘱监护是指父母通过遗嘱的方式为未成年人指定监护人。指定监护是指没有法定监护人或遗嘱监护人时，按照法院或者有权机关的指定而设立的监护。立法上主要依被监护对象分为未成年人的监护和精神病人的监护。《民法通则》即根据未成年人和精神病人的不同情况分别规定了监护人的设立。

（一）未成年人的监护人

父母的监护资格从未成年人出生时当然取得，并且不因为双方婚姻关系的消灭而消灭。夫妻离婚后，与子女共同生活的一方无权取消对方对子女的监护权；但是，未与该子女共同生活的一方，对子女有犯罪行为、虐待行为或对该子女明显不利的，人民法院认为可以取消的除外。我国法律没有规定一般情况下父母监护权取消的制度。这种规定存在缺陷，应当对此作出一般性的规定，即在父母离婚时，取消未与子女共同生活的一方的监护权。这样才能符合监护制度的设立目的。

当然，父母担任法定监护人是以其具有监护能力为前提的。根据最高人民法院关于贯彻执行《中华人民共和国民法通则》若干问题的意见（试行）第 11 条的规定，认定监护人的监护能力，应当根据监护人的身体健康状况、经济条件，以及与被监护人在生活上的联系状况等因素确定。如果父母不具备监护能力，则应当由其他人担任监护人。不过，上述规定没有注意考察监护人的品行、文化水平、监护人与被监护人之间除经济联系之外的其他关系的状况等因素，难以保证监护人能够真正承担监护职责，因此有人建议从两个方面规定监护人的条件：一是从正面规定监护人的积极条件，如具有完全民事行为能力、品行端正；二是明确规定不得担任监护人的消极条件，如规定下列人员不得担任监护人：无民事行为能力人或限制行为能力人、没有劳动能力或经济来源的人、没有固定住所的人等。① 由于监护人对未成年人的成长至关重要，因此必须建立完整的监护人任职资格制度，以免损害被监护人的利益。

此外，父母因正当理由，不能亲自履行监护职责的，法律允许父母委托他人代为履行部分或全部监护职责，但父母仍为法定监护人。

未成年人的父母双亡或者丧失监护能力或被取消监护人资格的，由下列有监护能力的人担任监护人：祖父母、外祖父母；成年兄、姐。他们担任监护人是法定义务。

未成年人的父母双亡或者丧失监护能力或被取消监护人资格，又没有上述法定监护人的，由未成年人的其他亲属、朋友担任监护人，如叔、伯、姨、舅等。他们担任监护人不是法定义务，除应具有监护能力外，还应具备两个条件：一是他们愿意担任监护人；二是应当得到未成年人父、母所在单位或者未成年人住所地的居民委员会或村民委员会的同意。

未成年人的父母双亡或者丧失监护能力或被取消监护人资格，其他法定监护人有两人以上又均具有监护能力，可以通过协议确定由其中一人或数人担任监护人。

此外，还可以指定未成年人父母之外的人担任监护人。指定监护人在两种情况下

---

① 吕新建．论我国未成年人监护制度的完善．河北法学，2005，23（7）：107.

发生：一是争当未成年人的监护人；二是都不愿担任监护人。为未成年人指定监护人，先由未成年人的父母所在单位或者未成年人住所地的居民委员会、村民委员会在近亲属中指定。根据最高人民法院《关于贯彻执行〈民法通则〉若干问题的意见（试行）》第12条的规定："近亲属包括配偶、父母、子女、兄弟姐妹、祖父母、外祖父母、孙子女、外孙子女。"不过就为未成年人指定监护人而言，近亲属仅包括祖父母、外祖父母、兄、姐。对指定不服提起诉讼的，由人民法院裁决。未经有关组织指定而向人民法院起诉的，人民法院不予受理。人民法院在指定未成年人的监护人时，应当按照《民法通则》第16条第2款的顺序，即首先在祖父母、外祖父母中指定，其次在兄、姐中指定，最后在关系密切的其他亲属、朋友中指定。前一顺序有监护资格的人无监护能力或者对被监护人明显不利的，人民法院可以根据对被监护人有利的原则从后一顺序有监护资格的人中择优确定。被监护人有识别能力的，应视情况征求被监护人的意见。同一顺序的有监护资格的人是数人时，可以指定一人，也可以指定数人。监护人一旦被指定，不允许自行变更，如果擅自变更，则由原被指定的监护人和变更后的监护人共同承担监护责任。

未成年人没有上述法定监护人，也没有其他亲属、朋友愿意担任监护人的，由未成年人的父、母所在单位或者未成年人住所地的居民委员会、村民委员会或者民政部门担任监护人。上述组织担任监护人不分顺序，遵循监护方便和对被监护人有利的原则确定。

（二）精神病人的监护人

此处的精神病人是指成年精神病人，未成年精神病人的监护适用未成年人监护的规定。

精神病人的法定监护人的范围和顺序是：配偶；父母；成年子女；其他近亲属。他们担任监护人是法定义务。精神病人没有上述监护人或者上述监护人丧失监护能力时，如果关系密切的其他亲属、朋友愿意承担监护责任，则经精神病人的所在单位或者住所地的居民委员会、村民委员会同意后，可以担任监护人。他们担任监护人不是法定义务。

对担任精神病人的监护人有争议的，由其所在单位或者其住所地的居民委员会、村民委员会在近亲属中指定。对指定不服的，可以向人民法院起诉，由人民法院依法裁决。根据最高人民法院《关于贯彻执行〈民法通则〉若干问题的意见（试行）》第14条的规定，精神病人的指定监护人范围和顺序是：配偶；父母；成年子女；其他近亲属；关系密切的其他亲属、朋友。为精神病人指定监护人的程序和为未成年人指定监护人的程序相同，此处不再重复。

精神病人没有上述法定监护人，也没有其他亲属、朋友愿意担任监护人的，由精神病人的所在单位或者其住所地的居民委员会、村民委员会或者民政部门担任监护人。上述组织担任监护人不分顺序，遵循监护方便和对被监护人有利的原则确定。

三、监护的职责

根据我国《民法通则》第18条和最高人民法院《关于贯彻执行〈民法通则〉若干问题的意见（试行）》第10条等规定，监护人的职责包括：

（1）保护被监护人的人身、财产及其他合法权益。

监护人应保护被监护人的人身权益，保护其生命、身体健康的安全，使其人身安全不受侵害，同时保护其姓名权、肖像权、名誉权、荣誉权不受侵犯。监护人对被监护人的财产要以善良管理人之注意进行管理和保护，除为了被监护人的利益外，不得处理被监护人的财产。当被监护的人身权益、财产权益及其他权益遭受不法侵害时，要采取切实措施加以保护，其保护职责受法律保护。

（2）担任被监护人的法定代理人。

《民法通则》第14条规定："无民事行为能力人、限制民事行为能力人的监护人是他的法定代理人。"可见，担任被监护人的法定代理人是监护人的一项职责。法定代理主要发生在被监护人对外民事活动和民事诉讼中。例如，被监护人与他人进行与其年龄、智力和精神健康状况不相适应的民事活动时，须由监护人作为法定代理人代理进行，或征得他的法定代理人的同意。当被监护人的人身、财产及其他合法权益受到非法侵害时，监护人作为法定代理人代理被监护人向人民法院起诉请求给予保护，代为参加诉讼活动；在被监护人被起诉时，也要代为应诉参加民事诉讼活动。

（3）照顾、管理、教育被监护人。

监护人应照顾被监护人的日常生活，给其衣食温饱、疾病疗养和精神关怀，不得虐待和遗弃被监护人。对未成年的被监护人应当关心其身心健康的成长，教育其品德，对其行为进行监督和管理，防止其受到侵害或者侵害他人。对于适学年龄的未成年人应让其按时入学，接受国家规定年限的义务教育。

（4）承担应当由监护人承担的民事责任。

我国《民法通则》第18条第3款规定："监护人不履行监护职责或者侵害被监护人合法权益的，应当承担责任；给被监护人造成损失的，应当赔偿损失。人民法院可以根据有关人员和有关单位的申请，撤销监护人的资格。"被监护人造成他人伤害的，如果监护人未尽到监护职责的，由监护人承担民事责任；如果监护人尽到监护职责的，可以适当减轻其民事责任。在监护人将其监护职责部分或全部委托给他人监护期间，被监护人给他人造成的损害需要承担民事责任的，除另有约定的外，由监护人承担，但受托监护的人确有过错的应负连带责任。

四、监护的变更和终止

（一）监护人的变更

监护人的变更是指，在监护过程中原监护人丧失监护能力或者其监护对被监护人不利时，或者法定监护人范围的人协定变更时，应更换新的监护人。主要包括以下几种情况：

（1）原监护人死亡或丧失监护能力的，法定监护人范围的人依据法律规定直接成为新的监护人，或者法定监护范围的人协议确定新的监护人。

（2）原由法定监护人范围的人协议确定的监护人，又经他们协议予以更换。

（3）因情况变化由有权指定的单位为被监护人重新指定监护人，或对指定有争议的由人民法院裁决确定新的监护人。

（4）因监护人不履行监护职责或者侵害被监护人的合法权益，人民法院根据有关人员或者有关单位的申请撤销其监护人的资格，重新指定监护人。

（5）我国法律没有就辞去监护人作出规定，但在监护人有合理理由时，应准许其辞去监护人职务。

（二）监护的终止

一旦被监护人可以自我保护和具有正常的生活能力，或者没有保护的必要时，监护关系应当终止。这些情形主要包括被监护人获得完全民事行为能力以及被监护人死亡。

※法条链接——

《中华人民共和国未成年人保护法》

第 10 条　父母或者其他监护人应当创造良好、和睦的家庭环境，依法履行对未成年人的监护职责和抚养义务。

禁止对未成年人实施家庭暴力，禁止虐待、遗弃未成年人，禁止溺婴和其他残害婴儿的行为，不得歧视女性未成年人或者有残疾的未成年人。

第 11 条　父母或者其他监护人应当关注未成年人的生理、心理状况和行为习惯，以健康的思想、良好的品行和适当的方法教育和影响未成年人，引导未成年人进行有益身心健康的活动，预防和制止未成年人吸烟、酗酒、流浪、沉迷网络以及赌博、吸毒、卖淫等行为。

第 12 条　父母或者其他监护人应当学习家庭教育知识，正确履行监护职责，抚养教育未成年人。

有关国家机关和社会组织应当为未成年人的父母或者其他监护人提供家庭教育指导。

第 13 条　父母或者其他监护人应当尊重未成年人受教育的权利，必须使适龄未成年人依法入学接受并完成义务教育，不得使接受义务教育的未成年人辍学。

第 14 条　父母或者其他监护人应当根据未成年人的年龄和智力发展状况，在作出与未成年人权益有关的决定时告知其本人，并听取他们的意见。

第 15 条　父母或者其他监护人不得允许或者迫使未成年人结婚，不得为未成年人订立婚约。

第 16 条　父母因外出务工或者其他原因不能履行对未成年人监护职责的，应当委托有监护能力的其他成年人代为监护。

☞ 西班牙男童太胖　外祖父母丢抚养权[①]

西班牙北部地区阿斯图里亚斯的一名 10 岁男孩丹尼尔有 100 公斤重，稍微一动就很容易累，连日常行动都有困难，更别提参加体育活动了。

丹尼尔肥胖的“罪魁祸首”是他的监护人——外祖父母。自从丹尼尔的母亲因为厌食症过世后，他就交由外祖父母抚养。失去女儿的两位老人把全部的爱都倾注在外孙身上，他们对小丹尼尔百依百顺，非但不控制他的饮食，还不断向他提供过量的食物。

当地儿童健康服务机构多次劝说这对老年人控制丹尼尔的食量，他们不但不听从建议，反而把外孙锁在家里防止外人骚扰，并撒谎说他已经减肥 20 公斤。最后，阿斯

① 资料来源：新华网，2007 年 4 月 4 日。

图里亚斯社会福利机构的工作人员介入此事，强制把丹尼尔送往医院，配合物理治疗进行节食减肥。同时，他的外祖父母也被剥夺了抚养权。

【思考与练习】

1. 讨论并确定引例中的监护人。
2. 对于监护人的职责与更换问题，你有什么更合理的见解？
3. 案例分析

王某系某机械公司职工，因患精神病，于1996年6月与妻子离婚，随后，王某被其母亲接回家加以照料。一年以后，王某又跑回其原单位。从此以后，王某的母亲就没有照顾过他，也没有对其加以找寻。该机械公司用王某的工资供他吃饭、穿衣等基本生存所必需的费用，但却未派人看管、监护。王某由于无人约束，整天到处跑。1999年9月7日，张某与几个同事在王某公司附近的一家餐馆吃饭时碰上王某在附近闲逛，喝完酒后走出饭馆与王某相遇。张某因王某疯疯癫癫而对其出言不逊，并先动手打了王某一下。王某被惹怒，随手操起一块砖头向张某的面部扔去，导致张某的右面颊软组织挫伤和右鼻翼穿透。张某不得不住院1个月，出院后又在家休养数月才好，总共花去医疗费3 508元，因受伤致误工费4 732元。张某遂向王某所在单位起诉要求赔偿损失，但王某的公司不予理睬。张某起诉到法院，要求赔偿。王某母亲、王某的公司答辩时声称，是张某先招惹王某，如不是张某挑衅在先，王某不会动手伤害别人，张某的损失完全是咎由自取，故不同意赔偿。

张某有权利获得赔偿吗？法院应依法做怎样的判决？

✧思考方向：

① 根据相关民法理论和法律规定，确定王某与张某之间产生何种法律关系，该种法律关系在当事人之间形成怎样的权利义务？

② 根据本案中的事实，确认王某是否具备独立承担民事义务和民事责任的能力。

③ 如果王某的民事能力有欠缺，依法应当为其确定监护人。本案中，王某的监护人是谁？其职责是什么？

④ 判断导致张某人身损害和财产损失原因，分析责任主体以及责任的承担。

⑤ 确定法院相关判决的主要内容。

项目三　宣告失踪与宣告死亡

【引例】

余某的丈夫黄某自2000年2月起外出打工后就下落不明。2005年4月，余某向当地法院申请宣告黄某死亡。法院经审理后依法判决宣告黄某死亡。此后不久，余某身患重病无钱治疗，其女儿的生活与上学就成了问题。同村的王某一直很喜欢余某的女儿，提出了收养余某女儿的要求。余某觉得自己难以抚养女儿遂同意王某的要求。双方办理了合法的收养手续。2007年，余某与同村的谢某登记结婚，第二年谢某却遭遇车祸死亡。2008年底，失踪多年的黄某突然返回家乡。法院经黄某的申请撤销了对其死亡宣告。黄某要求与余某自动恢复婚姻关系，并告知王某当初余某送养其女儿没有得到他的同意，是无效的。余某和王某均不同意黄某的要求，黄某遂诉至法院。

黄某的主张能否得到法院的支持？

【基本理论】

在社会生活中，有时会出现自然人下落不明的情形，这种情形，可以称为自然人的失踪。自然人失踪后，与其相关的民事法律关系将会处于不确定的状态。为了合理调整因自然人失踪而带来的各方当事人的利益，尤其是为了妥善处理失踪人权利义务的不确定状态，各国都进行了失踪人立法。我国采取了宣告失踪与宣告死亡并存的立法模式。

宣告失踪，是为了解决失踪人长期下落不明而导致本人财产关系的不稳定状态，以维护失踪人利益和相对人利益的制度，失踪人的宣告失踪程序的设置即以失踪人财产利益的稳定为目标；宣告死亡，是为了解决失踪人长期生死不明而导致的与其本人相关联的民事法律关系的不稳定状态，以维护利害关系人的利益，失踪人的宣告死亡程序的设置即以利害关系人的利益的保护为目标。两种程序的启动与撤销、法律效果的设计，与这两种制度中涉及的各种民事主体的民事能力息息相关。

一、宣告失踪

（一）宣告失踪的含义

宣告失踪是指自然人下落不明达到法定期间，经利害关系人申请，由法院宣告其为失踪人并设立财产代管人的法律制度。自然人离开自己的住所，长期处于下落不明的状态，从而使以其为一方的民事关系长期处于不稳定状态，产生不利影响。宣告失踪的主要法律意义在于为失踪人设立财产代管人，其目的是结束因自然人下落不明而导致的财产关系的不稳定状态，保护失踪人的财产。

（二）宣告失踪的法律要件

第一，须有自然人下落不明的事实状态且满法定期间。这是宣告自然人失踪的前提条件。包括两方面：其一，自然人最后离开自己的住所或居所处于下落不明的状态。所谓下落不明也就是没有任何音讯，不知去向所在。其二，自然人下落不明状态持续达到法定的期间。我国《民法通则》第20条规定："公民下落不明满两年的，利害关系人可以向人民法院申请宣告他为失踪人。"关于下落不明时间的起算，依《民法通则》和最高人民法院《关于贯彻执行〈民法通则〉若干问题的意见（试行）》的规定，战争期间下落不明的时间从战争结束之日起计算；因意外事故下落不明从意外事故发生之日起计算；因其他情况下落不明的从音讯消失之次日起计算。

第二，须有利害关系人的申请。利害关系人的申请是引起失踪宣告程序的条件。没有利害关系人的申请，即使发生了自然人失踪的事实，人民法院也不得进行失踪宣告。只有利害关系人申请的，人民法院才可以进行失踪宣告。所谓利害关系人，是指失踪自然人的近亲属或监护人以及与其有债权债务关系的人。申请宣告失踪的利害关系人应当具有完全民事行为能力。根据最高人民法院《关于贯彻执行〈民法通则〉若干问题的意见（试行）》第24条规定，有权申请宣告自然人失踪的被申请人的近亲属包括：配偶、父母、子女、兄弟姐妹、祖父母、外祖父母、孙子女、外孙子女。有权申请宣告自然人为失踪人的利害关系人的申请资格没有先后顺序，只要是上述范围的近亲属或其他利害关系人都有权申请宣告。其他近亲属或利害关系人不申请或不同意宣告，不影响人民法院对提出申请的受理与宣告。

第三，须由人民法院依特别程序进行宣告。宣告失踪关系到被宣告失踪的自然人的财产关系状态的变化，对其有重大利害关系，因此只能由人民法院作出判决。这是失踪宣告的条件和程序。根据《民事诉讼法》第183条和最高人民法院《关于贯彻执行〈民法通则〉若干问题的意见（试行）》第28条的规定，宣告失踪案件，由被宣告失踪人住所地的基层人民法院管辖。住所地与居住地不一致的，由最后居住地基层人民法院管辖。人民法院依法受理宣告自然人失踪的申请后，依照民事诉讼法规定的特别程序审理，首先应发出寻找失踪人的公告，公告期限为三个月。公告期满，被宣告失踪的人仍无音讯，其失踪事实得以确认的，人民法院做出宣告失踪的判决，被宣告的失踪人即为失踪人。

有学者认为，由于失踪宣告之目的系为失踪人的财产设置代管人，因此如失踪人下落不明前已自行设定了财产管理人，或失踪人已经具有法定代理人，则失踪人的利益自应由管理人加以保护，有关利害关系人的利益也无损害之虞，无须再设定财产管理人。也就是说，宣告失踪应以失踪人之财产有设置或者重新设置管理人之必要为条件。①

（三）宣告失踪的效力

自然人被宣告失踪，只是对其下落不明即失踪事实的确认，并不影响其主体资格的存在，因而，其法律后果不同于宣告死亡，不发生其婚姻关系终止和对其财产继承等法律后果，只是引起对失踪人财产的管理和财产义务的履行等法律后果。主要包括两方面：一是为失踪人的财产设定财产代管人；二是失踪人所欠的税款、债务和应付的其他费用，由代管人从失踪人财产中支付。

财产代管人应当由法院根据有利于保护失踪人财产的原则，在失踪人的配偶、父母、成年子女或者关系密切的其他亲属、朋友中指定。没有上述关系人，或者上述关系人没有能力作为代管人或不宜作为财产代管人的，法院可以指定其他自然人或有关组织为失踪人的财产代管人。无民事行为能力人或限制民事行为能力人失踪的，其监护人为财产代管人。财产代管人可以因为无力履行代管职责而申请变更，也可以因为不履行代管职责或者侵犯失踪人财产权益，由失踪人的利害关系人申请变更。

财产代管人有以下两项职责：第一，代失踪人管理其财产。管理的内容包括保管、维护、收益以及必要的经营行为和处分行为。在为保管、维护、收益时，财产代管人应当尽到与处理自己事务相同的注意；在为经营处分行为时，应当尽善良管理人的注意义务。② 财产代管人有权从失踪人的财产中支付失踪人所欠税款及应付的其他费用，包括赡养费、扶养费、抚育费和因代管财产所需的管理费等必要的费用，以及履行失踪人被宣告失踪前签订的合同及其他义务等。代管人为失踪人清偿债务应以失踪人的全部财产为限，代管人管理失踪人财产所支出的费用，可以从失踪人的财产中支付。代管人追索失踪人的债权所取得的财产，应为失踪人所有，由代管人管理。第二，代为被告或原告。失踪人的财产代管人拒绝支付失踪人所欠的税款、债务和其他费用，

---

① 尹田．论宣告失踪与宣告死亡．法学研究，2001（6）：87.

② 梁慧星．民法总论（第二版）．北京：法律出版社，2001.120.

债权人提起诉讼的，人民法院应当将代管人列为被告；失踪人的财产代管人向失踪人的债务人要求偿还债务的，可以作为原告提起诉讼。此外，失踪人不履行代管职责或者侵犯失踪人财产权益的，失踪人的利害关系人可以向人民法院请求财产代管人承担民事责任。

（四）失踪宣告的撤销

失踪宣告是依据自然人失踪的事实对该自然人失踪状态依法做出的确认。如果该自然人重新出现或确知他的下落，即其失踪的事实消除时，在法律上继续认定该自然人为失踪人就失去了事实依据。因此，当失踪自然人重新出现或确知他的下落时，应依法撤销对其失踪宣告。《民法通则》第 22 条规定："被宣告失踪的人重新出现或者确知他的下落的，经本人或利害关系人申请，人民法院应当撤销对他的失踪宣告。"

所谓重新出现，即失踪人重新出现在其住所、居所或工作场所，为人们所看到；所谓确知其下落是指确定地知道他的所在。撤销失踪宣告的程序条件就是由失踪人本人或者利害关系人向人民法院提出撤销失踪宣告的申请。这里所谓利害关系人的范围同于前述申请宣告失踪人的范围。但不一定要由原申请人申请，各个利害关系人都有权申请。人民法院对撤销失踪宣告的申请进行审核，确认了失踪人失踪事实状态的消除后，依法做出撤销失踪宣告的判决。法律没有对撤销宣告失踪的效力作出规定，但其效果应当为财产代管关系的终结，因此失踪宣告被撤销后，财产代管人应当向重新出现或确知其下落的失踪人交还财产并报告管理情况，提交收支账目。

二、宣告死亡

（一）宣告死亡的含义

宣告死亡是指自然人下落不明达到法定期间，经利害关系人申请，由法院宣告推定其死亡的法律制度。宣告死亡的制度价值在于维护与长期下落不明的自然人有法律关系的人的利益，其目的在于结束因自然人长期处于下落不明、生死不知状态而导致的以他为一方的民事生活关系的长期不稳定状态，保护利害关系人的利益。因此，它必然要引起相应的法律效果，这种法律效果类似于自然人生理死亡的法律效果，即自然人民事主体资格的丧失，民事权利能力和民事行为能力终止，其所参加的民事法律关系归于消灭，婚姻关系解除，其财产作为遗产开始继承等。

宣告死亡是生理死亡的对称，是法律对自然人死亡的一种推定，即依据自然人下落不明已满法定期限的客观事实，推定出该自然人已经死亡的事实，这种推定只是一种可能，也许被宣告死亡的自然人还在某个地方生存着，进行着各种民事活动。

（二）宣告死亡的法律要件

第一，须自然人下落不明满法定期间。一般情况下，自然人离开最后居住地下落不明满四年的，或因意外事故下落不明，从事故发生之日起满两年的，利害关系人可以申请宣告其死亡。战争期间下落不明的，申请宣告死亡的失踪期间适用四年的规定。下落不明的起算时间，从自然人音讯消失的次日起计算；战争期间下落不明的，则应当从战争结束之日起计算。根据《民事诉讼法》第 184 条的规定，因意外事故下落不明，经有关机关证明该公民不可能生存的，利害关系人可以不受两年期间的限制，直接申请宣告其死亡。

第二，须经利害关系人申请。根据最高人民法院《关于贯彻执行〈中华人民共和国民法通则〉若干问题的意见（试行）》第25条的规定，申请宣告死亡的利害关系人的顺序是：①配偶；②父母、子女；③兄弟姐妹、祖父母、外祖父母、孙子女、外孙子女；④其他有民事权利义务关系的人。这种顺序为一种排斥顺序，顺序在先的利害关系人不提出申请时，顺序在后的利害关系人不得提出。设置这种顺序的目的是优先保护配偶、父母和子女的身份利益、伦理利益和情感利益。

有学者指出，死亡宣告制度的立法目的不是保护被宣告死亡人的利益，而在于保护其利害关系人的利益，而利害关系人不分是配偶、子女、父母抑或其债权人、债务人，在地位上一律平等，不应有先后之分。在法院宣告失踪人死亡后，其遗产之继承，债务之清偿，均有法律规定，而与由何人提出宣告死亡之申请无关，没有必要设置申请宣告死亡的当事人顺序。[①] 本书认为，宣告死亡的制度价值在于尽快解决因失踪人下落不明导致的民事法律关系不确定的状态，它不仅涉及保护财产法律关系当事人的利益，还涉及保护婚姻、亲属等身份关系当事人的利益。对于失踪人的配偶、子女和父母的情感，法律不能不予以照顾。因此失踪人的各利害关系人享有的申请权应加以区分，列明先后顺序。对失踪人有利害关系的债权人和债务人等，可以对该失踪人宣告失踪，以解决财产的不稳定状态。

宣告失踪不是宣告死亡的必经程序，自然人下落不明符合申请宣告死亡的条件时，利害关系人可以不经申请宣告失踪而直接申请宣告死亡。但利害关系人只申请宣告失踪的，法院应当宣告失踪。同一顺序的利害关系人，有的申请宣告死亡，有的不同意宣告死亡，则应当宣告死亡。

第三，须由人民法院依特别程序宣告。宣告死亡由下落不明人住所地的基层人民法院管辖。法院受理宣告死亡申请后，先要发出寻找失踪人的公告，公告期为一年，因意外事故下落不明的，公告期为三个月。公告期届满，生死不明的事实得到确认后，法院判决宣告该自然人死亡。人民法院宣告判决中确定的失踪人的死亡日期为失踪人的死亡日期。判决中没有确定其死亡日期的，判决宣告之日为被宣告人死亡的日期。

（三）宣告死亡的效力

宣告死亡原则上发生与自然死亡相同的法律效果，这主要包括被宣告死亡人丧失民事主体资格，其民事权利能力和民事行为能力终止；其原来参加的民事法律关系归于消灭；其婚姻关系自然解除；其个人合法财产变为遗产被他人继承。

但是，宣告死亡毕竟只是一种法律推定，现实生活中被宣告死亡的人可能还生存于他方。因此，最高人民法院《关于贯彻执行〈民法通则〉若干问题的意见（试行）》就此作出了相关规定：①有民事行为能力的人在被宣告死亡期间，仍然能够独立参加各种民事活动，其实施的民事法律行为仍然有效；②被宣告死亡和自然死亡的时间不一致的，被宣告死亡所引起的法律后果仍然有效，但自然死亡前实施的民事法律行为与被宣告死亡引起的法律后果相抵触的，则以其实施的民事法律行为为准。

☞ **案例**

谢某自1998年5月离开住所地A市后下落不明，其妻祖某于2003年1月向A市法院申请死亡宣告，2004年2月法院判决宣告谢某死亡。实际上谢某并未死亡，而是

---

① 尹田．论宣告失踪与宣告死亡．法学研究，2001（6）：93.

居住在另一省份的B市，并与蓝某结了婚。2006年3月，谢某与冯某签订了购房合同，以18万元购买冯某的两居室住房，约定一个半月后交付。在此期间，冯某到A市出差，得知谢某已被宣告死亡。此时各地房价开始大幅度上涨，冯某拒绝交房。谢某遂向B市法院起诉，要求冯某履行合同。冯某称，谢某已经被宣告死亡，已无民事权利能力，因而与其签订的买卖合同是无效的。由于谢某迟迟不能解决住房问题，蓝某经常与之吵架，在谢某与冯某打官司期间，蓝某也向法院起诉要求与谢某离婚。

对于谢某与冯某的合同纠纷案，法院经审理认为，谢某是具备完全民事行为能力的自然人，虽然在A市被宣告死亡，但其仍然具备从事民事活动的法律资格；该买卖合同是双方自愿订立，并未违反法律的强制性规定，不存在法律规定的无效情形，因此是有效的，双方应当依法履行。

在蓝某诉谢某的离婚案中，法院则认定，谢某未解除与祖某的婚姻关系就与蓝某结婚，构成重婚，谢某与蓝某的婚姻无效，故判决解除双方的同居关系。

（四）死亡宣告的撤销

被宣告死亡的人重新出现或者确知其没有死亡时，经本人或者利害关系人申请，人民法院应当判决撤销对他的死亡宣告。有权申请撤销死亡宣告的利害关系人与可以申请死亡宣告的利害关系人范围相同，但不受顺序的限制。

撤销死亡宣告具有溯及力，原则上应当回复死亡宣告前的状态；但法律为了维护第三人的合理信赖利益，对宣告死亡的效果作了一些变通。具体说来，撤销死亡宣告的效力包括：

第一，如果被宣告死亡人的配偶尚未再婚，夫妻关系从撤销死亡宣告之日起自行恢复；如果已经再婚，则保护后一个婚姻关系；如果其配偶再婚后又离婚或者再婚后其配偶又死亡的，亦不得认定夫妻关系自行恢复。

第二，被宣告死亡人在被宣告死亡期间，其子女被他人依法收养，被宣告死亡的人在死亡宣告被撤销后，仅以未经本人同意而主张收养关系无效的，一般不应准许，但收养人和被收养人同意的除外。

第三，被撤销死亡宣告的人有权请求返还财产，根据《继承法》的规定取得其财产的自然人或者组织，应当返还原物；原物不存在的，给予适当补偿。但是，利害关系人隐瞒真实情况使他人被宣告死亡而取得其财产的，除应返还原物及孳息外，还应对其行为造成的被撤销死亡宣告的人的损失予以赔偿。

（五）宣告失踪与宣告死亡的比较

宣告失踪与宣告死亡虽然都要有自然人下落不明达到法定期间的事实，都要由利害关系人提起申请，由人民法院依特别程序进行宣告，都能够产生一定的法律后果，但二者仍然存在如下重要区别：第一，这两种制度设计的目的不同。宣告失踪制度旨在解决失踪人财产处于无人管理的状态以及财产债务的不能及时履行状态，由代管人代管失踪人财产维护失踪人的财产利益，履行其财产义务，维护利害关系人的利益，而并不涉及失踪人的民事主体资格和行为能力，并不从根本上解决自然人长期下落不明、生死不知而引起的民事社会关系的不稳定状态，从而不能从根本上维护利害关系人的利益。而宣告死亡制度则要从根本上解决自然人长期下落不明、生死未知引起的民事社会关系的不稳定状态，以维护利害关系人的利益，它引起被宣告死亡的自然人民事主体资格的丧失。第二，宣告死亡和宣告失踪的具体条件、程序及其法律后果不同。如下落不明的期限要求不同，宣告死亡的自然人下落不明的期限要比宣告失踪的自然人下落不明的期限长；宣告失踪的公告期为三个月，而宣告死亡的公告期一般为一年；自然人被宣告失踪后，其民事主体资格并未消灭，仅产生为失踪人设置财产代管人的法律后果，自然人被宣告死亡后，其民事主体资格消灭，产生与自然死亡基本相同的法律后果。第三，在同时设定宣告失踪和宣告死亡制度的国家，这两种制度是并行的两种不同制度，应特别注意自然人下落不明的事实状态符合宣告死亡条件的，申请人可以申请宣告失踪，申请人也可以直接申请宣告死亡，宣告失踪不是宣告死亡的必经程序。

❋相关法律

《中华人民共和国民事诉讼法》第183～186条

【思考与练习】

1. 宣告失踪制度能否完满地解决与失踪人相关的财产利益问题？

2. 我国关于宣告死亡的法律规定是否有可以完善之处？

3. 案例分析

某市工艺美术厂采购员刘冰于1999年3月20日外出联系业务一直未归，至2004年仍无音讯。5年来，刘冰的妻子马芳和刘父刘母以及工艺美术厂多方寻找均无结果。由于刘冰是因公外出下落不明的，工艺美术厂按月将刘的工资发给马芳。2004年4月，工艺美术厂准备申请人民法院宣告刘冰死亡，给其亲属一次性抚恤金，从而结束目前这种状态。刘冰的父母则认为不能直接申请宣告刘冰死亡，应该先申请宣告失踪。工艺美术厂认为自己有权申请，即向法院提出申请，但遭法院裁决驳回。2004年5月，马芳未经刘冰父母同意直接向人民法院申请宣告刘冰死亡，人民法院受理了马芳的申请，于2004年6月15日发布公告，公告期满仍无刘冰的消息。2005年6月25日法院判决宣告刘冰死亡，其财产被分给马芳和他的父母。马芳不久便改嫁他人，但由于彼此缺乏了解，性格不合，三个月后就离了婚。2005年11月，刘冰从外地回到家里。原来刘冰出差到外地，受他人怂恿，用公款做起了买卖，不料买卖赔了，公款一文不剩。刘冰无脸回家，又怕承担刑事责任，于是在外待了5年。后来终于思家心切，便回来了。刘冰回家后得知一切，便首先提出要与马芳恢复夫妻关系，被马芳拒绝。刘冰诉至法院，要求与马芳复婚，并要求取回其所有财产。

本案中，法院裁决工艺美术厂不能申请宣告刘冰死亡是否正确？

刘冰父母认为应先宣告失踪才能宣告死亡是否正确？法院能否在刘冰父母未同意的情况下受理马芳的申请并作出死亡宣告？应当如何处理刘冰的请求？

☆思考方向：

① 明确我国关于宣告失踪、宣告死亡的法律规定，包括申请宣告的条件、申请人的范围及顺序、作出宣告的法定条件及程序等。

② 分析本案中各当事人如刘冰的妻子马芳、刘冰父母、工艺美术厂的法律地位，以及他们在宣告失踪、宣告死亡中各自享有的权利。

③ 根据法律规定及本案事实，判断法院几项裁判的合法性。

④ 被宣告死亡人重新出现后，应当先撤销其死亡宣告，再解决其婚姻、财产等问题；对刘冰的请求也应依宣告死亡制度的规定进行处理。

【拓展阅读】

1. 李霞：《论我国成年人民事行为能力欠缺法律制度重构》，载《政治与法律》2008 年第 9 期。

2. 罗丽华、丁峰：《论我国监护制度之不足与完善》，载《法学杂志》2002 年第 2 期。

3. 孙若军：《父母离婚后的子女监护问题研究》，载《法学家》2005 年第 6 期。

4. 尹田：《论宣告失踪与宣告死亡》，载《法学研究》2001 年第 6 期。

5. 姜鹏：《论民法典中的胎儿利益保护问题》，载《法学杂志》2004 年第 4 期。

6. 张天蔚：《家长不能再把孩子“交给学校”》，载《北京青年报》2002 年 8 月 22 日。

单元四

法　人

现代社会，从事民事活动的主体除自然人外，还有以团体名义进行活动的各类组织，其中最主要的就是法人。法人是具有民事权利能力和民事行为能力，依法独立享有民事权利和承担民事义务的组织。这种组织既可以是人的集合团体，也可以是财产的集合团体。从根本上说，法人与其他组织一样，是自然人实现自身特定目标的手段，是法律技术的产物。法律将法人确认为民事主体，为自然人充分实现自我提供有效的法律工具。

【知识目标】

了解法人的含义、分类以及设立条件和程序，理解并掌握法人的民事能力及其与自然人民事能力的区别；理解法人机关与法人的关系；掌握法人财产与法人责任、法人与法定代表人的责任区分；掌握法人的变更、终止及清算等内容。

【能力目标】

通过学习，能够准确判断不同法人成立的条件及其民事能力范围，正确分析法人的财产构成与法人责任的承担，熟悉法人所进行的民事活动的合法性要求，能正确处理法人活动中产生的纠纷。

【内容结构图】

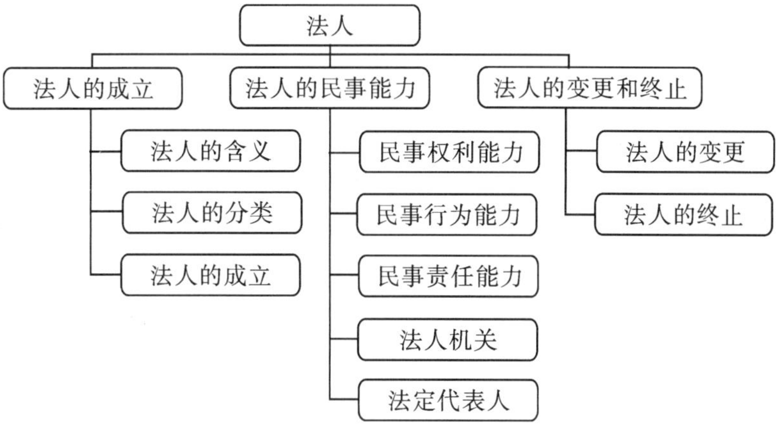

项目一　法人的成立

【引例】

2008年5月，石某、蔡某拟共同投资设立富辉装饰有限责任公司，并就公司的基本问题达成一致意见，制定了公司章程和组织机构并签订出资协议。协议的主要内容是：石某投资5万元，蔡某投资4万元；出资各方按投资比例分享利润、分担风险；石某任法定代表人并负责筹备公司具体事宜及办理设立的申请登记手续。随后，石、蔡二人都按协议交纳了出资并交付给石某，石某即开始筹备公司设立登记的有关事宜，并产生了部分费用。石某一直未向公司登记机关办理登记手续，同年11月，蔡某得知公司还未办理相关手续，遂要求退还4万元投资款。石某认为，双方签订了协议，缴纳了出资，制定章程，并产生了部分费用，只是形式方面有欠缺，事实上已经具备公司成立的基本条件，双方所订协议是合法有效的，蔡某要求退还投资款属于违约行为。石某主张双方应继续履行出资协议。

从上述材料看，富辉装饰有限责任公司是否已经成立？本案应如何处理？

【基本理论】

一、法人的含义

法人是相对于自然人而言的另一类重要民事主体，法人在当今社会经济生活中发挥着重要的作用。根据《民法通则》第36条第1款规定，法人是具有民事权利能力和民事行为能力，依法独立享有民事权利和承担民事义务的组织。它被称为法律上“拟制的人”。

法人与自然人相比，具有以下法律特征：

1. 法人是依法成立的一种社会组织

这是法人区别于自然人的最本质的特征。法人作为社会组织体，不同于基于自然规律出生的自然人个体，它可以是人的集合，也可以是财产的集合，但不是单个自然人。法人的意思也不同于其单个自然人成员的意思，法人的权益也不直接归属于作为其成员的自然人个人，法人实施的民事行为虽然需要借助于自然人的行为，但不等同该自然人自身的行为。法人是社会组织，有一定的组织机关，有独立的人格，但并不是任何社会组织都能取得法人资格，只有那些具备法定条件，并得到法律认可或依法获得批准的社会组织，才能取得法人资格。如一个有限责任公司具备法人资格，而有限责任公司的一个车间虽然也是一种组织体，却不具有法人资格。

2. 法人拥有独立的财产或经费

独立的财产或经费，是法人作为独立主体存在的基础和前提条件，也是法人独立地享有民事权利和承担民事义务的物质基础。① 这里所称的独立财产或经费，是指法人享有所有权或经营管理权的财产或经费。“独立”包括三层含义：一是法人的财产独立

① 王利明. 试论企业法人的独立财产. 中国法学，1986（6）.

于其他社会组织和自然人的财产；二是法人的财产独立于法人成员的其他财产；三是法人的财产独立于其创立人的其他财产。因此法人的创立人和其他成员对法人的债务只负有限责任。

3. 法人能够以自己的名义参加民事活动

法人作为与自然人相对应的一类民事主体，依法取得独立的法律地位，具有民事权利能力和民事行为能力，有独立的民事主体资格，无须依附其他组织而独立存在，对外可以自己的名义参加民事活动，取得各种民事权利，承担各种民事义务。这也是法人的人格独立于其成员或创立人人格的证明。

4. 法人独立承担民事责任

法人能够以其自有的财产对外承担债务或其他民事责任。正是由于法人拥有独立的财产，所以它应以其拥有的全部财产独立地承担其对外活动所产生的财产责任。除法律另有规定外，法人的成员或创立人个人对法人的债务不承担责任。同样，法人也不对法人的成员或创立人个人的债务承担责任。

❋法人的历史发展

人类社会进入资本主义时代并完成了工业革命以来，对生产和交换规模的扩大提出了进一步的要求，以往在经济生活中作为民事主体进行各类经济活动的自然人和合伙，根本无法满足社会化大生产要求积聚资本、进行规模生产经营的需要，于是公司应运而生了，并成为现代市场经济条件下最为活跃的民事主体。民法上的法人理论主要就是对于公司理论的概括和总结。

法人作为法律术语，首先在1794年普鲁士邦普通法中出现，并为《德国民法典》及后来各国民法典所采用。但从大陆法系各国的民法典来看，他们基本上没有规定一个明确的“法人”定义。在英美法系，尽管采纳了法人制度，但由于其没有成文法典，所以也没有从法律上给“法人”下一个明确定义。苏联1922年的《苏俄民法典》及1964年修改后的《苏俄民法典》则在立法上明确规定了法人的定义，即“一切享有取得财产权利和能承担义务，并且能够在法院起诉和应诉的机关、社会团体和其他组织都是法人”。

新中国成立之初在有关的文件中使用了“法人”一词。但在计划经济体制下，法人制度并没有得到真正的实行。改革开放以来，我国开始重视法人的立法，1983年颁布的《国营工业企业暂行条例》和《中外合资经营企业法实施条例》、1986年公布的《企业破产法》以及1988年公布的《全民所有制企业工业企业法》等一系列的法律中均有关于法人的规定。1986年颁布的《中华人民共和国民法通则》设专章对法人制度作了系统规定，包括法人的一般规则，法人的设立、变更、终止和责任承担的范围，确定机关、事业单位和社会团体的法人资格，从而使我国法人制度得到初步的确立。随着1993年《中华人民共和国公司法》的颁布以及1999年、2004年、2005年先后三次对其修正，法人制度更趋合理和完善。

二、法人的分类

依不同的标准可对法人作不同的分类，传统民法对法人的分类与我国《民法通则》

当中规定的法人类型有所不同：

（一）民法理论的分类

1. 公法人与私法人

依法人设立的目的及法律依据不同，可将法人分为公法人与私法人。这是大陆法系国家对法人进行的一种分类。凡以实现社会公共利益为目的，并依公法所设立、组织的法人为公法人，如国家机关均为公法人。公法人大多数是基于行使公权力的行为，特别是依照法律而成立，或经法律认可作为公共事业的承担者而成立的。凡以追求私人利益为目的，并依私法所设立的法人为私法人，如公司是典型的私法人。

2. 社团法人与财团法人

依法人成立的基础为标准，可将法人分为社团法人与财团法人。这也是大陆法系国家对法人的一种分类，社团法人是以人的组合作为法人成立基础的法人，这类法人既可以谋取公共利益为目的，又可以营利为目的，如公司、合作社、各种协会和学会都是典型的社团法人；财团法人是以一定的财产作为成立基础的法人，如各种基金会、医院、学校、宗教教堂、寺庙、慈善机构等均为财团法人。

在英美法系国家，没有社团法人与财团法人之分，这些国家一般把法人分为集体法人与独任法人。集体法人是指由多数人组成且可以永久存在的社会组织，如国家机关、公司等；独任法人是指一个人依法律的确认而享有法人资格的情形，如教区的教长。

3. 公益法人与营利法人

依法人设立的目的为标准，可将法人分为公益法人与营利法人。凡以实现社会公共利益为目的的法人为公益法人，如福利基金会、学校、医院等；凡以营利为目的而设立的法人为营利法人，如公司等。社团法人多为营利法人，财团法人多为公益法人。国家对公益法人和营利法人的设立条件、程序及其管理方式是不相同的。此外，有些国家如日本尽管将社团法人区分为营利社团法人和公益社团法人，但承认中间社团法人的存在，称为中间法人，即既不以营利为目的又不以从事公益事业为目的法人，如校友会、同乡会等。

4. 本国法人和外国法人

根据法人的国籍，法人又可以分为本国法人和外国法人。本国法人是指根据本国法设立的具有本国国籍的法人；外国法人是指是指依据外国法设立的不具有本国国籍的法人。法人的国籍以其登记或注册地为准。凡依据我国法律在我国境内设立的法人，均为我国的法人。例如，以公司形式设立的外商独资企业、中外合资企业、中外合作企业均属于我国法人，而非外国法人，尽管这些公司的出资者有外国人或全部为外国人，但其设立所依法律为中国法律，并且是在中国设立，所以他们都属于中国法人。

（二）我国现行法对法人的分类

我国《民法通则》依法人设立的宗旨和活动性质的不同，将法人分为企业法人、机关法人、事业单位法人与社会团体法人。

1. 企业法人

企业法人是指以营利为目的，独立从事生产经营活动的社会经济组织。企业法人是中国民法学者的创新。[①] 企业法人属于营利性法人，是市场经济活动中最主要的主体。依据我国《民法通则》第48条规定，企业法人有如下三种分类：一是依所有制性质可将企业法人分为全民所有制企业法人、集体所有制企业法人、私营企业法人；二是依是否有外资参与可将企业法人分为中资企业法人、中外合资经营企业法人、中外合作经营企业法人和外资企业法人。三是依企业的组织形式，将企业法人分为单一企业法人、联合企业法人、公司企业法人。公司企业法人是我国企业法人中最重要的一种形式。根据《公司法》第2条规定，我国公司企业法人又可分为有限责任公司和股份有限公司。企业法人必须依法办理登记。

※有限责任公司与股份有限公司

有限责任公司是依法由一定人数的股东组成，股东以其出资额为限对公司负责的公司。有限责任公司的特征在于设立简便，内部机构较精简，股东大多参与经营，其经营状况也无须向社会公开。

股份有限公司是依法由一定人数的股东组成，全部资本划分为等额的股份，其成员以其所认购的股份对公司债务承担责任的公司。股份有限公司的优点在于：一是股东的人数在理论上可以无限多，因而能募集到巨额资本；二是股东只对公司债务承担有限责任，这就大大减少了股东的投资风险；三是公司一旦经营不利，股东可通过抛售股份以转移投资风险；四是股东一般不参与经营，能满足部分想赚钱却又不愿从事经营的资金拥有者。

2. 机关法人

机关法人是指从事国家管理或依法行使国家权力，因行使职权的需要而参与民事活动并享有相应民事权利能力和民事行为能力的国家机关。国家机关主要是行政法上的主体，国家机关在代表国家行使行政职能时，并不是民法上的主体，不以其法人身份出现。国家机关只有在参与民事活动时才能成为民法意义上的法人，与同其进行民事活动的另一方当事人处于平等的地位。

机关法人包括权力机关法人如人民代表大会、行政机关法人如政府、司法机关法人如法院、军事机关法人即团以上具有独立编制的军事机关。机关法人是依照法律或行政命令成立，所以不需要进行核准登记，即可取得机关法人资格。《民法通则》第50条第1款规定，有独立经费的机关从成立之日起，具有法人资格。

3. 事业单位法人

事业单位法人是指国家为了社会公益事业目的，由国家机关举办或者其他组织利用国有资产举办的，从事教育、科技、文化、卫生等活动的社会服务组织。事业单位法人通常只能在为实现其社会公益事业目的所必需的范围内进行民事活动。《民法通则》50条第2款规定，具备法人条件的事业单位，依法不需要办理法人登记的，从成立之日起，具有法人资格；依法需要办理法人登记的，经核准登记，取得法人资格。大多数事业单位法人与机关法人一样是依据法律或行政命令组建的，从其成立之日起，即具有法人资格；部分依据自愿组建的事业单位法人必须依法进行法人经核准登记，

① 梁慧星．民法总论．北京：法律出版社．2001. 147.

才能取得法人资格。事业单位法人不以营利为目的，一般不进行生产经营活动。事业单位依法举办的营利性经营组织，必须实行独立核算，依照国家有关公司、企业等经营组织的法律、法规登记管理。

4. 社会团体法人

社会团体法人不同于传统民法上所称的社团法人。我国的社会团体法人是指我国的自然人或法人自愿组成，为实现会员共同意愿，按照其章程开展活动的非营利性社会组织，如学会、联合会、协会、基金会、促进会、商会等。社会团体法人一般由参加该社团的成员出资或国家资助成立，并以该出资对外承担责任，它通常只能在实现其章程所定的范围内进行民事活动。社会团体法人又可进一步分为学术性社会团体法人、行业性社会团体法人、专业性社会团体法人和联合性社会团体法人等。根据《民法通则》第50条第2款规定，具备法人条件的社会团体，依法不需要办理法人登记的，从成立之日起，具有法人资格；依法需要办理法人登记的，经核准登记，取得法人资格。

另外，还有捐助法人，又称基金会法人，是对他人自愿捐赠的资金以公益为目的进行管理的民间非营利组织，如茅盾文学奖基金会、中国残疾人福利基金会、深圳壹基金公益基金会等。捐献法人的重要特点是先有财产后有管理组织，且其成立目的具有社会公益性质。

三、法人的成立

法人的成立是指已经具备法定条件的社会组织依法进行登记，获得法人资格的行为。法人的成立与设立是两个不同的概念。法人的设立是指为创办、成立法人组织所进行的一系列准备活动。法人设立经登记才能成立，法人于成立时起才具有独立的民事主体资格。所以法人的设立和成立是不同的两个阶段，设立是法人成立的前提和准备阶段，是法人成立的必经程序；法人的成立则是法人设立行为的结果。我国《民法通则》第36条第2款规定，法人的民事权利能力和民事行为能力，从法人成立时产生，到法人终止时消灭。

（一）法人成立的条件

设立中的社会组织只有具备法律规定的实质要件和形式要件方可成立法人。根据我国《民法通则》第37条规定，设立法人必须具备以下条件：

1. 依法成立

依法成立是指设立中的社会组织必须依照法律的规定才能成立。依法成立包括两个方面：一是法人的设立目的和宗旨必须符合国家利益和社会公共利益的要求；其组织形式、活动范围、设立方式等要符合国家法律和政策的规定。二是法人成立的程序应当符合法律规定，非经法律程序不能成为法人。

2. 有必要的财产或者经费

有必要的财产或者经费或经费来源，是法人作为民事主体享有民事权利和承担民事义务的物质基础，也是法人独立承担民事责任的财产保障。必要财产，是对于企业法人的要求；必要经费，是对于机关、事业单位、社会团体法人的要求。所谓“必要”，是指法人的财产或经费须与其宗旨、生产经营及服务规模或者活动范围相适应，足以支持其进行相应活动。企业法人因其经营性质和范围不同，其必要财产须达到相应的法定最低数额。

※法条链接——

✽《中华人民共和国公司法》

第26条　有限责任公司的注册资本为在公司登记机关登记的全体股东认缴的出资额。

法律、行政法规以及国务院决定对有限责任公司注册资本实缴、注册资本最低限额另有规定的，从其规定。

第80条　股份有限公司采取发起设立方式设立的，注册资本为在公司登记机关登记的全体发起人认购的股本总额。在发起人认购的股份缴足前，不得向他人募集股份。

股份有限公司采取募集方式设立的，注册资本为在公司登记机关登记的实收股本总额。

法律、行政法规以及国务院决定对股份有限公司注册资本实缴、注册资本最低限额另有规定的，从其规定。

✽《企业法人登记管理条例》第7条　申请企业法人登记的单位应当具备下列条件：……（三）符合国家规定并与其生产经营和服务规模相适应的资金数额和从业人员。

✽《事业单位登记管理暂行条例》第6条　申请事业单位法人登记，应当具备下列条件：……（四）有与其业务活动相适应的经费来源。

✽《社会团体登记管理条例》第10条　成立社会团体，应当具备下列条件：……（五）有合法的资产和经费来源，全国性的社会团体有10万元以上活动资金，地方性的社会团体和跨行政区域的社会团体有3万元以上活动资金。

✽《基金会管理办法》第8条　设立基金会，应当具备下列条件：……（二）全国性公募基金会的原始基金不低于800万元人民币，地方性公募基金会的原始基金不低于400万元人民币，非公募基金会的原始基金不低于200万元人民币；原始基金必须为到账货币资金。

3. 有自己的名称、组织机构和场所

名称是代表一个组织的标志，是其拥有独立于其成员的人格的标志，也是区别于其他法人的标志。法人的名称是其进行正常的活动，确定其主体地位，享有权利承担义务的前提。法人的名称受法律的保护，法人名称依法经过核准登记注册，在规定的范围内享有专用权和专有权，其他任何经济组织非经该企业法人同意，不得使用该名称，不得以任何方式滥用、冒用该名称。法人的名称权是财产性的权利，法人可依法对其名称予以转让、出卖。法人的名称不得使用法律禁止使用的名称。根据《企业名称登记管理规定》，企业名称应由四个部分构成：所在地的行政区域名称、字号（或者商号）、行业或者经营特点、组织形式。一个企业法人只能使用一个名称，在登记主管机关辖区内不得与已登记注册的同行业企业法人名称相同或者近似。《社会团体登记管理条例》规定，社会团体的名称应当与其业务范围、成员分布、活动地域相一致；全国性的社会团体的名称冠以"中国"、"全国"、"中华"等字样的，应当按照国家有关规定经过批准，地方性的社会团体的名称不得冠以"中国"、"全国"、"中华"等字样。

法人作为社会组织必须有自己的组织机构。法人的组织机构也称法人机关，它是对内管理法人事务，对外代表法人从事民事活动的机构总称。法人的意思表示必须由法人的组织机构来完成，如权力机构、执行机构、监督机构等，这是实现法人团体意思，独立享有民事权利和承担民事义务的组织保障。《公司法》第23条规定，设立有限责任公司，应当有公司名称，建立符合有限责任公司要求的组织机构。第76条规定，设立股份有限公司，应当有公司名称，建立符合股份有限公司要求的组织机构。该法第二章第二节、第四章第二至第四节分别对有限责任公司和股份有限公司的组织机构作了具体的规定。

法人要进行业务活动，必须要有自己固定的场所。有些法人还可以设有分支机构或在几个场所设立机构。在法律上明确法人的场所，对于法人开展正常业务活动、确定法人的税费征收、债务履行、诉讼管辖地，以及便于国家有关部门对法人的监督和管理等，都有重要的意义。根据《民法通则》第39条规定，有多个场所的法人，以它的主要办事机构所在地为住所。

《公司登记管理条例》第12条规定："公司的住所是公司主要办事机构所在地。经公司登记机关登记的公司的住所只能有一个。公司的住所应当在其公司登记机关辖区内。"

4. 能够独立承担民事责任

能够独立承担民事责任，是法人的重要特征和应具备的条件。独立承担民事责任，是指法人以自己独立的财产对其民事行为或债务独立承担法律责任。这是与其有必要财产或者经费联系在一起的。能独立承担民事责任表现在：一是能以自己的名义承担民事责任，而不是以他人的名义承担民事责任；二是能以自己的独立财产承担民事责任，而不是以他人的财产承担民事责任。

（二）法人成立的程序

设立法人除具备以上实质要件以外，还须符合法律规定的形式要件，法人方可成立。根据法人的类型不同，其成立的形式要件也不完全一样。

1. 企业法人的成立

在我国，企业法人分为公司企业法人与非公司企业法人。公司企业法人的设立以准则主义为原则，无论是有限责任公司还是股份有限公司，只要符合法定的设立条件，即可直接向登记机关登记并宣告成立。但法律和行政法规规定必须报经批准的，应当依法办理审批手续，取得行政许可，才能申请登记设立公司。如以募集方式设立公开发行股票的股份有限公司，应当先获得国务院证券监督管理机构批准再向公司登记机关申请登记，申请登记时必须报送相关核准文件。再如，设立商业银行、保险公司、证券公司、基金管理公司均实行许可设立主义原则，需要主管机关前置行政许可，否则相关法人不能成立。非公司企业法人，依《企业法人登记管理条例》第15条规定，首先须经主管部门或有关审批机关批准，然后才向登记机关申请登记。

2. 机关法人的成立

机关法人采取特许设立主义原则，依据宪法和相关国家机构设置法的特别规定设立。机关法人自成立之日起，即具有法人资格。

3. 事业单位法人的成立

由国家机关举办的事业单位，需依照国家法律和行政命令的规定设立，自成立之日起，即具有法人资格。由自然人或法人自愿组建的事业单位，应经县级以上各级人民政府及其有关主管部门批准后依法办理法人登记，方可取得法人资格。

4. 社会团体法人的成立

社会团体法人有需要按照国家法律和行政命令的规定设立的，如妇女联合会、工会、团组织等；也有需要经过业务主管部门审查同意，然后向登记机关申请登记才可成立的，如各种协会、学会等。此外，依法不需要办理法人登记的社会团体，只要其具备法人成立的实质要件，即可取得法人资格。

需经登记才能取得法人资格的，其成立一般要经过以下几个程序：

（1）申请。即向登记主管机关提出书面申请，并提交法律规定的必备文件；企业法人的登记主机关是工商行政管理部门，社会团体的登记主机关是民政部门。

（2）审查。登记主管机关在接到申请文件后，对申请文件进行审查。

（3）登记。登记主管机关经对申请进行审查，符合法人成立条件的，应予以登记，发给法人凭证。企业法人凭证为《企业法人营业执照》，社会团体的法人凭证为《社会团体法人登记证》。

（4）公告。法人依法登记成立后，由登记机关发出登记公告。

※法条链接——

✽《中华人民共和国民法通则》

第41条第1款　全民所有制企业、集体所有制企业有符合国家规定的资金数额，有组织章程、组织机构和场所，能够独立承担民事责任，经主管机关核准登记，取得法人资格。

第50条　有独立经费的机关从成立之日起，具有法人资格。

具备法人条件的事业单位、社会团体，依法不需要办理法人登记的，从成立之日起，具有法人资格；依法需要办理法人登记的，经核准登记，取得法人资格。

✽《中华人民共和国公司法》

第6条　设立公司，应当依法向公司登记机关申请设立登记。符合本法规定的设立条件的，由公司登记机关分别登记为有限责任公司或者股份有限公司；不符合本法规定的设立条件的，不得登记为有限责任公司或者股份有限公司。

法律、行政法规规定设立公司必须报经批准的，应当在公司登记前依法办理批准手续。

公众可以向公司登记机关申请查询公司登记事项，公司登记机关应当提供查询服务。

✽《事业单位登记管理暂行条例》

第3条　事业单位经县级以上各级人民政府及其有关主管部门（以下统称审批机关）批准成立后，应当依照本条例的规定登记或者备案。

事业单位应当具备法人条件。

✽《社会团体登记管理条例》第3条第1款　成立社会团体，应当经其业务主管单位审查同意，并依照本条例的规定进行登记。

引例分析

富辉装饰有限责任公司尚未成立，处于设立之中。设立中的公司是指从发起人开始设立行为到公司取得法人资格这段时期内为筹备公司而存在的各种人和物的要素的组合体。《民法通则》第37条规定了法人成立的必备条件；第41条规定，有符合国家规定的资金数额，有组织章程、组织机构和场所，能够独立承担民事责任，经主管机关核准登记，取得法人资格。《中华人民共和国公司登记管理条例》第20条规定："设立有限责任公司，应当由全体股东指定的代表或者共同委托的代理人向公司登记机关申请设立登记。"第3条规定："公司经公司登记机关依法登记，领取《企业法人营业执照》，方取得企业法人资格。自本条例施行之日起设立公司，未经公司登记机关登记的，不得以公司名义从事经营活动。"第25条规定："依法设立的公司，由公司登记机关发给《企业法人营业执照》。公司营业执照签发日期为公司成立日期。"公司即告成立。本例中富辉装饰有限责任公司虽然已经具备了设立公司的实质性条件，但是因为欠缺程序性条件，未向公司登记机关办理设立登记手续，没有得到公司登记机关的批准，所以富辉装饰有限责任公司没有成立。公司设立中产生的部分费用应由石某、蔡某共同对外承担，具体的分摊比例按协议的约定来确定。

【思考与练习】

1. 举例说明我国民法对法人分类及设立程序的有关规定。

2. 案例分析：

张宏、李俊、王敏协商准备成立富丽有限责任公司，从事家具的生产，公司办公地点为广州市某区一大厦，三人约定：张宏为公司提供厂房和设备，经评估作价25万元；李俊以20万元现金作为出资，王敏以商标权出资，作价15万元。三人共同起草了公司章程，章程内容包括：①公司的名称和住所；②公司经营范围；③公司的注册资本；④股东的权利与义务；⑤股东的出资方式与出资额；⑥公司的机构及其产生办法、职权、议事规则；⑦公司法定代表人；⑧公司的解散与清算办法。张宏、李俊、王敏均在公司章程上签名、盖章，然后向公司登记机关申请设立登记。

富丽有限责任公司是否取得了法人资格？

✧思考方向：

① 明确法人的成立条件，了解设立有限责任公司的有关规定。

② 张宏、李俊、王敏为成立公司实施了哪些行为？分析这些行为与公司能否成立的关系。

③ 明确成立公司的法定程序，判断本案是否符合相关程序要求。

④ 确认富丽有限责任公司是否取得了法人资格。

项目二　法人的民事能力

【引例】

1991年5月，原、被告双方经协商一致订立一份购销钢材的合同，约定由原告供给被告250吨进口螺纹钢，每吨1 600元，总货款40万元，原告应于同年10月底于天津港报关、商检后交货；任何一方迟延履行，每天按货款千分之一支付违约金；任何一方违约，应向对方一次性赔偿10万元。同年10月25日，原告从俄罗斯进口螺纹钢250吨抵达天津港后，立即通知被告前来接货并支付40万元货款。被告于10月30日复函，称因资金紧张暂不能付款，货物暂存于原告处。原告办理完报关、商检手续后，得知该批钢材的市场价格已下跌，遂将该批钢材放在天津港某仓库后，立即催促被告收货。被告一直不予答复。同年11月10日，原告为避免支付更多的仓储保管费用，将该批钢材取回，堆放于原告的露天货场，但因未派人看管，致钢材被盗50吨，另有部分钢材生锈。原告多次催促被告提货未果，遂诉诸法院，要求被告提货并支付货款及依合同规定支付违约金与损害赔偿金，赔偿支出的各种费用。被告则以其为农业生产资料综合门市部、不具有买卖钢材的资格为由，要求确认合同无效。经查被告是农业生产资料综合门市部，无买卖钢材的经营权。

购销合同的双方当事人应当具备何种资格？本案被告没有买卖钢材的经营权是否必然导致合同无效？法院应如何处理本案？

【基本理论】

一、法人的民事权利能力

法人民事权利能力，是指法律赋予法人享有民事权利和承担民事义务的资格。

法人具有民事权利能力，意味着法人具有民事主体的地位，和自然人一样，法人能够享有民事权利和承担民事义务。法人的民事权利能力是法人作为民事主体参加民事活动的前提，没有这种民事权利能力，法人就不能参加民事活动。同样，法人的民事权利能力与自然人的民事权利能力一样是由法律赋予的，而不是由法人自己决定的。但法人的民事权利能力与自然人的民事权利能力存在着诸多不同。

1. 法人的民事权利能力因自身性质而具有局限性

法人是社会组织，不具有自然人一样的自然属性，体现在法人无法享有自然人依其自然属性而享有的某些财产或人身方面的权利。比如，在财产权中，基于自然人身份发生的权利，如抚养或赡养请求权、继承权等；在人身权中，凡与以自然人的身体和精神为要素的权利，如生命权、健康权、肖像权、隐私权等，法人均不能享有。而法人享有的特殊性的民事权利能力，自然人也不能享有，如银行法人开展信贷业务的资格。当然，法人和自然人一样，享有名称权、名誉权、荣誉权等人身权。

2. 法人的民事权利能力始于其成立而终于其消灭

《民法通则》第36条第2款规定，法人的民事权利能力和民事行为能力，从法人成立时产生，到法人终止时消灭。自然人民事权利能力的取得方式均采取出生主义原则，即自然人出生之时便取得其民事权利能力，到死亡时消灭，生死是自然现象。法人则不同，法人的成立与终止不是自然现象，而是自然人组织体行为的结果。法人取得民事权利能力必须经过一定的法律程序，法律对这些程序的规定不尽相同，因此法人成立和消灭的时间各不相同，其民事权利能力的起止时间也就有所不同。如企业法人和社会团体法人只有在领取了法人营业执照或者法人登记证之日起才成立，才具有民事权利能力；机关法人和事业单位法人从设立之日起即告成立即具有民事权利能力；

法人的民事权利能力可因破产而终止，也可因解散而终止等。

3. 法人的民事权利能力内容具有差异性

自然人的民事权利能力是平等的、普遍的和无差异的。不同法人的设立目的、业务范围及活动领域不一样，各自享有的民事权利能力差异就很大。如机关法人和企业法人的民事权利能力就不相同，各企业法人的权利能力也不相同，它们只能在其核准登记的经营范围内和法律允许的范围内从事活动。

二、法人的民事行为能力

法人民事行为能力，是指法人以自己的意思独立进行民事活动，行使民事权利和承担民事义务的资格。与法人的民事权利能力一样，法人的民事行为能力也由法律所赋予，它是国家通过法律而赋予社会组织或目的性财产的得以独立从事民事活动的资格。法人的行为能力，不仅包括法人独立行使民事权利和承担民事义务的资格，而且也包括法人对其违法行为承担民事责任的资格。

法人的民事行为能力与其民事权利能力紧密结合在一起。法人民事权利能力是法人民事行为能力的前提，法人的民事行为能力则是民事权利能力实现的条件，具有民事行为能力才能从事民事活动，实现其权利。

与自然人的民事行为能力相比，法人的民事行为能力具有以下特点：

（1）法人的民事行为能力和民事权利能力在开始和消灭的时间上具有一致性。法人是否具有民事行为能力，直接取决于主体是否具有意思能力。法人的意思由法人机关作出，它不受年龄和精神状态的影响，因此，当法人具备相应的成立条件，并经由设立程序取得法人资格后，法人即开始享有民事权利能力，也同时开始具有民事行为能力。当法人注销登记时，其权利能力和行为能力随之终止。自然人的民事权利能力始于出生，但其民事行为能力要达到一定年龄和精神状态时才能完全具备。自然人的民事权利能力到其死亡时才终止，但其民事行为能力可能会因精神状态的变化而暂时终止或完全丧失。

（2）法人的民事权利能力和民事行为能力的范围一致。法人只能在其民事权利能力范围内活动，即民事行为能力范围受民事权利能力范围的限制。当然，不同法人的民事权利能力范围不相同，各法人的民事行为能力范围也不一样，但就同一法人而言，其民事权利能力与民事行为能力的范围是一致的。而自然人的民事权利能力和民事行为能力范围不完全一致，自然人民事行为能力受其年龄和精神状态的限制，自然人有民事权利能力不一定能够行使民事权利和承担民事义务。

（3）法人的民事行为能力由法人的机关或代表实现。法人作为社会组织，其自身并不能直接从事民事活动，其民事行为能力只能通过法人机关或代表予以实现。法人机关和代表以法人的名义所从事的民事活动行为就是法人的行为，其法律后果由法人承担。自然人的民事行为能力的实现方式，依其所享有的民事行为能力的种类不同而有所不同：完全民事行为能力的自然人一般以其自身行为实现；限制行为能力人仅在与其年龄和智力相适应的范围内可以自身行为实现，超出此范围的，应由其法定代理人代理；无行为能力人的行为则完全由其法定代理人代理实现。

《民法通则》第42条规定，企业法人应当在核准登记的经营范围内从事经营。任何企业法人超出核准的经营范围从事活动，即超出了自己民事权利能力和民事行为能力的范围，这种行为具有违法性。但是为了保护交易安全，我国《合同法》规定，在法人超越经营范围订立合同的情况下，如果合同相对方为善意（即不知该法人的行为超越其经营活动范围），则该合同仍然具有法律效力。但是，如果法人所超越的经营活动范围属于法律禁止经营的行为、或法律规定只能由特定的组织专营的行为（如金融业务只能由国家批准的金融机构从事）、或按照法律规定只能由具备一定资质条件的组织经营的行为（如从事建筑施工的企业必须具备相应的资质条件），则这种超越经营范围的行为一律无效。

❋法条链接——

✽《中华人民共和国民法通则》

第42条　企业法人应当在核准登记的经营范围内从事经营。

✽《中华人民共和国公司法》

第15条　公司可以向其他企业投资；但是，除法律另有规定外，不得成为对所投资企业的债务承担连带责任的出资人。

第16条　公司向其他企业投资或者为他人提供担保，依照公司章程的规定，由董事会或者股东会、股东大会决议；公司章程对投资或者担保的总额及单项投资或者担保的数额有限额规定的，不得超过规定的限额。

公司为公司股东或者实际控制人提供担保的，必须经股东会或者股东大会决议。

✽《中华人民共和国担保法》

第8条　国家机关不得为保证人，但经国务院批准为使用外国政府或者国际经济组织贷款进行转贷的除外。

第9条　学校、幼儿园、医院等以公益为目的的事业单位、社会团体不得为保证人。机关法人和以公益为目的的事业单位法人、社会团体法人不得为保证人。

✽《中华人民共和国合同法》

第50条　法人或者其他组织的法定代表人、负责人超越权限订立的合同，除相对人知道或者应当知道其超越权限的以外，该代表行为有效。

引例分析

有效合同的当事人应当具有与合同权利或合同义务相应的民事权利能力和民事行为能力。而法人的民事行为能力与其民事权利能力范围相同，法人的经营、业务的范围受到法律及其章程的限制。《民法通则》第42条规定，企业法人应当在核准登记的经营范围内从事经营。本案中被告具有民事权利能力和民事行为能力，但其只能在核准登记的经营范围和法律允许的范围内从事经营，作为农业生产资料综合门市部，其经营范围不包括钢材，被告与原告订立钢材购销合同属于超越经营、业务范围的行为，按照《民法通则》的规定该合同无效。然而，仅由于法人超越经营范围订立合同就宣告合同无效，对于合同善意相对方来说显然是不公平的，必将损害原告利益，同时损害交易安全。最高人民法院《关于适用〈中华人民共和国合同法〉若干问题的解释（一）》第10条规定，当事人超越经营范围订立合同，人民法院不因此认定合同无效。但违反国家限制经营、特许经营以及法律、行政法规禁止经营规定的除外。该钢材购销合同没有违反国家限制经营、特许经营以及法律、行政法规禁止经营的规定，因此法院可以认定双方当事人之间的购销合同有效。

三、法人的民事责任能力

法人的民事责任能力是法人民事行为能力中的一种特殊形式，是指法人因违反法律规定的或合同约定的义务而独立承担民事责任的资格。法人的民事责任能力与法人的民事权利能力和行为能力同时产生、同时消灭。法人有无民事责任能力，在传统民法上存在不同的学说，我国民事立法肯定了法人的民事责任能力。《民法通则》第36条将能够独立承担民事责任作为法人所应具备的条件之一；第43条规定，企业法人对它的法定代表人和其他工作人员的经营活动，承担民事责任；第121条规定，国家机关或者国家机关工作人员在执行职务中，侵犯公民、法人的合法权益造成损害的，应当承担民事责任。最高人民法院《关于贯彻执行〈中华人民共和国民法通则〉若干问题的意见（试行）》第58条规定，企业法人的法定代表人和其他工作人员，以法人名义从事的经营活动，给他人造成经济损失的，企业法人应当承担民事责任；第152条进一步规定，国家机关工作人员在执行职务中，给公民、法人的合法权益造成损害的，国家机关应当承担民事责任。

法人具有民事责任能力，独立承担民事责任。其中企业法人以其全部财产对外承担民事责任，企业法人的投资者则仅以其投资额为限承担有限责任。机关法人、事业单位法人和社会团体法人以其所有或者依法享有处分权的财产承担民事责任。

法人承担民事责任的条件与自然人承担民事责任的条件并无区别，但是法人承担民事责任须具备三个条件：

（1）必须是法人的机关、法定代表人或者其他工作人员有执行职务的行为或以法人的名义进行活动。所谓执行职务的行为，包括职务活动本身要求法人机关、法定代表人或工作人员实施的行为，也包括其不正当执行职务活动的行为。在法律上，法人的机关或法定代表人在其代表权限范围内的行为被视为法人的行为，法人机关或法定代表人实施的行为，其后果当然应由法人承担。而法人在经营活动中授权其他工作人员以法人名义从事的活动，虽不能视为法人的行为，只能视为法人的代理人的行为，但他们从事的经营活动是执行法人的意志，为法人谋利益，因此，法人也应当承担其行为的后果。

（2）必须是法人的机关、法定代表人或者其他工作人员的职务行为违反合同义务或者法定义务，并且不存在法律所规定的免责条件。

（3）必须是法人的机关、法定代表人或其他工作人员的职务行为造成国家的、集体的财产损失，或者造成自然人的人身、财产损害。一般情况下，行为人具有过错，其行为与损害结果的发生有因果关系。

如果上述人员实施的与其业务活动无关的行为致人损害，或者纯粹以个人名义实施的侵权行为，则法人对之不承担民事责任，其责任应由实施侵权行为的行为人承担。

值得注意的是，在某些情况下公司的债务并非完全由公司法人独立承担。如果公司股东滥用公司法人独立地位和股东有限责任，严重损害公司债权人及社会公共利益，如设立空壳公司、脱壳经营、虚假出资、母公司滥用子公司法律人格等，相关股东应当对公司债务承担连带责任。

☞ **案例**

某服务公司计划修建一座饭店，但没有木材来源。公司业务员经人介绍，认识了某家具厂厂长黄某。黄某因业务活动与木材经销部门联系密切，又见眼前做一笔木材生意能为正陷入经营困境的家具厂带来一大笔利润，因此便代表家具厂与服务公司签订了一份木材购销合同。合同规定，家具厂在2004年6月供给服务公司一级板材140立方米，单价430元，共计6.02万元；服务公司在签约后预付6万元货款；违约者偿付未履行部分1%的违约金。

合同签订后，服务公司依约预付了6万元货款。但是到合同规定的履行期时，因家具厂提供的木材不合格，服务公司拒绝提货。这时，正好家具厂换了新厂长，因家具厂没有经营木材的业务，很难弄到计划外的木材，原任厂长黄某所作的努力也都落空，因此无法履行合同。新厂长派人到黑龙江等地索要已汇出的6万元货款，但未能追回。服务公司见购货无望，要求家具厂解除合同、退还货款、偿付违约金，并赔偿其误工损失4万元。家具厂认为，合同是原厂长签订的，该合同超出了本厂的经营范围，并非本厂的行为，故一切后果应由原厂长个人负责，与家具厂无关。至于6万元货款，待追回后返还。双方协商不成，服务公司起诉到法院，要求家具厂承担全部责任。

法院经审理认为，家具厂原厂长黄某是家具厂的法定代表人，其代表家具厂与服务公司签订合同的行为是家具厂的行为而不是黄某个人行为，根据最高人民法院《关于贯彻执行〈中华人民共和国民法通则〉若干问题的意见（试行）》第58条规定，企业法人的法定代表人以法人名义从事的经营活动给他人造成经济损失的，企业法人应当承担民事责任。家具厂认为一切后果应由原厂长个人负责，与家具厂无关，是不正确的，根据最高人民法院《关于适用〈中华人民共和国合同法〉若干问题的解释（一）》第10条规定，该合同虽超出了家具厂的经营范围，但合同没有违反法律、行政法规禁止经营的情况，是有效的，家具厂法定代表人的更换不影响原合同的效力。因此判令家具厂承担到期不能履行合同的民事责任，返还服务公司已支付的货款和违约金。

四、法人机关

法人机关，是指根据法律或法人章程的规定，形成法人的意思，并代表法人从事民事活动，实现其民事权利能力和民事行为能力的一定机构或者个人的总称。法人机关是法人组织体的核心组成部分，无独立人格，它是法人实现其权利能力与行为能力的基础。法人作为一种社会组织，不同于自然人，其自身是无法进行意思表示的。法人的意志只能通过法人的意思机关予以形成、表示和实现，法人机关的意志即为法人的意志，法人机关的行为就是法人的行为。法人机关对外以法人名义从事民事活动时，其法律后果由法人承担。没有法人的机关，法人就无法实现其民事权利能力和民事行为能力，无法实现其作为独立民事主体的功能。

（一）法人机关的特征

（1）法人机关是形成、表示和实现法人意志的机构。法人是一种社会组织，必须要有自己的组织机构，以形成法人的意志、执行法人的意志和保障法人意志的实现。

没有法人机关，就无法形成法人意志，并无法将法人意志付诸实施，更无法实现法人的目的及宗旨。

（2）法人机关是法人的有机组成部分。法人机关不是独立于法人之外的组织，它是法人的组成部分，是使法人取得民事主体资格的必要条件。法人机关不能与法人脱离而单独存在于法人组织体之外。

（3）法人机关是根据法律、章程或条例的规定而设立的。法人机关的设立要求和权限都由法律、章程或条例直接规定。法人机关一旦产生，则无须另行授权，就有权代表法人实施民事行为。

（4）法人机关是由单个自然人或集体组成。由单个自然人形成的法人机关为独任机关，如企业的厂长、经理、公司的董事长、事业单位和社会团体的校长、所长、会长等；由集体形成的法人机关，称为合议制机关，如公司的股东会、董事会、监事会等。

（5）法人机关是法人的领导或代表机关，它对内负责管理法人的各项生产经营业务，对外代表法人进行民事活动。

（6）法人机关的活动具有连续性。法人机关活动的人员并不代表自己，而是代表法人，它的活动都是法人意志的体现，因此法人机关的代表人发生变更时并不影响法人已经作出决定的效力，续任者仍应受其前任行为的约束。

（二）法人机关的组成

法人的类型不同，法人机关也存在不同。一般来说，法人机关由权力机关、执行机关和监督机关三部分组成。

（1）权力机关是法人的意思形成机关或法人的决策机关，它有权决定法人的生产经营和业务管理等重大问题，但通常不代表法人对外进行民事活动。如公司的权力机关为股东（大）会，它是由全体股东组成的公司权力机关，是公司的最高意愿决定机关。

（2）执行机关是法人权力机关的执行机关，对法人的权力机关负责，以实现已形成的法人意志，或经权力机关授权就相关事务作出决断。执行机关的主要负责人是法定代表人，有权代表法人对外进行民事活动。如董事会或执行董事为公司的执行机关。

（3）监督机关是对法人执行机关的行为进行监督检查的机关，保障法人权力机关决定的重大事项得以实现，它通常不得代表法人对外进行民事活动，如监事会就是公司的监督机关，负责对公司的财务经营、董事会、经理及其成员进行监督检查，承担着监督经营者、维护股东权益的重要职能。

对于法人机关与法人的关系，传统民法中存在“代理说”和“代表说”两种观点。代理说认为法人是法律拟制的，它本身没有意思能力，要进行民事活动，只能由自然人代理；法人机关是法人的代理机关，法人的法定代表人是其法定代理人，法人机关不具有独立的法人人格，其行为本身就是法人的行为；法人代表以法人名义进行民事活动时，应适用关于代理的规定。代表说认为法人不仅具有民事权利能力，同时也具有民事行为能力，其意思表示是通过它的法人机关实现的；法人机关不是独立的权利主体，而是法人的有机组成部分，所以法人机关并非法人的代理人，对外不得视为本人与代理人的关系，法人机关在其权限内所进行的民事活动，就是法人的行为，法人机关和法人之间是代表的关系。代表说为通说。

法人机关与法人之间不是两个主体之间的关系，而是具有同一的法律人格。法人机关是法人的组成部分，两者是部分与整体的关系。法人机关在其职权范围内以法人名义进行活动，是代表法人的，其行为就是法人的行为。法人机关虽由自然人担当，但法人机关与法人机关的担当人是不同的，如公司的董事、董事长与担任董事、董事长的自然人本人是不同的，法人机关担当人的更换，并不是法人机关的变更。同时，法人机关的成员只有在其职权范围内以法人名义所为的行为，才是法人的行为。

五、法定代表人

法定代表人是指依法律或法人章程规定代表法人行使职权的负责人。法定代表人具有以下特征：

（1）法人的法定代表人是由法律或法人的组织章程规定的。法定代表人经企业登记机关核准登记，取得法定代表人资格。《公司法》第 13 条规定，公司法定代表人依照公司章程的规定，由董事长、执行董事或者经理担任，并依法登记。

（2）法人的法定代表人是代表法人行使职权的负责人。法定代表人根据法律或章程的规定代表法人以法人的名义对外进行民事活动和民事诉讼，无须法人特别授权。我国《民事诉讼法》第 48 条规定，法人由其法定代表人进行诉讼。

（3）法定代表人是代表法人进行民事活动的自然人。法定代表人只能是自然人，且该自然人只有代表法人从事民事活动和民事诉讼活动时才具有这种身份，并不具有独立的民事主体资格。

因法定代表人的特殊地位，法律对担任法定代表人的自然人予以一定的限制，主要有：必须是完全民事行为能力人；具有一定管理能力和业务知识；不得有以下禁止的情形：①正在被执行刑罚或者正在被执行刑事强制措施的；②正在被公安机关或者国家安全机关通缉的；③因犯有贪污贿赂罪、侵犯财产罪或者破坏社会主义市场经济秩序罪，被判处刑罚，执行期满未逾五年的，因犯有其他罪，被判处刑罚，执行期满未逾三年的，或者因犯罪被判处剥夺政治权利，执行期满未逾五年的；④担任因经营不善破产清算的企业的法定代表人或者董事、经理，并对该企业的破产负有个人责任，自该企业破产清算完结之日起未逾三年的；⑤担任因违法被吊销营业执照的企业的法定代表人，并对该企业违法行为负有个人责任，自该企业被吊销营业执照之日起未逾三年的；⑥个人负债数额较大，到期未清偿的；⑦有法律和国务院规定不得担任法定代表人的其他情形。

在内部关系上法定代表人与法人，是劳动合同关系，法定代表人属于雇员范畴；在对外关系上，法定代表人与法人之间是代表关系，对外代表法人以法人名义进行民事活动，其代表职权来自法律的明确规定，不需法人的授权委托书。所以法定代表人对外的职务行为即为法人行为，其后果由法人承担。法定代表人的权限受法人章程或法人机关决议的限制，但是法人对法定代表人的内部职权限制不得对抗善意第三人。企业法人对它的法定代表人和其他工作人员的经营活动，承担民事责任；法定代表人超越权限订立的合同，除相对人知道或者应当知道其超越权限的以外，该代表行为有效。

《民法通则》第 49 条规定，企业法人有下列情形之一时，除法人承担责任外，对法定代表人可以给予行政处分、罚款，构成犯罪的，依法追究刑事责任：超出登记机关核准登记的经营范围从事非法经营的；向登记机关、税务机关隐瞒真实情况、弄虚作假的；抽逃资金、隐匿财产逃避债务的；解散、被撤销、被宣告破产后，擅自处理财产的；变更、终止时不及时申请办理登记和公告，使利害关系人遭受重大损失的；从事法律禁止的其他活动，损害国家利益或者社会公共利益的。

【思考与练习】

1. 举例说明法人的民事权利能力、民事行为能力及民事责任能力的关系。

2. 案例分析：

甲县建材厂与乙市建筑工程队订立了供应瓷砖4 000件的购销合同，货款总额9万余元。双方约定，瓷砖须在第三季度末前交货，建筑工程队于收货后15日内付清货款。8月底，建材厂就备好供货。9月初，建筑工程队分五次拉完了全部瓷砖，每次提货都打了欠条。半个月后，建筑工程队付给建材厂货款4万元，尚欠5万余元。建筑工程队购买了这么多瓷砖，并非用于建筑施工，而是看到市场上瓷砖紧俏，想转手倒卖，从中渔利；没想到瓷砖刚售出一半，行情就发生了巨变，瓷砖过剩。建筑工程队即以瓷砖质量不合格为理由要求退货。建材厂答复说这种瓷砖并无国家标准，就行业标准而言，本厂的产品质量还属于较好的，故不同意退货，并要求建筑工程队依合同支付其余5万元货款。建筑工程队继续拖欠货款，建材厂无奈，只好诉至法院。法院在审理中查明，乙市建筑工程队虽然领用《企业法人营业执照》，但它的经营范围是建筑施工，不能经销瓷砖。

本案当事人之间的购销合同是否有效？法院应如何处理？

✧思考方向：

① 我国法律对于法人的民事行为能力和经营范围有哪些规定？

② 如何判断企业法人超越经营范围的行为？

③ 了解合同有效与否的法律标准。

④ 判断本案中的购销合同的效力，据此提出处理方案。

项目三　法人的变更和终止

【引例】

天成有限责任公司是一家经营商品批发的有限责任公司，由于市场不景气，加上股东内耗严重，公司负债累累。在一次股东会议上，股东李某提议将天成公司分立为两个公司，一个叫地成有限责任公司，另一个叫天益有限公司。该提议被股东大会一致通过，天成有限责任公司遂分立为地成与天益两家公司，约定地成公司承担天成有限责任公司所有债务，天益公司承受成有限责任公司的净资产，接着天成有限责任公司办理了相应的注销登记手续。不久，天成有限责任公司的债权人沈阳飞虹有限公司找上门来，发觉地成公司资不抵债，于是要求天益公司承担连带债务，天益公司拿出分立协议书，拒不偿还天成公司的债务。

问：天成有限责任公司的分立程序是否合法？天成有限责任公司的债务应如何承担？

【基本理论】

一、法人的变更

法人的变更，是指在法人的存续期间内，因法人组织机构、性质、活动范围、财产或名称、住所、隶属关系、法定代表人等重要事项发生的变动。法人的变更主要包括如下几种：

1. 法人组织机构的变更

包括法人合并和法人分立两种情形：

（1）法人的合并，是指两个或两个以上的法人合并为一个法人。法人的合并可以分为新设合并和吸收合并。新设合并，即两个或两个以上的法人合并为一个新法人，原所有法人的人格全部消灭，原有法人的权利义务全部由新法人享有和承担。吸收合并，即一个或多个法人归入到一个现存的法人之中，被合并的法人人格消灭，存续的法人人格依然存在，被合并法人的权利义务由存续的法人享有和承担。

（2）法人的分立，是指由一个法人分为两个或两个以上的法人。法人的分立包括新设分立和派生分立两种。新设分立是指一个法人分成两个或两个以上的法人，原法人全部消灭。派生分立是指原法人继续存续，并分出一部分财产设立新法人，原有法人的财产、债权、债务分别由分立后存续的各个法人享受和承担。

公司合并或者分立，登记事项发生变更的，应当依法向公司登记机关办理变更登记；设立新公司的，应当依法办理公司设立登记。

法人组织机构的变更，并不意味着法人的一切债权债务关系归于消灭。《民法通则》第44条第2款规定，企业法人分立、合并，它的权利和义务由变更后的法人享有和承担。《公司法》也在第174条、第176条中分别规定，公司合并时，合并各方的债权、债务由合并后存续的公司或者新设的公司承继；公司分立前的债务由分立后的公司承担连带责任。

引例分析

本案是法人的存续期间内分立的问题。天成有限责任公司分立为地成有限责任公司和天益有限责任公司两个公司，属于新设分立。公司分立，不仅是公司自身的事情，而且关系到进行分立的公司的股东及债权人利益，因此法律明确规定了分立的相关程序，只有依法定程序分立才产生法律效力。

我国《公司法》第175条规定，公司分立，其财产作相应的分割，应当编制资产负债表及财产清单；并自作出分立决议之日起十日内通知债权人，于三十日内在报纸上公告。第176条规定，公司分立前的债务由分立后的公司承担连带责任。但是，公司在分立前与债权人就债务清偿达成的书面协议另有约定的除外。根据该法第179条第1款规定，公司分立，登记事项发生变更的应依法向公司登记机关办理变更登记，设立新公司的应依法办理公司设立登记。天成有限责任公司在分立过程中，既没有编制资产负债表、财产清单和通知债权人，也没有按照法定程序办理地成公司和天益公司的设立登记，只是办理了天成公司的登记注销手续。天成公司分立时，约定地成公司承担原公司所有债务、天益公司承受原公司的净资产，其目的是为了逃避债务、损害天成公司债权人的合法权益，因此该分立行为无效，该分立协议书也无效。天成有限责任公司的债务由地成公司与天益公司共同承担，地成公司没有偿债能力，天益公司应当承担连带责任，由其清偿对沈阳飞虹有限公司的债务。

2. 法人组织形态的变更

法人组织形态的变更是指在不消灭法人人格的前提下，法人从一种组织形态转为另一种组织形态的现象。如有限责任公司改为股份有限公司或者股份有限公司改为有限责任公司。法人组织形态的变更往往导致法人的责任形式、权利义务等变化，所以须依法报有关部门审批，获得批准后方得变更。法人组织形态的变更是在原法人的基础上创设新法人，因此须办理法人变更登记，变更后的法人依法享有相应民事权利和承担相应民事义务，同时在法定范围内承受原法人的债权债务。

3. 其他重要事项的变更

其他重要事项，是指法人登记中应登记的事项，如法人的名称、法定代表人、场所、住所、注册资本等。这些变动虽不消灭原法人、产生新法人，但影响了法人的民事权利能力和民事行为能力，也可能影响国家的管理和社会利益，因此法人重要事项的变更必须办理变更登记并进行公告。

❋法条链接——

✽《企业法人登记管理条例》

第 17 条　企业法人改变名称、住所、经营场所、法定代表人、经济性质、经营范围、经营方式、注册资金、经营期限，以及增设或者撤销分支机构，应当申请办理变更登记。

第 18 条　企业法人申请变更登记，应当在主管部门或者审批机关批准后 30 日内，向登记主管机关申请办理变更登记。

第 19 条　企业法人分立、合并、迁移，应当在主管部门或者审批机关批准后 30 日内，向登记主管机关申请办理变更登记、开业登记或者注销登记。

✽《事业单位登记管理暂行条例》

第 10 条　事业单位的登记事项需要变更的，应当向登记管理机关办理变更登记。

✽《社会团体登记管理条例》

第 20 条　社会团体的登记事项、备案事项需要变更的，应当自业务主管单位审查同意之日起 30 日内，向登记管理机关申请变更登记、变更备案。

二、法人的终止

法人的终止，也称法人的消灭，是指法人资格的消灭，即法人丧失民事主体资格，不再具有民事权利能力和民事行为能力的状态。

（一）法人终止的原因

根据《民法通则》第 45 条规定，企业法人由于下列原因之一终止：

1. 依法被撤销

指法人在生产经营活动中违反法律、行政法规，行政主管机关强令其解散。

（1）吊销法人的营业执照，主管机关依法对违反法律法规的法人撤销其经营许可。

（2）依法撤销或关闭，即主管机关依法决定对违反法律、行政法规的法人采取的一种行政性处罚措施，它属于强制解散。

（3）命令撤销或关闭，是由于国家产业结构的调整或者政策的变化，主管机关采取发布具有普通约束力的决定或者命令，强令撤销或关闭某类法人。

2. 自行解散

也称为任意解散，是基于法人的意思或设立人的意思而解散。通常有如下几种情况：

（1）依章程规定解散。如投资者在设立法人时，在章程中规定了经营期限，或者规定了解散事由，当法人经营期限届满或者解散事由出现时，投资者可以根据章程决定解散。

（2）股东会或者股东大会决定解散。法人（公司）章程规定了解散事由但没有出现或者章程没有规定解散事由，法人的股东（大）会不想再继续经营时，也可以决定解散。

（3）因企业法人的合并或分立而解散。

3. 依法宣告破产

《破产法》第 2 条规定，企业法人不能清偿到期债务，并且资产不足以清偿全部债务或者明显缺乏清偿能力的，可以向人民法院提出重整、和解或者破产清算申请。债务人不能清偿到期债务的，债权人可以向人民法院申请对具有法人资格的债务人进行重整或者破产清算。人民法院受理审查后可依法宣告债务人破产。

根据《最高人民法院关于贯彻执行〈破产法〉若干问题的意见》解释，不能清偿到期债务是指：债务的清偿期限已经届满；债权人已要求清偿；债务人明显缺乏清偿能力。债务人停止支付到期债务并呈连续状态，如无相反证据，可推定为“不能清偿到期债务”。

4. 其他原因

如《公司法》第 182 条规定，公司经营管理发生严重困难，继续存续会使股东利益受到重大损失，通过其他途径不能解决的，持有公司全部股东表决权百分之十以上的股东，可以请求人民法院解散公司。《企业法人登记管理条例》第 22 条规定，企业法人领取《企业法人营业执照》后，满六个月尚未开展经营活动或者停止经营活动满一年的，视同歇业，登记主管机关应当收缴《企业法人营业执照》、《企业法人营业执照》副本，收缴公章，注销登记。股份有限公司的股东不足法定人数，也属于导致法人终止的原因。

☞ **案例**

黄强与吴鸿系好朋友，他们于 2006 年共同出资设立了某销售有限公司，注册资本 200 万元，其中黄强出资 90 万元，拥有公司 45% 的股份，吴鸿出资 110 万元，拥有公司 55% 的股份，吴鸿为公司的法定代表人，黄强为公司监事。起初公司赢利颇丰，但是好景不长，随着时间的推移，二人为公司的经营管理和各自的权益逐渐发生纠纷，直接导致公司于2007年停止经营。2008年初，黄强将吴鸿及公司告上法庭，请求法院判决公司解散并进行清算。

黄强与吴鸿为公司的经营管理和各自的权益发生纠纷，直接导致公司停止经营，说明公司已经发生了《公司法》第183条规定的解散事由，而黄强作为占有公司股权45%的股东，符合“持有公司全部股东表决权百分之十以上的股东可以请求人民法院解散公司”的规定，因此黄强有权请求解散公司。

（二）法人的清算

法人的终止，在法律效果上，与自然人相当。但自然人死亡后，其未了结的事务，特别是财产关系能通过继承解决，而对于法人未了结的事务，法律专门设立了清算程序来解决。无论何种类型法人，无论是因何种原因终止，都必须经过清算。所以，法人解散后应成立清算组织，进行清算。清算组织是指以清算法人债权债务为目的而设立的组织。我国《民法通则》和《公司法》对此都作了明确的规定。

1. 清算组和清算法人

清算组亦称清算人，是执行清算事务的机构。所谓清算法人是指处于清算状态中的法人，从解散事由出现至清算程序结束、办理注销登记之前，法人一直处于清算的状态，所以法律上将处于清算状态中的法人称为清算法人。清算组在清算期间取得清算法人的执行机关和代表机关的地位，对内执行清算事务，对外代表清算法人为意思表示。法人进入清算程序后，虽不能从事清算范围外的活动，但与清算有关的事务仍被允许实施。

2. 清算组的产生因法人终止的不同原因而有所不同

（1）由法律规定的人选组成清算组。在任意解散时，清算组成员依照规定担任或选任；如有限责任公司清算组由股东组成，股份有限公司的清算组由董事或者股东大会确定的人员组成。

（2）由主管部门组织有关机关和有关人员组成清算组。法人在依法被撤销时，清算组成员应由作出撤销决定的主管机关选任，如事业单位应当在审批机关指导下成立清算组织。

（3）由人民法院指定的人选组成清算组。当法人被宣告破产时，人民法院组织有关机关和有关人员成立清算组织；如果终止的法人逾期不成立清算组进行清算，债权人可以申请人民法院指定有关人员组成清算组进行清算，人民法院应当受理该申请，并及时组织清算组。

3. 清算组的职责

清算组负责对终止的企业法人的财产进行保管、清理、估价、处理和清偿。根据《公司法》第184条规定，清算组在清算期间行使下列职权：清理公司财产，分别编制资产负债表和财产清单；通知、公告债权人；处理与清算有关的公司未了结的业务；清缴所欠税款以及清算过程中产生的税款；清理债权、债务；处理公司清偿债务后的剩余财产；代表公司参与民事诉讼活动。对于涉及终止的企业法人债权、债务的民事诉讼，清算组织可以用自己的名义参加诉讼。

值得注意的是，以逃避债务责任为目的成立的清算组织，其实施的民事行为无效。

（三）注销登记

清算组织于清算结束后，应按有关规定向有关部门或人员报告清算情况，并向登记机关注销登记并公告。所谓注销登记，是指登记主管机关根据法人的申请，对符合终止条件的法人，依法程序消灭其法人资格的活动。企业法人办理注销登记，应当提交法定代表人签署的申请注销登记报告、主管部门或者审批机关的批准文件、清理债务完结的证明或者清算组织负责清理债权债务的文件；经登记主管机关核准后，收缴《企业法人营业执照》、《企业法人营业执照》副本，收缴公章，并将注销登记情况告知其开户银行。公司清算结束后，清算组应当制作清算报告，报股东会、股东大会或者人民法院确认，并报送公司登记机关，申请注销公司登记，公告公司终止。对于宣告破产的法人，管理人应当自破产程序终结之日起十日内，持人民法院终结破产程序的裁定，向破产人的原登记机关办理注销登记。

❋相关法律

《中华人民共和国民法通则》第40、46、47条

《最高人民法院关于贯彻执行〈中华人民共和国民法通则〉若干问题的意见（试行)》第60条

《中华人民共和国公司法》第183、197条

《中华人民共和国破产法》第121条

《企业法人登记管理条例》第20、21条

《事业单位登记管理暂行条例》第13、14条

【思考与练习】

1. 简要说明法人变更的形式及其变更后的民事责任承担。

2. 试述法人的清算活动及其清算组织的职责。

3. 案例分析：

2002年6月，某股份有限公司因为市场行情发生重大变化，导致运营难以继续，为避免公司造成更大的损失，公司于6月10日召开了股东大会，经出席会议的股东所持表决权的70%通过了公司解散的决议，但是迟至7月1日公司仍然未组成清算组对公司的财产以及债权债务进行清算。7月21日，该公司才由董事会通知了债权人甲和乙，考虑到公司还有些债权人无法通知，该公司还拟进行多次公告，但是由于公告费太高，该公司在8月10日前只在报纸上进行了一次公告，告知债权人及时行使权利。8月10日该公司就开始进行清算。

某股份有限公司解散公司的程序是否合法?

✧思考方向：

① 明确有关公司解散的法律规定，特别注意解散程序。

② 分析该公司是否具备解散的条件。

③ 判断该公司解散程序是否存在违反法律规定的问题。

【拓展阅读】

1. 江平、赵旭东：《法人制度论》，中国政法大学出版社2000年版。

2. 程思良：《论法人的民事能力》，载《西南政法大学学报》2005 年第 5 期。
3. 王海娇：《论法人人格否认制度》，载《法制与社会》2009 年第 21 期。
4. 任尔昕、姜聪：《论我国公立高等学校承担民事责任的模式》，载《西部法学评论》2009 年第 5 期。
5. 李凌云：《工会的法律责任初探》，载《华东政法大学学报》2008 年第 2 期。

单元五

非法人组织

非法人组织，是指不具有法人资格但能以自己的名义进行民事活动的社会组织，其特征表现为较为稳定的社会组织体，具有相应的民事权利能力和民事行为能力但又不具备法人资格，在责任能力方面也迥异于法人。目前我国较为典型的非法人团体有合伙、法人的分支机构、个人独资企业、个体工商户和农村承包经营户等。

【知识目标】

了解非法人组织的特征与法律地位，掌握合伙的财产构成、内外部关系以及入伙退伙的条件；了解法人分支机构、个人独资企业、个体工商户、农村承包经营户的民事能力。

【能力目标】

通过学习，能够辨别民事活动中不同组织体的法律地位，正确处理合伙的内外部关系及入伙、退伙等法律事务，对其他非法人组织的因其主体资格所引起的民事纠纷能够准确判断和解决。

【内容结构图】

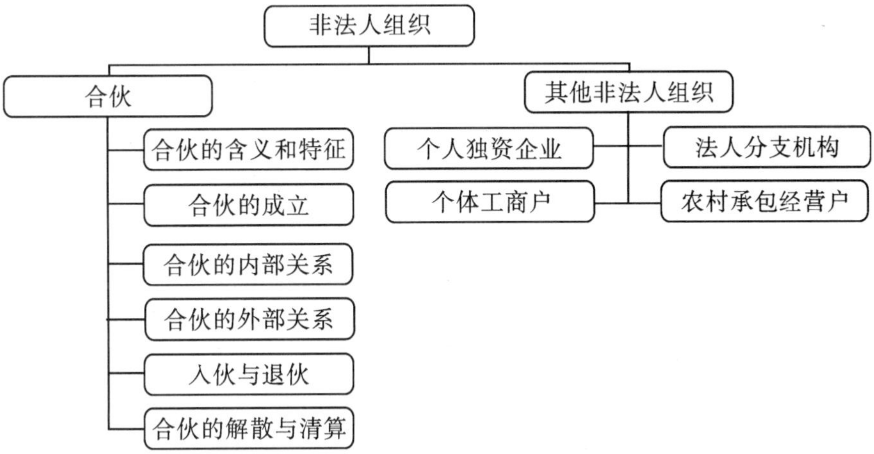

非法人组织作为一种组织形式，大陆法系和英美法系均广泛存在，但其具体称谓则不尽相同。如德国民法称之为“无权利能力的社团”，日本民法称之为“非法人的社团或财团”，英美法系则称之为“非法人社团”或“非法人团体”。尽管其称谓不尽相同，但其基本含义相似，都是指介于自然人和法人之间的社会组织。

我国《民法通则》对非法人组织未作明确规定，但在其他有关的法律法规及司法解释中有所涉及。如《合同法》第2条第1款规定，本法所称合同是平等主体的自然人、法人、其他组织之间设立、变更、终止民事权利义务关系的协议。《民事诉讼法》第48条第1款规定，公民、法人和其他组织可以作为民事诉讼的当事人。《行政诉讼法》第2条规定，公民、法人或其他组织认为行政机关和行政机关的工作人员的具体行政行为侵犯其合法权益有权依照本法向人民法院提起诉讼。最高人民法院《关于适用〈中华人民共和国民事诉讼法〉若干问题的意见》第40条规定，民事诉讼法第49条规定的其他组织是指合法成立的、有一定的组织机构和财产，但又不具备法人资格的组织。

从非法人组织的实质主体特征出发，可将非法人组织定义为：具有民事权利能力和民事行为能力，依法享有民事权利和承担民事义务，但不具有法人资格不能独立承担民事责任的社会组织。

非法人组织有以下特征：

1. 依法设立

非法人组织必须依法设立，设立时既要符合实体法的规定，又要在程序上履行法定的核准登记手续，经有关机关核准登记并领取营业执照或社会团体登记证。这是非法人组织的合法性要件。它既区别于非法成立的组织，也区别于由法人的内部规章成立的内部职能部门，如组成法人的车间、班组或科室。

2. 有一定的财产或经费

非法人组织是依法经核准登记成立的，可以以自己的名义对外从事民事活动的社会组织，它必须要拥有与其经营活动和经营规模相适应的财产或经费，作为其参与民事活动、享受民事权利、承担民事义务的物质基础和财产保证。但是非法人组织的财产或经费与法人的财产或经费有严格的区别，非法人组织对其财产不享有独立的所有权或独立的经营管理权，这些财产或经费仍属于创设人所有，非法人组织只能相对独立地占有、使用或处分该财产或经费。创设人随时可增加或抽回非法人组织的财产或经费。

3. 不具有独立承担民事责任的能力

由于非法人组织没有独立的财产或经费，因而它不具有独立承担民事责任的能力。非法人组织在对外进行民事活动而负有债务时，如果其自身所拥有的财产或经费不足以偿付债务，则由其创设人和其他成员承担连带清偿责任。

由此可见，非法人组织不同于自然人，它必须依法成立，有自己的名称，有一定的组织机构和场所，是具有组织特性的组织体；它也不同于法人，没有独立的财产和经费，不能独立承担民事责任，是介于自然人和法人之间的一种社会组织。

非法人组织按照不同的分类标准，可以作出不同的分类：

（1）按照创设方式的不同，可以将非法人组织分为自然人之间或法人之间创设的合伙性组织和自然人或法人单独创设的独资组织。前者如个人合伙、法人合伙型联营组织；后者如企业法人设立的领有营业执照的分支机构、个人独资企业。

（2）按照创设目的不同，可以将非法人组织分为以营利为目的的非法人组织和公益性的非法人组织。前者如法人依法设立并领取营业执照的分支机构，后者如不具有法人资格的机关、事业单位和社会团体。

此外还有不具备法人资格但经核准登记领取营业执照的乡镇、街道、村办企业，以及不具备法人资格依法登记领取我国营业执照的中外合作经营企业、外资企业。

非法人组织虽然在世界各国广泛存在，但其是否具有民事主体资格，能否作为民事诉讼主体，则各国规定不一，理论界也众说纷纭。我们认为，非法人组织具有相对独立的民事主体地位，也可以成为民事诉讼主体地位。理由如下：一是非法人组织具有区别于其成员的利益，存在团体的共同目标；二是非法人组织具有相对独立于其组成成员的财产或经费；三是非法人组织设有形成团体决定的内部组织；四是非法人组织虽然不能独立承担民事责任，但是法律认可其可以对外进行民事活动，参与民事诉讼，如我国《民事诉讼法》就规定非法人组织可以成为民事诉讼的当事人。因此，非法人组织依法经核准登记成立，即取得民事主体地位，能以自己的名义实施民事行为，其合法权益受到法律的保护。

法律上赋予非法人组织的民事主体地位和民事诉讼主体地位，既有利于进一步促进社会主义市场经济的发展，也有利于非法人组织涉讼后，人民法院及时查清案件事实，正确审结案件，依法保护非法人组织的合法权益。

❋法条链接——

《最高人民法院关于适用〈中华人民共和国民事诉讼法〉若干问题的意见》

第40条　民事诉讼法第49条规定的其他组织是指合法成立、有一定的组织机构和财产，但又不具备法人资格的组织，包括：

（1）依法登记领取营业执照的私营独资企业、合伙组织；

（2）依法登记领取营业执照的合伙型联营企业；

（3）依法登记领取我国营业执照的中外合作经营企业、外资企业；

（4）经民政部门核准登记领取社会团体登记证的社会团体；

（5）法人依法设立并领取营业执照的分支机构；

（6）中国人民银行、各专业银行设在各地的分支机构；

（7）中国人民保险公司设在各地的分支机构；

（8）经核准登记领取营业执照的乡镇、街道、村办企业；

（9）符合本条规定条件的其他组织。

第43条　个体工商户、个人合伙或私营企业挂靠集体企业并以集体企业的名义从事生产经营活动的，在诉讼中，该个体工商户、个人合伙或私营企业与其挂靠的集体企业为共同诉讼人。

项目一　合　伙

【引例】

张某与黄某、颜某欲合伙从事汽车零部件经营，三人商定各出资3万元，并订立了书面协议。经过筹办，发现资金仍然不够，张某于是动员其堂妹张音支持他们2万元。张音表示出资可以，但要参与合伙的盈余分配。经张某与黄某颜某商议，对张音参与盈余分配表示同意，但约定张音不得参与合伙经营活动。两年后，张音从侧面了解到该合伙经营情况不景气，就以结婚缺钱为由要求抽回她的2万元，张某不同意。某日，张某外出，张音找到黄某颜某两人，以同样理由要求还钱，碍于张音与张某的关系，黄某颜某即将该合伙当时仅有的1.2万元先给张音。张某得知后十分不满，待张音催还剩下的8 000元时，告知张音该合伙已亏损3.2万元（有账可查），张音的8 000元应用做还债，不予归还；剩余债务的债权人仍在追讨之中。

问：张某与黄某、颜某三人共同出资从事汽车零部件经营，其组织形式属于民法上何种主体？张音可否出资并参与盈余分配，但不参加经营活动？张音应否对债务承担连带责任？

【基本理论】

一、合伙的含义和特征

合伙是指两个或两个以上的民事主体为了共同的利益订立协议，共同出资、共同经营、共享收益、共担风险，对外承担无限连带责任的联合体。

合伙是一种古老的商业组织形态，在罗马法及后世法律中均作为一种重要经营方式予以规定；我国早在西周时期就有了关于合伙的规定，此后，作为一项民间经营方式，也历来被广泛运用。到了近现代，公司制度在全球范围内广泛建立和完善，但合伙并未因此退出历史舞台，反而日益发展、成熟。在现代市场经济条件下，合伙因其聚散灵活的经营形式和较强的应变能力，普遍受到各国法律的重视，作为独立的联合经营形式，成为现代市场经济国家中与公司、独资企业并存的基本市场经济组织。

我国目前调整合伙的法律规范，主要有《民法通则》中有关个人合伙及法人间合伙型联营的规定和《合伙企业法》对合伙企业的规定。个人合伙是指两个或两个以上的自然人按照协议，各自提供资金、实物、技术等，合伙经营、共同劳动。合伙型联营，是指企业之间或者企业、事业单位之间共同出资、共同经营，形成不具备法人条件的组织体，联营各方按照出资比例或者协议的约定，以各自所有的或者经营管理的财产承担民事责任；合伙企业，是指自然人、法人和其他组织依法在中国境内设立的普通合伙企业和有限合伙企业。普通合伙企业由普通合伙人组成，合伙人对合伙企业债务承担无限连带责任；有限合伙企业由普通合伙人和有限合伙人组成，普通合伙人对合伙企业债务承担无限连带责任，有限合伙人以其认缴的出资额为限对合伙企业债务承担责任。

合伙作为企业的一种形态，自然具备企业以营利为目的等基本特征，同时合伙具有与自然人和法人相比，合伙具有以下特征：

1. 合伙赖以存在的基础是合伙协议

合伙以各合伙人订立合伙协议为开端，没有合伙协议，不能设立合伙企业。这一特征与享有法人资格的公司不同，公司是以章程为成立基础，但公司章程与合伙协议在性质上有很大的不同。公司章程是公司组织和行为的基本准则，是公司的“宪法”，具有公开的对外效力，其功能主要是约束作为法人组织的公司本身，而合伙协议是处理合伙人相互之间的权利义务关系的内部法律文件，仅具有对内的效力，即只约束合伙人。所以，合伙协议是调整合伙关系、规范合伙人相互间的权利义务、处理合伙纠纷的基本法律依据，也是合伙得以成立的法律基础。

2. 合伙由合伙人共同出资、共同经营

合伙虽然建立在合伙人之间相互信赖的基础上，是人的联合，但作为一个组织，必须要有一定的资产作为经营基础，出资是合伙人的基本义务，也是其取得合伙人资格的前提。所以合伙人必须共同出资，至于出资方式、出资期限、出资数额则由合伙协议约定。合伙与公司制企业不同，合伙的出资形式比公司灵活，不仅可以资金、实物、土地使用权和知识产权出资，还可以劳务、技术、管理经验、商誉甚至不作为的方式出资，只要其他合伙人同意即可；合伙不设专门的组织机构，合伙事务由全体合伙人共同执行，不因出资的多少而影响权利的大小，所以合伙的经营是合伙人共同经营，在合伙业务范围内，各个合伙人互为代理人。合伙也可以推举负责人，对负责人和其他人员的经营活动所产生的法律责任，由全体合伙人共同承担。当然，《合伙企业法》规定的有限合伙企业的情形有所不同，有限合伙人不执行合伙事务，不得对外代表有限合伙企业，对合伙企业的债务仅承担有限责任。

3. 合伙由合伙人共负盈亏，共担风险

由于合伙由合伙人共同出资，合伙经营，所以对于合伙在生产经营过程中产生的收益和风险，也理应由全体合伙人共同享有、共同承担，具体按合伙协议的约定或出资的比例确定。

4. 合伙人对于合伙的债务承担无限连带责任

合伙不具有独立的法人资格，所以对于合伙的债务，由合伙人按照出资比例或者协议的约定，以各自的财产承担清偿责任。当合伙财产不足清偿合伙债务时，各合伙人应当承担无限连带清偿责任。但是只投资不参与合伙经营、只收取固定利润的有限合伙人只以其出资额为限对合伙债务承担责任。

※相关法律

《中华人民共和国民法通则》第 30、31、32、34、35、52 条

《中华人民共和国合伙企业法》第 2、14、16、17、26、33、38、39、40、64 条

二、合伙的成立

（一）合伙成立的实质要件

1. 有适当的合伙人

不同的合伙类型对合伙人的要求也不同。根据《民法通则》第 30 条规定，个人合伙的合伙人只能为自然人，而不能是法人或其他社会组织；成为合伙人的自然人应当具有完全民事行为能力。合伙型联营，根据《民法通则》第 52 条的规定，其合伙人应为企业、事业单位。而合伙企业依《合伙企业法》的规定，其合伙人可以是自然人、法人和其他组织，但必须是法律允许其从事营利性活动的个人和组织。其中的自然人在一般情况下应当具有完全民事行为能力；国有独资公司、国有企业、上市公司以及公益性的事业单位、社会团体只能作为有限合伙人，不得成为普通合伙人。

2. 有合法有效的合伙协议

合伙协议是指由全体合伙人依法协商一致所签订的以各自提供资金、实物、技术等，共同经营、共同劳动等为内容的一种书面合同。合伙以各合伙人订立合伙协议为

开端，合伙协议是调整合伙关系、规范合伙人相互间的权利义务、处理合伙纠纷的基本依据，对全体合伙人有约束力。没有合伙协议，不能设立合伙企业。根据《民法通则》第31条规定，合伙人书面协议的内容应当包括出资数额、盈余分配、债务承担、入伙、退伙、合伙终止等事项。

《合伙企业法》第4条规定，合伙协议应当由全体合伙人协商一致、以书面形式订立。如果合伙人之间未订立书面形式的合伙协议，但事实上存在合伙人之间的权利义务关系，进行了事实上的合伙营业，仍然视为合伙。最高人民法院《关于贯彻执行〈中华人民共和国民法通则〉若干问题的意见（试行）》第50条规定，当事人之间没有书面合伙协议，又未经工商行政管理部门核准登记，但具备合伙的其他条件，又有两个以上无利害关系人证明有口头合伙协议的，人民法院可以认定为合伙关系。

合伙协议必须符合以下条件才具有法律效力：一是订立合伙协议的当事人具有相应的民事权利能力和民事行为能力；二是订立合伙协议的当事人意思表示真实；三是合伙协议的内容不违反法律、法规，不违反社会公共利益；四是合伙协议载明了法律规定的事项。

3. 有各合伙人实际缴付的出资

合伙作为一种社会经济组织，它的存在应有物质基础，这些物质基础在合伙成立之时就表现为各合伙人的出资。个人合伙的出资可以是资金、实物、技术、劳务等。合伙企业的出资形式包括货币、实物、土地使用权、知识产权或其他财产权利，普通合伙人还可以劳务出资；有限合伙人可以用货币、实物、知识产权、土地使用权或者其他财产权利作价出资，但不得以劳务出资。

4. 有经营场所和从事合伙经营的必要条件

经营场所是指合伙从事生产经营活动的所在地。《合伙企业法》规定合伙企业可以设立分支机构，所以合伙的经营场所可以有一处，也可以有多处。从事经营活动的必要条件是指根据合伙的业务性质、规模等因素而需具备的设施、设备、人员等方面的条件。

（二）合伙成立的形式要件

根据《民法通则》第33条规定，个人合伙可以起字号，依法经核准登记，在核准登记的经营范围内从事经营。《合伙企业法》第9条规定，申请设立合伙企业，应当向企业登记机关提交登记申请书、合伙协议书、合伙人身份证明等文件。合伙企业的经营范围中有属于法律、行政法规规定在登记前须经批准的项目的，该项经营业务应当依法经过批准，并在登记时提交批准文件。申请人提交的登记申请材料齐全、符合法定形式，企业登记机关能够当场登记的，应予以当场登记，发给营业执照。合伙企业的营业执照签发日期，为合伙企业成立日期。

※法条链接——

《中华人民共和国合伙企业法》

第18条　合伙协议应当载明下列事项：

（一）合伙企业的名称和主要经营场所的地点；

（二）合伙目的和合伙经营范围；

（三）合伙人的姓名或者名称、住所；

（四）合伙人的出资方式、数额和缴付期限；
（五）利润分配、亏损分担方式；
（六）合伙事务的执行；
（七）入伙与退伙；
（八）争议解决办法；
（九）合伙企业的解散与清算；
（十）违约责任。

第 19 条　合伙协议经全体合伙人签名、盖章后生效。合伙人按照合伙协议享有权利，履行义务。

修改或者补充合伙协议，应当经全体合伙人一致同意；但是，合伙协议另有约定的除外。

合伙协议未约定或者约定不明确的事项，由合伙人协商决定；协商不成的，依照本法和其他有关法律、行政法规的规定处理。

三、合伙的内部关系

（一）合伙事务的决定、执行及监督

合伙人依法或者按照合伙协议对合伙事务作出决议，除法律另有规定或者合伙协议另有约定外，可以实行一人一票的表决方式。但是为了维护合伙企业的整体利益和交易安全，合伙企业的下列事务必须经全体合伙人一致同意：改变合伙企业的名称；改变合伙企业的经营范围、主要经营场所的地点；处分合伙企业的不动产；转让或者处分合伙企业的知识产权和其他财产权利；以合伙企业名义为他人提供担保；聘任合伙人以外的人担任合伙企业的经营管理人员。

合伙事务可以由全体合伙人共同执行，合伙人也可以推举负责人，由一个或者数个合伙人对外代表合伙组织，执行合伙事务，同时可以对执行事务的合伙人的权限予以限制。执行合伙事务的合伙人应当向不参加事务执行的合伙人报告事务执行情况以及合伙的经营状况、财务状况，其他合伙人不再执行合伙事务。有限合伙企业必须由普通合伙人执行合伙事务，有限合伙人不执行合伙事务，不得对外代表有限合伙企业。

不执行事务的合伙人有权监督执行事务的合伙人，检查其执行合伙事务的情况。

为了保护不参加执行事务的合伙人的利益，《合伙企业法》规定不执行合伙企业事务的人享有监督权、查阅账簿权、提出异议权和撤销委托权。被委托执行合伙事务的合伙人不按照合伙协议或者全体合伙人的决定执行事务的，其他合伙人可以决定撤销该委托。

不执行合伙事务的合伙人对外不得代表合伙组织，不得执行合伙的事务。如果不具有事务执行权的合伙人，擅自执行合伙事务，给合伙组织或者其他合伙人造成损失的，应当依法承担赔偿责任。

（二）合伙财产的管理和盈亏分配

合伙的财产由两部分构成，一部分是合伙人的最初出资，一部分是以合伙名义取得的收益，如营业利润、投资净收益及营业外收支净值等。《合伙企业法》第 20 条规定：“合伙人的出资、以合伙企业名义取得的收益和依法取得的其他财产，均为合伙企

业的财产。”根据《民法通则》第32条的规定，合伙人投入的财产由合伙人统一管理和使用；合伙经营积累的财产，归合伙人共有。合伙存续期间，除非有合伙人退伙等法定事由，合伙人不得请求分割合伙财产。对合伙财产的占有、使用、收益和处分，均应依据全体合伙人的共同意志进行。

不论是由全体合伙人共同执行还是由个别合伙人负责执行，执行合伙事务所产生的收益归全体合伙人，所产生的亏损或者民事责任由全体合伙人承担。合伙的收益和亏损，由合伙人依照合伙协议约定的比例分配和分担；合伙协议未约定收益分配和亏损分担比例的，由各合伙人平均分配和分担。合伙协议不得约定将全部收益分配给部分合伙人或者由部分合伙人承担全部亏损。有限合伙企业不得将全部收益分配给部分合伙人，但合伙协议另有约定的除外。

合伙存续期间，合伙人依照合伙协议的约定或者经全体合伙人决定，可以增加对合伙的出资，用于扩大经营规模或者弥补亏损。增加的出资属于合伙财产，为全体合伙人共有。

（三）合伙人及其他经营管理人员的义务

（1）合伙人不得从事损害本合伙利益的活动，不得自营或者同他人合作经营与本合伙相竞争的业务。如有违反并给合伙或者其他合伙人造成损失，应当依法承担赔偿责任。有限合伙人可以自营或者同他人合作经营与本有限合伙企业相竞争的业务，但合伙协议另有约定的除外。

（2）除合伙协议另有约定或经全体合伙人同意外，合伙人不得同本合伙组织进行交易。合伙事务执行人不得借执行合伙事务谋取私利，不得与本合伙组织签订合同，更不得与第三人恶意串通损害合伙或其他合伙人的利益。有限合伙人可以同本有限合伙企业进行交易，但合伙协议另有约定的除外。

（3）被合伙聘任的经营管理人员应当在合伙授权范围内履行职务，如超越授权范围从事经营活动，或者因故意或重大过失给合伙造成损失的，依法承担赔偿责任。

❋相关法律

《中华人民共和国民法通则》第34条

《中华人民共和国合伙企业法》第22～33、67～73、76条

四、合伙的外部关系

（一）合伙对外代表权的限制不得对抗善意第三人

合伙事务的执行人和其他人员的经营活动，由全体合伙人承担民事责任。合伙人内部可以对合伙负责人执行合伙事务及对外代表合伙的权利进行限制，但不得对抗不知情的善意第三人。因为，对于合伙人执行权或代表权的限制，只是在合伙人内部有约束力，对于与合伙进行交易的善意第三人则不产生法律效力，其行为后果均由合伙承担，合伙组织不能以事务执行合伙人的行为越权而拒绝承担责任。但第三人与合伙事务执行人恶意串通损害合伙利益的除外。当然，合伙组织对第三人承担责任以后，可以向越权的合伙人行使追偿权，即由该合伙人负责赔偿给合伙及其他合伙人造成的损失。

（二）合伙债务的清偿

合伙债务，是指在合伙存续期间以合伙名义进行的各项事务及活动所形成的债务。合伙债务，应先以全部合伙财产进行清偿。合伙财产不足以清偿到期债务的，各合伙人除有限合伙人外应当承担无限连带责任，有限合伙人以其认缴的出资额为限承担责任。

《民法通则》第35条规定："合伙的债务，由合伙人按照出资比例或者协议的约定，以各自的财产承担清偿责任。"合伙人以个人财产出资的，以合伙人的个人财产承担；合伙人以其家庭共有财产出资的，以其家庭共有财产承担；合伙人以个人财产出资，合伙的盈余分配所得用于其家庭成员生活的，应先以合伙人的个人财产承担，不足部分以合伙人的家庭共有财产承担。

关于合伙企业亏损分担的比例，合伙协议有约定的，按照合伙协议约定比例分担；合伙协议未约定或者约定不明确的，由合伙人协商决定；协商不成的，由合伙人按照实缴出资比例分担；无法确定出资比例的，由合伙人平均分担。合伙人由于承担无限连带责任，所清偿的数额超过其应当承担的数额时，有权向其他合伙人追偿。

（三）合伙人的个人债务清偿

在合伙存续期间，合伙人发生与合伙无关的债务，合伙人的自有财产不足清偿其个人债务时，合伙人的债权人可以向合伙组织提出清偿请求。但合伙人的债权人不得以其债权抵销其对该合伙的债务；也不得代位行使合伙人在合伙中的权利。合伙人可以其从合伙中分取的收益用于清偿；债权人也可以依法请求人民法院强制执行该合伙人在合伙中的财产份额用于清偿。

当合伙债务与合伙人个人债务同时并存时，必然涉及合伙组织的债权人和合伙人的债权人各自权利实现的顺序问题。我国立法对此未作规定，审判实践中采用双重优先原则，即合伙人在合伙中的共有财产首先应用于偿还合伙债务；偿还之后若还有剩余共有财产的，应根据各合伙人享有的份额进行分割，再分别用于清偿合伙人的个人债务。反之，合伙人的个人财产应首先用于偿还个人债务，偿还个人债务之后还有剩余财产的再用于偿还合伙的债务。

❋相关法律

《中华人民共和国民法通则》第35条

《中华人民共和国合伙企业法》第37~42条

《最高人民法院关于贯彻执行〈中华人民共和国民法通则〉若干问题的意见（试行）》第47、48、57条

五、入伙与退伙

（一）入伙

入伙是指在合伙组织存续期间，合伙人以外的第三人加入合伙，从而取得合伙人资格。

《最高人民法院关于贯彻执行〈中华人民共和国〉若干问题的意见（试行）》第51条规定："在合伙经营过程中增加合伙人，书面协议有约定的，按照协议处理；书面协

议未约定的，须经全体合伙人同意，未经全体合伙人同意的，应当认定入伙无效。”根据《合伙企业法》规定，新合伙人入伙时，应当经全体合伙人同意，并依法订立书面入伙协议。入伙协议应当以原合伙协议为基础，明确新合伙人的出资义务，新合伙人入伙后有关事务执行、利润分配、亏损分担等事项的相应变更等。订立入伙协议时，原合伙人应当向新合伙人告知原合伙企业的经营状况和财务状况。订立入伙协议后，必须向登记机关办理有关登记手续。

入伙的新合伙人与原合伙人享有同等权利，承担同等责任。入伙的新合伙人对入伙前合伙组织的债务承担连带责任。但是新入伙的有限合伙人对入伙前有限合伙企业的债务，以其认缴的出资额为限承担责任。

（二）退伙

退伙是指合伙人在合伙组织存续期间退出合伙、失去合伙人资格的法律事实。《最高人民法院关于贯彻执行〈中华人民共和国民法通则〉若干问题的意见（试行）》第52条规定：“合伙人退伙，书面协议有约定的，按书面协议处理；书面协议未约定的，原则上应予准许。但因其退伙给其他合伙人造成损失的，应当考虑退伙的原因、理由以及双方当事人的过错等情况，确定其应当承担的赔偿责任。”

根据《合伙企业法》的规定，基于退伙的原因不同，退伙可以分为自愿退伙、法定退伙和除名退伙。

1. 自愿退伙

自愿退伙，又称声明退伙，是指依合伙人自己的意思表示终止与其他合伙人之间的合伙关系，使自己的合伙人资格归于消灭。声明退伙一般须有正当理由，否则视为擅自退伙，属于违约行为，应当赔偿由此给其他合伙人所造成的损失。

2. 法定退伙

法定退伙，又称当然退伙，是指非基于合伙人的意思而是由法律明确规定的事由而导致合伙人资格的消灭。《合伙企业法》第48条规定，合伙人有下列情形之一的，当然退伙：①作为合伙人的自然人死亡或者被依法宣告死亡；②作为合伙人的自然人被依法认定为无民事行为能力人或者限制民事行为能力人；③个人丧失偿债能力；④作为合伙人的法人或者其他组织依法被吊销营业执照、责令关闭、撤销，或者被宣告破产；⑤法律规定或者合伙协议约定合伙人必须具有相关资格而丧失该资格；⑥合伙人在合伙企业中的全部财产份额被人民法院强制执行。

应当注意的是，合伙人死亡或者被宣告死亡的，对其在合伙企业中的财产份额享有合法继承权的继承人，可以按照合伙协议或者经其他合伙人一致同意，从继承开始之日起，取得该合伙企业的合伙人资格。作为普通合伙人的自然人被宣告为无民事行为能力或者限制民事行为能力人，并不必然退伙，经其他合伙人一致同意可以依法转为有限合伙人，如果原来是普通合伙企业的也依法转为有限合伙企业。如果其他合伙人未能一致同意的，该无民事行为能力或者限制民事行为能力的合伙人则应当退伙。如果该合伙人为有限合伙人的，其他合伙人不得因此要求其退伙。

3. 除名退伙

除名退伙，又称开除退伙，指合伙人不履行法定或约定义务或有其他不当作为，损害合伙企业利益，由其他合伙人决定该合伙人退伙的行为。根据《合伙企业法》第49条规定，合伙人有下列情形之一的，经其他合伙人一致同意，可以决议将其除名：

①未履行出资义务；②因故意或重大过失给合伙企业造成损失；③执行合伙事务时有损害合伙企业利益的不正当行为；④发生合伙协议约定的事由。

根据《合伙企业法》规定，对合伙人予以除名的程序是：一是须经全体合伙人同意，否则，开除不发生退伙的效力；二是必须有正当理由，如要有足以给合伙企业造成重大损失的客观事实发生，如不出资或者欺诈行为等，除名决议一般采用书面形式并要载明除名事由；三是须将除名决议通知被除名人。被除名人自接到除名通知之日起，除名生效，被除名人退伙。被除名人对除名决议有异议的，可以在接到除名通知之日起三十日内，向人民法院起诉。

（三）退伙的法律效果

退伙的法律效果，是指发生退伙时退伙人在合伙企业中的财产份额和民事责任的归属变动。

合伙人退伙，第一，丧失了合伙人资格；第二，其他合伙人应当与该退伙人按照退伙时的合伙企业的财产状况进行结算，退还退伙人的财产份额。退伙时未了结的合伙企业的事务，待了结后进行结算。退伙人在合伙企业中财产份额的退还办法，由合伙协议约定或者由全体合伙人决定，可以退还货币，也可以退还实物。第三，退伙人对其退伙前已发生的合伙企业债务，与其他合伙承担连带责任。合伙人退伙时，合伙企业财产少于合伙企业债务的，由各合伙人按照合伙协议约定的比例分担亏损；合伙协议未约定比例的由各合伙人平均分担。第四，有限合伙人退伙后，对基于其退伙前的原因发生的有限合伙企业债务，以其退伙时从有限合伙企业中取回的财产承担责任。

合伙企业登记事项因退伙、合伙协议修改等发生变更或者需要重新登记的应当于做出变更决定或者发生变更事由之日起十五日内，向企业登记机关办理有关登记手续。

※相关法律

《最高人民法院关于贯彻执行〈中华人民共和国民法通则〉若干问题的意见（试行）》第51～54条

《中华人民共和国合伙企业法》第43～54、77～81条

☞案例

马来、文敏、万立三人各自出资5万元、4万元、3万元合伙开办一家小食品加工厂，其中万立为有限合伙人，不参与合伙事务的经营活动。五年后，因经营管理不善，负债15万元，万立遂提出退伙，要求取回其投资的2万元，另外1万元交给马来、文敏用于偿还债务。此时加工厂的全部财产只有10万元。马来和文敏认为15万元债务应当按5∶4∶3的比例分担，即万立应承担3.75万元债务，不仅不能拿回已经投资的3万元，还要支付7 500元给他们。

本案中万立属于自愿退伙，在退伙时对食品加工厂的债务应当承担相应的清偿责任。现食品加工厂负债15万元，根据《合伙企业法》的规定，这一债务首先以食品加工厂的全部财产10万元进行清偿，剩余的5万元债务则由合伙人共同承担；其中万立是有限合伙人，他对食品加工厂的债务只以其出资额3万元承担有限责任，马来、文敏则承担无限连带责任。合伙成立时的全部财产为12万元，现只有10万元，其间的亏损不论是有限合伙人还是普通合伙人均有义务承担，万立投资的3万元用于承担亏损

和清偿合伙债务，因此退伙时不能要求取回，同时马来、文敏也不能要求万立另外支付7 500元。

六、合伙的解散与清算

合伙的解散，是指合伙组织基于法定原因或合伙人约定的原因出现时，合伙企业的活动。

（一）合伙的解散事由

《民法通则》未对个人合伙的终止事由予以规定。《合伙企业法》则规定合伙企业有下列情形之一时，应当解散：合伙期限届满，合伙人决定不再经营的；合伙协议约定的解散事由出现；全体合伙人决定解散；合伙人已不具备法定人数满三十天；有限合伙企业仅剩有限合伙人；合伙协议约定的合伙目的已经实现或者无法实现；依法被吊销营业执照、责令关闭或者被撤销；出现法律、行政法规规定的其他原因。

（二）合伙的清算

《最高人民法院关于贯彻执行〈中华人民共和国民法通则〉若干问题的意见（试行）》第55条规定："合伙终止时，对合伙财产的处理，有书面协议的，按协议处理；没有书面协议，又协商不成的，如果合伙人出资额相等，应当考虑多数人意见酌情处理；合伙人出资额不等的，可以按出资额占全部合伙额多的合伙人意见处理，但要保护其他合伙人的利益。"对于合伙企业的清算程序，《合伙企业法》有具体的规定：

1. 确定清算人

合伙企业解散，应当由清算人进行清算。清算人由全体合伙人担任；经全体合伙人过半数同意，可以自合伙企业解散事由出现后十五日内指定一个或者数个合伙人，或者委托第三人担任清算人。自合伙企业解散事由出现之日起十五日内未确定清算人的，合伙人或者其他利害关系人可以申请人民法院指定清算人。

2. 清算人的职责

清算人在清算期间执行下列事务：清理合伙企业财产，分别编制资产负债表和财产清单；处理与清算有关的合伙企业未了结事务；清缴所欠税款；清理债权、债务；处理合伙企业清偿债务后的剩余财产；代表合伙企业参加诉讼或者仲裁活动。

3. 通知债权人

清算人自被确定之日起十日内将合伙企业解散事项通知债权人，并于六十日内在报纸上公告。债权人应当自接到通知书之日起三十日内，未接到通知书的自公告之日起四十五日内，向清算人申报债权。债权人申报债权，应当说明债权的有关事项，并提供证明材料。清算人应当对债权进行登记。清算期间，合伙企业存续，但不得开展与清算无关的经营活动。

4. 剩余财产的分配

合伙企业财产在支付清算费用和职工工资、社会保险费用、法定补偿金以及缴纳所欠税款、清偿债务后的剩余财产，由各合伙人依照合伙协议约定分配。

5. 注销登记

清算结束，清算人应当编制清算报告，经全体合伙人签名、盖章后，在十五日内向企业登记机关报送清算报告，申请办理合伙企业注销登记。

6. 企业注销后普通合伙人的责任

合伙企业注销后，原普通合伙人对合伙企业存续期间的债务仍应承担无限连带责任。合伙企业不能清偿到期债务的，债权人可以依法向人民法院提出破产清算申请，也可以要求普通合伙人清偿。合伙企业依法被宣告破产的，普通合伙人对合伙企业债务仍应承担无限连带责任。

※相关法律

《中华人民共和国合伙企业法》第 85 ~92 条

【思考与练习】

1. 根据本项目原理，分析并回答引例的问题。

2. 案例分析

甲、乙、丙合伙经营一家水果店，取名“快乐水果店”，甲为事务执行人。甲、乙、丙约定的出资比例和分成比例为 4∶3∶3。2007 年 7 月的一天，因丙外出，甲与乙商议后与果农丁签订了春季水果购买合同。因水果店流动资金不够，甲决定向银行贷款 10 万元，银行要求提供抵押担保，甲以水果店所有的一辆“尼桑”货车做抵押，但没有办理登记。后因水果店无力偿还银行贷款，银行欲行使抵押权。为此发生纠纷。经查，水果店的财产价值 10 万元，除此之外还有以下情况：①合伙协议约定，凡 5 万元以上的业务须经甲、乙、丙三人一致同意；②甲曾在一次诉讼中免除了戊对水果店的 2 万元债务；③水果店除欠银行 10 万元以外，尚欠庚、己各 2 万元，另乙个人欠张某 5 万元。

试分析：

①甲作为事务执行人，是否正确地执行水果店的事务？

②甲与银行所签订抵押合同是否有效？

③甲免除戊对水果店的债务行为是否有效？

④判断水果店和乙个人债务的情况，说明如何承担清偿责任及清偿顺序。

☆思考方向

① 明确有关合伙的法律规定，重点注意合伙内部关系和外部关系的不同规范。

② 分析甲若干行为的法律性质，注意其行为涉及内容与合伙事务是否具有一致性。

③ 确认合伙债务的范围，确定其清偿责任及清偿顺序。

项目二　其他非法人组织

【引例】

孟某于 1990 年请求承包村里长期荒废的一片荒山，村委会经过开会研究、表决，同意了孟某的请求。孟某儿子孟甲和孟乙共同参加了劳动，种上优良桃树，收益甚好。两年后，孟乙娶妻。2002 年，孟某病逝。由于孟甲和孟乙经营不善，加之气候异常，桃园经营困难，负债累累，家中存款不足于清偿债务，而当年约定的上交款项也没有现金支付。于是，村委会要求以孟乙妻子的嫁妆抵偿。孟乙则声称，其父已死，承包合同自然失效，自己不受合同约束，没有再行上交款项的义务，而其妻并未参加劳动，不能动用嫁妆。为讨回欠款，村委会遂诉至法院。

孟某死后其承包合同是否依然有效？孟乙妻子的嫁妆能否用来抵债？

【基本理论】

一、个人独资企业

（一）个人独资企业的含义

个人独资企业简称独资企业，是指依照法律规定在中国境内设立，由一个自然人投资，财产为投资人个人所有，投资人以其个人财产对企业债务承担无限责任的经营实体。

独资企业是一种古老的企业形式，至今仍广泛运用于商业经营中，它除具有企业的一般属性外，其典型特征是个人出资、个人经营、个人自负盈亏和自担风险。

1. 个人独资企业的投资人为一个自然人

个人独资企业仅由一个自然人投资设立，该企业也由该投资者个人拥有和控制，一切利益和风险由该投资人独立享有和承担。这是个人独资企业在投资主体上与合伙、公司的区别所在。除了一人有限责任公司外，其他企业形式无论是否具有法人资格，都是由两个以上的投资人共同投资形成的经济组织，而且其投资人可以是自然人、法人和其他组织。

2. 个人独资企业的全部财产为投资人个人所有

个人独资企业的财产，包括投资人投资的财产和以个人独资企业的名义进行经营所获取的利润两部分。投资人是企业财产的唯一所有者，对企业的经营与事务管理享有绝对的控制权与支配权，不受任何其他人的干预；其有关权利可以依法进行转让或继承。

3. 投资人以其个人财产对个人独资企业债务承担无限责任

个人独资企业是由投资人自己投资、自主经营，收益也为其个人所得，企业的全部债务和风险责任理应由其个人承担。投资人对个人独资企业的债务承担无限责任，当个人独资企业的资产不足以清偿其债务时，投资人须以个人所有的其他财产清偿。但投资人在申请企业设立登记时明确以其家庭共有财产作为个人出资的，应当依法以家庭共有财产对企业债务承担无限责任。

4. 个人独资企业不具有法人资格

个人独资企业虽然有自己的名称或商号，但它本身不是财产所有权的主体，不享有独立的财产权利，也不承担独立责任，而是由投资人承担无限责任。因此个人独资企业不具有法人资格，但可以以企业名义从事经营行为和参加诉讼活动，享有相应的民事权利能力和民事行为能力。

（二）个人独资企业的设立

《个人独资企业法》第8条规定，设立个人独资企业应当具备下列条件：投资人为一个自然人；有合法的企业名称；有投资人申报的出资；有固定的生产经营场所和必要的生产经营条件；有必要的从业人员。

申请设立个人独资企业，应当由投资人或者其委托的代理人向个人独资企业所在地的登记机关提交设立申请书、投资人身份证明、生产经营场所使用证明等文件。委托代理人申请设立登记时，应当出具投资人的委托书和代理人的合法证明。登记机关应当在收到设立申请文件之日起十五日内，对符合法律规定条件的予以登记，发给营业执照。个人独资企业的营业执照的签发日期，为个人独资企业成立日期。

（三）个人独资企业的投资人及事务管理

个人独资企业的投资人应当具有我国国籍，但法律、行政法规禁止其从事营利性活动的人，不得作为投资人申请设立个人独资企业。个人独资企业的投资人既是企业财产的所有者，也是企业的经营者、劳动者，在企业中形成所有者、经营者、劳动者的统一。

个人独资企业的事务既可以由投资人自行管理，也可以委托或者聘用其他具有完全民事行为能力的人负责经营。投资人委托或聘用他人管理个人独资企业事务的，应当与受托人或被聘用人签订书面合同，明确委托的具体内容和授予的权利范围。受托人或者被聘用的人员应当履行诚信、勤勉义务，按照与投资人签订的合同负责个人独资企业的事务管理。投资人对受托人或者被聘用人员职权的限制，不得对抗善意第三人。

（四）个人独资企业的分支机构

个人独资企业设立分支机构的，应当由投资人或者其委托的代理人向分支机构所在地的登记机关申请登记，领取营业执照。分支机构经核准登记后，应将登记情况报该分支机构隶属的个人独资企业的登记机关备案。分支机构的民事责任由设立该分支机构的个人独资企业承担。

（五）个人独资企业的解散和清算

个人独资企业有下列情形之一时，应当解散：投资人决定解散；投资人死亡或者被宣告死亡，无继承人或者继承人决定放弃继承；被依法吊销营业执照；法律、行政法规规定的其他情形。

个人独资企业解散时，可由投资人自行清算，也可由债权人申请人民法院指定清算人进行清算。投资人自行清算的，应当在清算前十五日内书面通知债权人，无法通知的，应当予以公告。债权人应当在接到通知之日起三十日内、未接到通知的应当在公告之日起六十日内，向投资人申报其债权。清算期间，个人独资企业不得开展与清算目的无关的经营活动。个人独资企业财产不足以清偿债务的，投资人应当以其个人的其他财产予以清偿。清算结束后，投资人或者人民法院指定的清算人应当编制清算报告，并于十五日内到登记机关办理注销登记。

个人独资企业解散后，原投资人对个人独资企业存续期间的债务仍应承担偿还责任，但债权人在五年内未向债务人提出偿债请求的，该责任消灭。

二、法人的分支机构

（一）法人分支机构的含义

法人分支机构，是法人的组成部分，是由法人单独出资在某一区域设置的完成法人部分职能的业务活动机构。如《公司法》第14条规定，公司可以设立分公司。

法人的分支机构不同于法人的机关。法人机关对内形成法人意思、对外代表法人开展民事活动；而法人分支机构在参与民事活动时能不能形成自己的独立意思，须有法人的授权，而且不得对外代表法人。其主要法律特征如下：

1. 必须依法设立

根据《企业法人登记管理条例》第35条规定，企业法人设立不能独立承担民事责任的分支机构，由该企业法人申请登记，经登记主管机关核准，领取《营业执照》，在核准登记的经营范围内从事经营活动。

2. 有自己的名称和组织机构，有必要的财产和经费

法人分支机构的名称必须标明其与所属法人的隶属关系，其机构由所属法人设置，应当拥有与其经营或活动范围相适应的财产或者经费，以保证其正常运作。

3. 不具有法人资格

法人分支机构是以法人财产设立的、在内部具有相对独立性的组织，它只能为实现其所属法人的宗旨在其所属法人业务范围内进行活动。分支机构虽然有一定的财产或经费，但该财产或经费并不属于其所有，而是其所属法人财产的组成部分。分支机构对外从事民事活动的法律后果，最终由其所属法人承担。

（二）法人分支机构的民事能力

1. 具有民事主体地位

虽然不具有法人资格，但依法设立并领取了营业执照的法人分支机构可以自己的名义参加民事活动，可以刻制公章、开立银行账户，在核准的经营范围内从事生产经营活动，因此具有民事主体资格，属非法人组织。例如，《中华人民共和国商业银行法》第22条第2款规定，商业银行分支机构不具有法人资格，在总行授权范围内依法开展业务，其民事责任由总行承担。除了金融企业的分支机构，民航、铁路、邮电、保险等企业法人的分支机构领有《营业执照》及其他相关许可证照的，均可以独立对外经营。

2. 具有独立的诉讼主体资格

根据《民事诉讼法》规定，其他组织可以作为民事诉讼的当事人，其他组织是指合法成立、有一定的组织机构和财产，但又不具备法人资格的组织。因此，依法设立、领取了营业执照的法人分支机构具有独立的诉讼主体资格，可以作为当事人参加诉讼。

3. 不具有独立的民事责任能力

法人分支机构没有独立的财产，也就没有独立承担民事责任的物质基础，因此没有独立的民事责任能力。法人分支机构在以自己名义进行的民事活动中产生的债务，由设立它的法人负责清偿；分支机构以自己名义参加的诉讼结果也由其所属的法人承受。

☞ **案例**

2000年3月1日，安达皮革有限公司深圳分公司刘某持分公司营业执照和合同文本与花田百货公司签订了一份买卖合同，由该分公司提供皮箱1 000个，每个800元，总金额为80万元，并同时规定了商品质量、履行期限、违约金等条款。合同签订后，花田百货公司立即按合同约定支付了定金8万元。一个星期后，安达皮革有限公司深圳分公司按合同规定的期限交货，但经花田百货公司检验，皮箱的质量不符合合同约定，花田百货公司当即提出质量异议，且要求双倍返还定金并支付违约金。而安达皮

革有限公司深圳分公司坚持要求花田百货公司按合同要求如期付款，双方发生纠纷。花田百货公司以安达皮革有限公司和其深圳分公司为被告诉至法院。安达皮革有限公司认为，该深圳分公司长年在深圳经营，平时的经济效益都留在分公司，只上交约定的承包金额；按其公司章程规定，下属分公司经理的委任需经董事会决定、董事长签字，而深圳分公司经理刘某却是未经董事会决定，擅自以公司的名义委任的，因而拒绝承担责任。

本案涉及法人分支机构法律责任的承担问题。安达皮革有限公司深圳分公司属于安达皮革有限公司设立的分支机构，本身不具有法人资格，但具有缔约能力和诉讼能力。该分公司经理刘某持分公司营业执照与花田百货公司签订合同，合同合法有效，现其提供的皮箱质量不符合合同约定，存在违约行为，其法律后果应当由安达皮革有限公司承担。刘某的委任不符合公司章程的规定属于该公司的内部事务，不能成为对抗善意相对人花田百货公司的理由，安达皮革有限公司不得拒绝承担相关责任。

三、个体工商户

《民法通则》第26条规定，公民在法律允许的范围内，依法经核准登记，从事工商业经营的，为个体工商户。个体工商户可以起字号。关于个体工商户是否为非法人组织，是否具有民事主体资格，理论界有不同的观点。本书持肯定的观点。

（一）个体工商户的法律特征

（1）个体工商户以户为经营单位。个体工商户由自然人个人或其家庭经营，但不是以自然人或者其家庭的名义而是以工商户的名义从事工商业经营。个体工商户可以有自己的字号，可以在法律许可范围内雇工或者找帮工。

（2）个体工商户必须依法核准登记。经当地工商行政管理机关核准登记，领取营业执照后，个体工商户方告成立。如果其经营内容、经营方式和具体经营人等发生变更，都应依法办理相应的登记变更手续。申请注册登记或者变更登记的登记事项属于依法须取得行政许可的，应当向登记机关提交许可证明。个体工商户不再从事经营活动的，应当到登记机关办理注销登记。

（3）个体工商户须在法律允许的范围内从事工商业经营。个体工商户的活动范围仅限于工商业，而且应当是法律允许个体经营的行业；其经营活动应当在工商行政管理机关核准登记的生产经营范围内，其生产经营活动必须遵守国家的法律法规及相关政策的规定，并接受国家管理部门的监督。

（二）个体工商户的民事主体资格

个体工商户的经营者可以是自然人，但是自然人一旦以个体工商户的资格从事商品生产和经营活动，就不同于一般情况下的自然人。第一，个体工商户在法律规定和核准登记的经营范围内，充分享有自主经营权，并经批准可以起字号、刻印章、在银行开立账户，有权申请商标专用权，有权签订劳动合同及请帮工、带学徒；如以自然人名义从事民事活动则不享有上述权利。第二，个体工商户享有合法财产权，包括对以“户”名义所有的合法财产享有占有、使用、收益和处分的权利，以及依据法律和合同享有各种债权；当个体工商户的合法权益受到侵犯时，有权请求人民法院予以保护，其请求保护的对象是工商户而非经营该户的自然人。第三，个体工商户可以由家庭经营，其具体经营者为两个或两个以上的自然人，显然也不同于单个自然人从事民事活动。因此，个体工商户并不能归类于自然人，而是与自然人并列的一类民事主体，因其不具备法人成立的条件，当属非法人组织。

（三）个体工商户的民事责任能力

个体工商户不具有独立的法人资格，其财产与经营者的财产没有严格的界限，经营者对个体工商户在经营中产生的债务承担无限责任。个人经营的个体工商户，以全部个人财产承担无限清偿责任；家庭经营的个体工商户，以家庭共有财产承担清偿责任。以个人名义申请登记的个体工商户，用家庭共有财产投资，或者收益的主要部分供家庭成员享用的，其债务应以家庭共有财产清偿。在夫妻关系存续期间，一方从事个体经营的，其收入为夫妻共有财产，债务亦应以夫妻共有财产清偿。

在民事诉讼中，个体工商户以营业执照上登记的户主（业主）为当事人。有字号的，应在法律文书中注明登记的字号。营业执照上登记的业主与实际经营者不一致的，以户主和实际经营者为共同诉讼人。个体工商户挂靠集体企业并以集体企业的名义从事生产经营活动的，该个体工商户与其挂靠的集体企业为共同诉讼人。个体工商户雇用的人员在进行雇用合同规定的生产经营活动中造成他人损害的，其雇主是当事人。

四、农村承包经营户

农村承包经营户，是指农村集体经济组织的成员，在法律允许的范围内，按照承包合同规定从事商品经营而形成的经济实体。农村承包经营户以家庭或个人为基本单位，根据承包合同承包经营集体所有的或者国家所有的而由集体使用的土地或者集体的其他财产，以户的名义从事生产经营活动。农村承包经营户和个体工商户一样，属于非法人组织。

（一）农村承包经营户的法律特征

（1）农村承包经营户的经营者应当是农村集体经济组织的成员。农村集体经济组织的成员可以个人承包，也可以家庭承包。农户如果转为非农业户口的，则没有承包农村土地的资格。

（2）农村承包经营户以户的名义从事承包经营。农村承包经营户的“户”，可以是个人经营，也可以是家庭经营，但都必须以户的名义与农村集体经济组织订立承包合同，以户的名义开展经营活动。

（3）农村承包经营户依照承包合同的规定从事经营。农村承包合同是农村集体经济组织与农村承包经营户之间为完成某项农业生产任务所签订的确认承包关系的书面协议。农村承包经营户的经营权根据法律和承包合同产生，在合同规定的范围内，承包经营户自主地安排生产经营，并依据合同享有各项权利、承担相应义务。

（4）农村承包经营户必须在法律允许的范围内，从事生产和经营活动。农村承包经营户依法享有承包地使用、收益和土地承包经营权流转的权利，有权自主组织生产经营和处置产品；承包地被依法征用、占用的，有权依法获得相应的补偿。但承包经营户对所承包的土地和依照承包合同可以使用的集体生产实施不享有所有权，不得买卖土地，不得在承包地上建房、起土、造坟，不得给土地造成永久性损害，更不得哄抢、私分属于集体或国家的财产。

（二）农村承包经营户的民事责任能力

农村承包经营户不具有独立的法人资格，其财产与承包人的财产没有严格的界限，承包人对其经营中产生的债务承担无限责任。依据《民法通则》第29条规定，农村承包经营户的债务，个人经营的，以个人财产承担；家庭经营的，以家庭财产承担。以自然人个人承包的农村承包经营户，用家庭共有财产投资，或者收益的主要部分供家庭成员享用的，其债务应以家庭共有财产清偿。夫妻关系存续期间，一方从事承包经营的，其收入为夫妻共有财产，债务亦应以夫妻共有财产清偿。以家庭共有财产承担农村承包经营户的债务时，应当保留家庭成员的生活必需品和必要的生产工具。

农村承包经营户在诉讼中具有独立的诉讼主体资格。

※相关法律

《中华人民共和国民法通则》第28条

《最高人民法院关于贯彻执行〈中华人民共和国民法通则〉若干问题的意见（试行)》第41~44条、第49条

《最高人民法院关于适用〈中华人民共和国民事诉讼法〉若干问题的意见》第43、45、46条

《中华人民共和国农村土地承包法》

《个体工商户条例》

引例分析

本案属于农村承包经营户的财产责任承担问题。孟某虽然是以个人名义签订承包合同，但他的两个儿子均参加承包经营，其承包实质上是家庭承包。承包合同签订后，在承包期间不得随意变更或解除。签约人孟某的死亡并不能导致合同效力的自然消灭，因为承包方还有家庭成员孟甲及孟乙可以继续从事经营，当事人也没有事先提出变更或解除合同，合同主体并没有发生法律上的变更，因此，原承包合同应当继续有效，孟乙单方所为的解除承包合同的行为是无效的。既然原承包合同继续有效，应按照合同规定履行相应义务。农村承包经营户家庭经营的，以家庭财产承担债务，孟甲和孟乙应当以家庭共有财产上缴承包款及清偿其他债务。孟乙妻子未参与经营，不能列入承包合同的主体范围，因而其特有财产不能用于偿债。但是，根据我国《婚姻法》的规定，在没有约定的情况下，夫妻财产为共有，孟乙妻子的嫁妆因婚姻关系而成为夫妻共有财产，孟乙作为该项财产的共有人，既有权利也有义务以该财产清偿前述债务。

【思考与练习】

1. 简述法人分支机构的法律地位及其责任承担。
2. 试析个体工商户和农村承包经营户的财产责任。
3. 案例分析：

孟某与萧某是夫妇，2002年孟某辞职开办了一家小卖部。但孟某开店的想法一直都遭到丈夫萧某的反对，所以双方签订了一份协议，协议约定：孟某开店的一切责任自负，双方的各自收入归个人支配。孟某在经营中效益时好时坏，但萧某从不过问。孟某开店后仍然与萧某共同起居饮食，她还经常以营业收入为家中购置生活用品，但两人的收入的确各自保管。2004年，孟某由于几次进货失误，造成严重积压，并欠下3万多元的债务。2005年初，债主纷纷前来讨债，孟某将全部货物及自己的存款还债，

结果仍欠鲁某1万多元。鲁某因向孟某要不到全部欠款，便向法院起诉，请求以萧某的存款偿还。法院经查实，萧某在银行有5万元的存款。

该小卖部是以个人财产经营还是以家庭财产经营？小卖部的债务应当由谁承担？

☆思考方向：

① 明确法律有关非法人组织的规定。

② 分析小卖部的法律性质，是否属于个体工商户？

③ 判断该小卖部的财产责任形式，确定责任主体。

【拓展阅读】

1. 钱敏：《论合伙企业的法律地位》，载《法制与经济》2009年第24期。

2. 眭鸿明、陈爱武：《非法人组织的困境及其法律地位》，载《学术研究》2004年第2期。

3. 尹田：《论非法人团体的法律地位》，载《现代法学》2003年第10期。

4. 张学军：《“两户”制度初探》，载《当代法学》2005年第1期。

单元六

民事法律行为

民事法律行为是民事主体在民事活动中实施的合法行为，我国民法对民事法律行为予以重点规范。本单元主要介绍民事法律行为的构成，以及与之相关的其他法律规定，包括无效民事行为、可变更可撤销民事行为、效力待定民事行为、附条件与附期限的民事法律行为等内容。

【知识目标】

掌握民事法律行为构成要件及不具备构成要件的不同后果；区分民事行为、民事法律行为二者的关系；明确民事法律行为之特殊情形，即附条件与附期限的民事法律行为。

【能力目标】

能够在实务中准确判断某一民事主体的行为是否构成民事法律行为，相应会引发什么样的法律效果；判断欠缺合法要件的民事行为会产生哪些法律后果，需要承担何种法律责任。

【内容结构图】

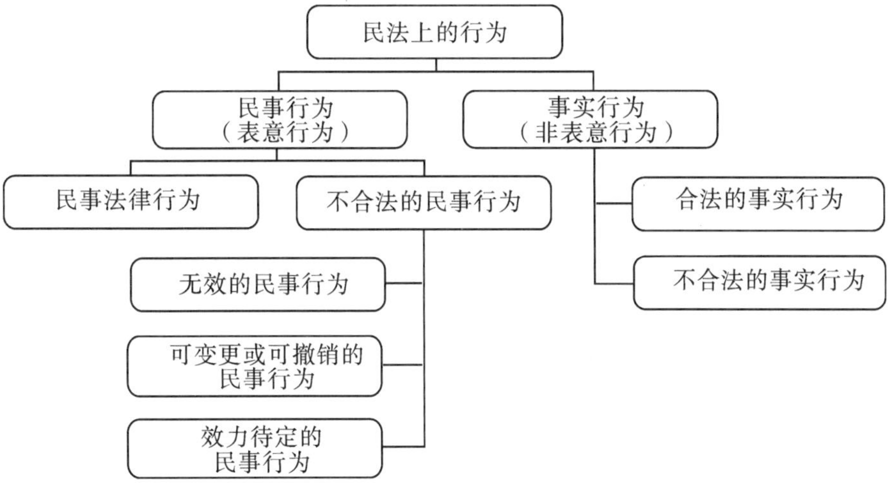

项目一　民事法律行为的构成

【引例】

王某于1998年10月在邮局邮寄物品时，因所带的零钱不够，就向同来取汇款的同事李某借了10元钱，并说回单位后即刻还给他。不过，王某回单位后就忘了此事。11月4日，王某在商店购物时碰到李某，才记起借款一事，便对李某说道："我一直忘了此事，不巧现在手上也没有零钱，不过，刚才买了5张福利奖券，每张面值2元，一星期后开奖，你要不要?"李某连忙推辞，说10元钱是小事，没有就不用还了。在王某的再三坚持下，李某才接受了奖券。一个星期之后开奖结果出来了，王某给李某的奖券中有一张中了10万元的大奖。王某闻讯后找到李某，声称自己当初只想以那几张奖券作为抵押，现在要以10元钱把它们赎回。李某予以回绝，认为王某出尔反尔，当初是王某作为还款要自己一定收下，他才收下的。

本案中李某接受奖券行为的性质应当如何认定?

【基本理论】

一、民事法律行为的含义

（一）民事行为与民事法律行为

民法意义上的行为包括民事行为与事实行为两大类。民事行为是指以意思表示为要素，能够产生一定的法律效果的行为；事实行为不强调意思表示，不论其是否有意思表示，只要有客观行为，则依法产生相应的法律效果。而无论民事行为还是事实行为，都有合法与不合法之分。合法的民事行为就是民事法律行为，因此民事法律行为是民事行为的下位概念。

《民法通则》第54条规定，民事法律行为是公民或者法人设立、变更、终止民事权利和民事义务的合法行为。民事法律行为就是指民事主体以设立、变更或者终止民事权利义务为目的的合法行为，简称法律行为。换言之，民事法律行为是以发生民事法律效果为目的，以意思表示为要素的合法行为。

民事法律行为是一种最普遍、最重要的民事法律事实。它与其他法律事实的不同之处在于，虽然各种法律事实都能引起一定民事法律关系的发生、变更或消灭，但唯有民事法律行为是民事主体自愿实施的，以发生一定法律效果为目的并且也能实现这种预期目的的法律事实。

（二）民事法律行为的特征

1. 民事法律行为是以意思表示为核心的民事行为

所谓意思表示，是指行为人把要求设立、变更、终止民事权利义务关系的内心意思以一定的方式向他人表示出来的行为。故民事法律行为又称为表意行为。

意思表示包括两点：首先，民事主体要有希望设立、变更或终止某种民事权利义务关系，亦即产生某种民事法律效果的内心想法和主观愿望，所以意思表示中的"意思"是一种法律上的意思，是以发生一定法律效果为目的的意思；其次，民事主体应当通过一定的方式将其意思表现于外部，可为他人所知晓，法律所承认。意思表示是民事行为区别于事实行为的基本特征，也是民事法律行为的必备要素。

如甲向乙转让电脑一台，乙取得电脑所有权就是通过法律行为实现的。因为甲必须有转让电脑的意思表示，乙必须有受让电脑的意思表示；而小孩丙画了一幅儿童画，那么根据法律规定丙就是该画的著作权人。丙的著作权是通过绘画这一事实行为实现的，事实行为不需要任何意思表示。

2. 民事法律行为是一种合法的民事行为

民事法律行为具有合法性，这里的“合法”，表现为民事法律行为的内容和形式均符合法律的要求。只有符合法律规定、受到法律保护的民事行为，才能最终实现行为人当初所预期的法律后果，否则不仅不会发生预期的法律后果，还有可能因为其行为的违法性而受到法律的制裁。合法性的要求体现了法律对民事主体行为的指导和监督，私法自治是在法律框架内的行为自由，而不是说民事主体的民事行为不受一切约束。

3. 民事法律行为是一种能够达到行为人预期效果的民事法律事实

民事法律行为是行为人有意识地去设立、变更或者终止民事法律关系的一种法律事实，它能够引发行为人所预期的法律效果，而其他的行为可能由于缺乏合法性（如不合法的民事行为）或者行为人缺乏目的性（如事实行为）而无法做到这一点。

二、民事法律行为的分类

对民事法律行为，可以根据不同的标准，进行不同的分类，主要包括如下几种：

（一）单方法律行为、双方法律行为与共同法律行为

根据民事法律行为的成立是由单方还是由多方的意思表示所决定，民事法律行为可分为单方法律行为、双方法律行为与共同法律行为。

单方法律行为，是指仅根据一方的意思表示就能够成立的行为。其特点在于，仅凭一方的意思表示而不需要对方或其他任何人的同意，便能发生行为人所预期的法律后果。例如，遗嘱只要有立遗嘱人一方的意思表示就可成立，遗嘱行为就是一种单方法律行为。单方法律行为又可以分有相对人的单方行为和没有相对人的单方行为。没有相对人的单方行为仅仅发生个人的权利变动效果，意思表示无需到达任何其他民事主体，如无主物的先占、立遗嘱、所有权的抛弃等。有相对人的单方行为涉及他人权利的发生、变更或消灭等，如授予代理权、债务的免除、放弃继承权、委托代理的撤销、行使合同解除权等。①

双方法律行为是指双方当事人意思表示一致才能成立的法律行为。如买卖需要有出卖人和买受人双方的意思表示，且双方的表示一致才能成立，这就是一个双方民事法律行为。双方民事法律行为的典型形式就是合同。

共同法律行为，又称为协议行为，是基于两个或两个以上共同的意思表示一致而成立的法律行为。例如，制定公司章程的行为，订立合伙合同的行为。

共同法律行为和双方法律行为的区别在于：一方面，在实施共同法律行为时，当事人所追求的利益是共同的，而在双方法律行为中，当事人的利益是相对的；另一方面，在实施共同法律行为时，共同的意思表示的达成需要遵守一定的程序，如订立章

① ［德］卡尔·拉伦茨．德国民法通论（下册）．邵建东等译．北京：法律出版社，2003. 431.

程需遵守一定的规则和程序，而双方法律行为一般不适用此种程序。

区别单方、双方及多方法律行为之意义在于，法律上对三种行为成立要件的要求不同。

（二）有偿法律行为与无偿法律行为

根据当事人的行为是否要求对方给付对价为标准，民事法律行为可分为有偿法律行为与无偿法律行为。

有偿法律行为，是指一方当事人为对方承担某种民事义务时，有权要求对方当事人也承担对待给付的法律行为。即当事人一方以作出某种行为或付出某种利益为代价去交换对方的某种利益。法律行为的有偿与无偿决定于法律的规定和当事人的约定。在现实生活中，绝大多数法律行为都属于有偿法律行为，如买卖、租赁、运输、加工承揽等。

无偿法律行为，是指一方当事人在向对方承担某种民事义务时，并不要求对方承担对待给付的民事义务。如赠与、借用、无偿保管等。在无偿法律行为中，无须为对待给付义务的一方也要承担某些义务，如借用人无偿借用他人物品，负有正当使用和按期归还的义务。

有偿法律行为与无偿法律行为的区分意义，首要的在于确定当事人责任的大小。一般说来，有偿法律行为的当事人的民事责任比无偿法律行为当事人的责任要重。例如，买卖为有偿法律行为，出卖人负瑕疵担保责任；赠与为无偿法律行为，赠与人一般不负瑕疵担保责任。又如，在保管合同中，因保管人保管不善造成保管物毁损、灭失的，保管人应当承担损害赔偿责任。但保管若是无偿的，保管人则只在故意或重大过失的情况下，才对保管物的毁损承担赔偿责任。其次是对主体的要求不同。实施有偿法律行为的当事人应当具备相应的民事行为能力，而对无偿法律行为中纯获益的一方当事人，通常没有行为能力上的要求。

❋法条链接——

《中华人民共和国合同法》

第 191 条　赠与的财产有瑕疵的，赠与人不承担责任。附义务的赠与，赠与的财产有瑕疵的，赠与人在附义务的限度内承担与出卖人相同的责任。

第 374 条　保管期间，因保管人保管不善造成保管物毁损、灭失的，保管人应当承担损害赔偿责任；但保管是无偿的，保管人证明自己没有重大过失的，不承担损害赔偿责任。

（三）单务法律行为与双务法律行为

根据双方法律行为中当事人双方的权利义务的关系，法律行为可分为单务法律行为与双务法律行为。

单务法律行为是指当事人一方仅负担义务而另一方仅享有权利的法律行为。如赠与即为单务法律行为，赠与人仅负有交付赠与物并转移所有权的义务，而不享有相应的权利。双务法律行为的当事人互为权利义务人，双务行为一般是有偿的，但也有双务行为是无偿的，如无偿的委托合同。单务行为一般是无偿的，但也可以是有偿的，例如，自然人之间的有息借贷行为就是有偿法律行为。

区分单务法律行为与双务法律行为的意义主要在于，除法律另有规定或当事人另有约定外，双务法律行为的当事人应当同时履行其义务；一方在未履行自己的义务时请求对方履行的，对方有权拒绝；一方因可归责于自己的事由不能履行义务时，对方有权依法解除法律关系并要求赔偿。而对于单务法律行为则不发生上述法律后果。

（四）诺成性法律行为与实践性法律行为

这是根据法律行为的成立是否以标的物的实际交付为要件，民事法律行为可分为诺成性法律行为与实践性法律行为。这也是对双方法律行为的进一步分类。

所谓诺成性法律行为，又称不要物行为，是指双方当事人意思表示一致即可成立法律行为。如买卖、租赁、借贷等行为。所谓实践性法律行为，又称要物行为，是指除了双方当事人意思表示一致外，还要实际交付标的物才能成立的法律行为。例如，《合同法》第367条规定，保管合同自保管物交付时成立，但当事人另有约定的除外。可见，除当事人另有约定外，保管合同即为实践性法律行为。

如前所述，双方法律行为要有两个意思表示的一致即可成立，因此诺成性法律行为是一种普遍法律行为，而实践性法律行为则是一种例外情形，因为实践性法律行为必须要有法律的特别规定或当事人的特别约定。如根据传统民法，买卖、租赁、加工承揽、运输、借款等大多数法律行为属于诺成性法律行为，而借用、保管、存款、定金、质押等少数法律行为属于实践性法律行为。

需要注意的是：诺成性法律行为与实践性法律行为的区别，并不在于一方是否应交付标的物，而在于是否将交付标的物作为行为的成立要件。就大量的诺成性法律行为来说，一方当事人根据合同的约定也负有交付标的物的义务。但诺成性法律行为自双方当事人意思表示一致即告成立；而实践性法律行为在当事人双方达成合意之后，一方还要实际交付了标的物，法律行为才告成立。

区分诺成性法律行为与实践性法律行为，可以帮助我们识别哪些法律行为已经成立，具有法律效力，哪些还没有成立，对当事人不产生约束力。

（五）要式法律行为与不要式法律行为

根据法律行为的成立是否必须采用某种特定的形式为标准，法律行为可分为要式法律行为与不要式法律行为。

所谓要式法律行为，是指依据法律的规定，必须采用某种特定的方式或程序进行才能成立的法律行为。例如，口头遗嘱，法律要求必须要有两个以上无利害关系的见证人在场见证，否则该口头遗嘱无效。法律规定的特定形式通常有：书面、登记、审批、公证等。不要式法律行为，是指法律不要求采用某种特定形式，当事人可以自由选择某种形式即可成立的法律行为，如买卖、赠与、加工承揽等。在现代民法中，法律行为以不要式为原则，以要式为例外。

区分要式法律行为与不要式法律行为的意义在于判断民事行为的成立与否，对于要式法律行为，当事人若没有采用法律规定的形式，则不能成立生效。

（六）根据法律行为相互之间的关系，法律行为可分为主法律行为与从法律行为。

所谓主法律行为，是指在两个相互关联的民事法律行为中，能够独立存在的法律行为。从法律行为是依附于主法律行为的存在而存在的法律行为。例如，借贷合同与保证合同，保证合同正是为了担保借款合同中的债权人的债权能够实现而设立的，它没有独立存在的意义，所以是从法律行为，而借贷合同是主法律行为。

区分主法律行为与从法律行为之意义在于，从法律行为的成立与效力均取决于主法律行为，它具有：①发生上的依附性；②效力上的从属性；③转让上的从属性；④消灭上的从属性。

※法条链接——

《中华人民共和国担保法》

第5条 担保合同是主合同的从合同，主合同无效，担保合同无效。担保合同另有约定的，按照约定。

（七）财产法律行为与身份法律行为

根据法律行为产生的法律效果性质不同，民事法律行为可分为财产法律行为与身份法律行为。

财产法律行为是指直接导致财产关系发生、变更、消灭的法律行为。如买卖、赠与、借贷、运输、加工承揽等法律行为。身份法律行为是指直接导致身份关系变动的法律行为，如结婚、收养、监护的设定等法律行为。

区分财产法律行为与身份法律行为的意义在于，财产法律行为一般可代理；而身份法律行为一般不可代理，而且一般不适用民法上的欺诈、乘人之危、重大误解、显失公平等制度。

（八）负担行为和处分行为

依据法律行为所产生的效果不同，可以将财产法律行为进一步区分为负担行为和处分行为。

所谓负担行为，是指发生债权债务关系或给付义务之法律行为，亦即产生请求权的行为。对于义务人来说产生了法律上的负担，所以称负担行为。负担行为可分为单独行为和合同行为。前者如悬赏广告、遗赠、捐助财产设立基金之行为，后者则包括签订各种类型的合同行为。买卖是典型的负担行为。例如，甲与乙订立汽车买卖合同，一经生效，甲就负有移转汽车所有权，并完成交付于乙的义务，乙对待负有移转价金所有权的义务。

处分行为是指不产生请求权，而直接使既存权利发生变更或者消灭的法律行为。如动产所有权之抛弃、抵押权之设定、股权、知识产权或债权的让与、债务的承担、债务的免除等。

负担行为和处分行为的区别在于：

一是法律效果不同。负担行为生效只是使当事人负担债务，或者使债权债务发生变更。处分行为则直接导致权利的移转或消灭。

二是对标的物是否特定的要求不同。处分行为在生效之时，行为所涉及的标的物必须确定。对负担行为而言，并不要求标的物特定化。

三是对行为人是否有处分权的要求不同。[①] 从事负担行为时，行为人即使不具有处分权，负担行为也可以有效。如《合同法》第51条规定，无处分权的人处分他人财产，经权利人追认或者无处分权的人订立合同后取得处分权的，该合同有效。而在从事处分行为时，处分人对标的物必须具有处分权限，处分行为才能生效。

---

① 王利明．民法总则．北京：中国法制出版社，2006．174．

引例分析

王某向李某借款，双方当事人间就成立了一项借款法律行为，借款是双方法律行为亦即借款合同行为，双方间据此产生了借款的债权债务关系。根据这份合同，王某有义务向李某归还所借的款项。后来，王某因故决定还给李某5张奖券以抵作借款，而李某虽最初推辞但最终还是同意了王某的提议，接受了奖券。这说明双方当事人同意了以5张奖券这一实物来偿还原先的10元债务，也就是说双方当事人又通过一项新的法律行为变更了原法律行为的标的物。既然李某接受奖券是双方当事人意思表示一致的结果，那么，李某当然就取得了对该奖券的所有权，自然也包括收取该奖券孳息的权利。因此，奖金的所有权应属于李某。

三、民事法律行为的构成要件

民事法律行为的构成要件，亦称民事法律行为的有效要件，是指民法对民事行为能发生民事法律行为之效力所要求的条件。民事行为若不具备这些构成要件的，则可能构成无效的民事行为、可变更可撤销的民事行为或者是效力待定的民事行为。通说认为，民事法律行为的构成要件包括实质要件和形式要件两大方面。

（一）实质要件

根据《民法通则》第55条规定，任何民事法律行为均须符合以下一般有效条件：

1. 行为人具有相应的民事行为能力

行为人具有相应的民事行为能力又称主体合格原则。民事行为是以意思表示为核心要素的，因此行为人必须具有正确理解自己行为的性质和后果、独立地表达自己的意思的能力。也就是说必须具备与从事某项法律行为相适应的民事行为能力。

就自然人而言，有两类自然人需要注意：一是无民事行为能力人，根据最高人民法院《关于贯彻执行〈中华人民共和国民法通则〉若干问题的意见（试行）》规定，无民事行为能力人可以实施如下两类民事行为：①接受报酬、接受赠与且无负担；②日常生活所需的小额民事行为。至于其他民事行为，则一律只能由其法定代理人代理实施，否则无效。二是限制民事行为能力人，限制民事行为能力人可以实施如下两类民事行为：①接受报酬、接受赠与且无负担；②与其能力相适应的民事行为。除此之外的民事行为由其法定代理人代理或者征得法定代理人的同意。如《合同法》第47条规定，限制民事行为能力人订立的合同，经法定代理人追认后，该合同有效，但纯获利益的合同或者与其年龄、智力、精神健康状况相适应而订立的合同，不必经法定代理人追认。

就法人而言，我国《民法通则》第42条规定，企业法人应在核准登记的范围内从事经营。但从目前各国的立法和司法实践来看，对法人的行为能力受经营范围的限制在不断地放宽。《最高人民法院关于适用〈中华人民共和国合同法〉若干问题的解释（一）》第10条规定，当事人超越经营范围订立合同，人民法院不因此认定合同无效。但违反国家限制经营、特许经营以及法律、行政法规禁止经营规定的除外。

2. 行为人意思表示真实

所谓意思表示真实，是指行为人表现于外部的意思与其内心的真实意愿是一致的。在大多数情况下，行为人表示于外部的意思同其内心真实意思是一致的，但有时行为人的意思表示也可能与其内心的真实意思不符。总结起来，行为人的意思表示不真实包括以下两个方面：

（1）行为人的意思表示不自由。行为人因受到欺诈、胁迫、乘人之危等外在原因导致其处于意志不自由的状态，因此其表达的意思不符合其真实意思。这属于典型的意思表示不真实的情况。例如，甲男威胁乙女，若不给其1万元好处费就将乙女的写真照上传到网络，乙女迫于无奈只好给了甲男1万元。

（2）行为人的意思表示不一致。即行为人表达于外部的意思不符合其内心的真实意思。这种不一致又可分为以下两种情形：

一是故意的不一致，又称虚伪表示。包括单独的虚伪表示和通谋的虚伪表示两种。单独的虚伪表示又称真意保留，就是指行为人故意隐瞒其真实意思，而为与其真意不同的意思表示[①]。真意保留大多是一种戏谑行为，在真意保留的情况下，通常没有设立法律关系的真实意图，可以认为该行为没有法效意思而不成立。但亦有学者认为真意保留除相对人明知外，应为有效。[②] 通谋的虚伪表示，就是行为人与相对人通谋而为虚假的意思表示，即恶意串通。例如，甲为了逃避债务，与朋友乙通谋，将其房产低价转让给乙。在此情况下，甲乙之间的房屋交易行为无效。

☞ 案例

2006年4月1日，中央电视台七套《乡约》栏目播出了访谈节目《土与火的传奇》，大连陶艺家邢良坤当众展示了一件精美的陶艺作品五层吊球，并说他制作五层吊球10年来，没有一个人能够破解，为“世界之谜”，如果有人能仿造出来，他的楼房（位于大连市联合路73号的邢良坤艺术中心，当时市价1 600万元）包括里面的所有财产都送给此人。

洛阳的陶艺爱好者孙震经过一年的摸索，2007年4月初成功解决了五层吊球的内部旋转和碰壁问题，制作出了“五层吊球陶器”。2007年5月9日，孙震致函邢良坤，寄去他制作的作品照片及DV短片，要求邢良坤兑现诺言。邢良坤未作答复。

2007年6月8日，孙震向洛阳市涧西区人民法院提交了民事起诉状，请求法院确认邢良坤“关于五层吊球制作悬赏广告合同”成立并生效，同时承担原告因本案支出的合理费用8 000元及本案诉讼费用。法院受理了此案。

一审法院认为，当事人在公众场合针对不确定的对象，夸下非常明确的海口，相当于邀请对方与你签合同，一旦对方按照此要求作出了回应，并满足了这一挑战要求，就符合《合同法》中关于合同成立和生效的条件，形成了要约，遂于2007年8月22日作出一审判决：邢良坤与孙震的“五层吊球陶器制作合同”成立并有效。

巨额财产面临易主，“世界陶王”邢良坤于2007年9月6日提出上诉。在谈及上诉理由时，邢良坤说：“陶艺研究所的大楼是我租赁的国家财产，说将其悬赏是为了增加节目趣味性的玩笑话。即便该大楼是私人财产，也属于我和妻子的共同财产，要送出去还得征得妻子的同意。所以在央视上说的那番话，只是句玩笑话。”请求二审法院认定他在央视说的话不是悬赏，要求撤销原审判决。

---

① 梁慧星．民法总论．台北：台湾出版社，2001.194.

② 龙卫球．民法总论．北京：中国法制出版社，2001.547.

在历时1年3个月的慎重审理后，二审法院认为，“悬赏广告是指悬赏人以广告形式声明对完成悬赏广告中规定的特定行为的任何人，给付广告中约定报酬的意思表示行为”。邢良坤参加的《乡约》节目，不是广告节目，访谈行为也不是以营利为目的的广告行为。邢良坤在谈话中虽然似有承诺的性质，但其谈话的目的并不是要获得利益，只是在该节目中显露出“陶艺狂人”的形象，从民事法律上说，这是一种打赌承诺。如果从悬赏的角度看，他的意思表示是不真实的，或者说是一种单方虚构的意思，而不是《合同法》第16条所规定的“要约是希望和他人订立合同的意思表示”，因此不能构成要约，一审法院认定事实清楚，但适用法律有误，应予纠正。

2008年7月21日，洛阳市中级人民法院作出终审判决，孙震败诉，但本案一审和二审受理费共计1 000元，由邢良坤承担。

二是无意的不一致。这主要是指意思表示的错误，如行为人因自己主观认识的错误或者是不知或者是他人的误传等原因导致他作出了不符合其内心真实意思的意思表示。例如，误将价值10 000元的商品误标成1 000元出售，则可因该交易因意思表示之不真实而申请变更或撤销。

意思的表示错误是多种多样的，包括：①意思表示内容的错误。如对法律行为性质认识的错误、对标的物认识的错误、对当事人认识的错误等。②不知。不知是指对其表示的内容根本无认识，也就是对其行为根本不知。如欲写100元误写成1 000元。③误传。误传是指因传达人或传达机关的传达不实所导致的错误。例如，表意人的意思是购买某物，而翻译错误地译成出卖某物。

3. 不违反法律和社会公共利益

不违反法律和社会公共利益，是对民事法律行为的本质要求，也是民事法律行为与其他民事行为的根本区别所在。这一要件体现了法律对民事活动的私法自治原则的限制。

法律行为不违反法律是指法律行为不得违反法律、行政法规的强制性与禁止性规定。如不得买卖禁止流通物等。《民法通则》第55条并未对“法律”的内涵与外延作出界定，但通说认为此处的“法律”应解释为法律及行政法规。如《合同法》第52条第5款规定，违反法律、行政法规的强制性规定的，合同无效。

法律行为不仅应符合法律规定，而且在内容上不得违反社会公共利益。社会公共利益是指关系到全体社会成员的利益，它与国家利益不完全相同，国家利益主要是国家作为主体而享有的利益，而社会公共利益主要是由社会全体成员所享有的利益。这一概念中包含了社会公共道德即公序良俗的内容，大大地弥补了法律规定之不足。这一规定也在实际上赋予了执法者较大的自由裁量权。

（二）形式要件

任何意思表示都必须采取一定的方式表现出来，才能为他人所知晓并与之建立法律关系。当法律规定某项法律行为必须采用某种特定的形式时，这种形式就成为该项法律行为的有效要件，即形式要件。如不依此要件，则该行为不能成立和生效。《民法通则》第56条规定，民事法律行为可以采取书面形式、口头形式或者其他形式。法律规定用特定形式的，应当依照法律规定。

一般在民法理论上，把民事法律行为的形式分为两大类：

1. 明示形式

所谓明示形式，是指行为人用积极的、直接的、明确的方式表达其内部意思于外部，为他人所知晓。明示形式通常包括以下三种：

（1）口头形式。

口头形式是用口头语言进行意思表示的形式。包括双方当事人当面洽谈、电话交谈等直接对话方式，也包括托人带口信等。口头形式的法律行为，其优点是简便易行，直接迅速，自然人在日常生活中大量的法律行为都是采用口头形式的。但其缺点是没有文字记载，一旦日后发生纠纷，则很难调查取证。因此，这种形式一般适用于数额不大或即时清结的民事行为；而对于数额较大、内容复杂、经过一段时间才能清结的民事活动，则不宜采用口头形式。

当法律对口头形式的行为有特殊要求时，行为人必须满足该要求。如口头遗嘱，法律规定要有两个以上无利害关系的见证人在场见证，否则遗嘱不能成立和生效。也就是说口头遗嘱是一种要式法律行为。

（2）书面形式。

书面形式是用文字进行意思表示的形式，这种形式可以把法律行为当事人双方的权利义务记载下来，发生纠纷时容易证明某项法律行为是否存在，具体的内容是什么，便于确定当事人的民事责任，同时有利于促使行为人慎重行事，减少纠纷。若法律规定某种法律行为必须采用书面形式的，这就是要式法律行为，当事人没有采用书面形式的将会影响其行为的效力。

在现代电子技术条件下，书面形式还包括了电报、电传、电子数据交换和电子邮件等数据电文形式。《合同法》第 11 条规定，书面形式是指合同书、信件和数据电文（包括电报、电传、传真、电子数据交换和电子邮件）等可以有形地表现所载内容的形式。该法第 16 条第 2 款同时规定，采用数据电文形式订立合同，收件人指定特定系统接收数据电文的，该数据电文进入该特定系统的时间，视为到达时间；未指定特定系统的，该数据电文进入收件人的任何系统的首次时间，视为到达时间。[①]

书面形式又可分为一般书面形式和特殊书面形式。一般书面形式是指行为人以文字记载的形式表达自己的意思，并且签名盖章后即可发生法律效力，不需要再履行其他法律手续的形式。

特殊书面形式是指行为人除了用文字形式进行意思表示之外，还要按规定或者约定履行其他法律手续的形式。具体包括公证、鉴证、见证、审核登记等形式。

当法律规定某种行为必须要采用书面形式，或者必须要采用某种特殊的书面形式时，行为人就必须要按规定去完成法律行为，否则会因为形式要件的欠缺而导致行为不能成立生效。

（3）视听资料形式。

视听资料形式是指以现代化的科技成果来记载行为人的意思表示的形式。视听资料形式具有信息量大、内容丰富、利于保存、方便使用等特点，具有相当的准确性和可靠性。随着科技的发展，以录音、录像、视频等视听资料形式实施的法律行为日渐增多。一般来说，通过视听资料形式进行的法律行为，需要两个以上的无利害关系人

① 胡爱国．民法．北京：中国政法大学出版社，2008. 78.

在场作证才有效。

2. 默示形式

默示形式是指不依赖语言或文字等明示形式，而通过某种客观事实即可推知行为人的意思表示而成立的民事法律行为形式。默示形式具体又包括以下两种情形：

（1）推定形式。推定形式是指行为人通过有目的、有意义的积极行为将其内在的意思表现于外部，是他人可以根据常识、交易习惯、相互间的默契，推知当事人已作出了某种意思表示，从而使该法律行为成立。这种形式，当事人既没有通过语言，又没有通过文字，而是作出了某种积极的行为来进行其意思表示，因而推定形式又称作作为的默示或积极的默示。如房屋的租期届满之后，承租人继续缴纳租金，出租人继续收受租金，尽管双方对租赁合同的继续履行没有进行明确的约定，但我们可以从双方积极的行为推定双方续签了房屋租赁合同，租赁期限按照法律规定应为不定期。

（2）沉默形式。沉默形式是指行为人既没有通过语言、文字来进行意思表示，也没有进行任何积极的行为，但从其沉默不语，可以推断其内在的意思表示，从而使法律行为成立。

通常情况下，内心意思表达于外部需借助积极的表示行为，沉默不是表示行为，即沉默不构成意思表示，不能成立法律行为。只有在法律有特别规定或当事人有特别约定时，当事人的消极不作为才能被赋予一定的表示意义，并产生成立法律行为的效果。这种形式，又称作不作为的默示或者消极的默示形式。如《民法通则》第66条第1款规定，本人知道他人以本人名义实施民事法律行为而不作否认表示的，视为同意。《继承法》第25条规定，继承开始后，继承人放弃继承的，应当在遗产处理前，作出放弃继承的表示。没有表示的，视为接受继承。受遗赠人应当在知道受遗赠后2个月内，作出接受或者放弃受遗赠的表示，到期没有表示的，视为放弃受遗赠。

沉默作为法律行为的形式是受到严格限制的，一般说来，只有在法律有规定或者当事人有约定的情况下才能适用。法律之所以作出沉默这种形式的规定，是为了尽快了结当事人间的权利义务关系，使法律关系趋于稳定，制裁怠于作出表示的一方，其结果往往不利于沉默方。

随着社会的发展，为了提高交易的效率或者节省交易的费用，默示形式的法律行为在日渐地增多，如自助餐、咪表停车场、自动投币公交车、自动售货机、磁卡电话等。

【思考与练习】

1. 举例说明什么是民事法律行为。民事法律行为与民事行为、事实行为之间分别是什么关系？

2. 张三对李四说，如果我儿子考上大学我一定请你喝酒。请问张三、李四之间是否成立了一项民事法律行为？

3. 案例分析：

（1）原告张某因仓库施工，冰箱无处存放，遂与被告钱某签订了一份保管合同，合同约定由被告为原告保管50台冰箱，期限为6个月，原告支付2万元保管费。一个月后，原告又有一批办公用纸需要存放，就与被告商量，被告同意原告将纸张存放在其仓库内并同意不再另外收费。6 月中旬，因天降大雨，被告仓库漏水使得原告纸张被淋湿大半，原告遭受损失 8 千元。合同期满，原告发现还丢失了 2 台价值共计 1 万元的冰箱。原告向法院起诉，要求被告钱某赔偿其 1.8 万元的损失。被告应否赔偿？

✧思考方向：

① 归纳案例中各方当事人的行为，分析其法律性质。

② 分析当事人之间是否存在某些民事法律关系，当事人各有何种民事权利及民事义务。

③ 判断造成原告损失的原因，确认被告是否应当承担民事责任。

（2）李力与刘南两人是很要好的朋友，2001 年 5 月，刘南因结婚急需用钱，便向李力借款 1 万元。刘南结婚后宴请朋友。在宴席上，刘南感谢李力的帮助，表示将尽快归还这 1 万元。这时，其他朋友对李力开玩笑说："都是哥们，还什么，干脆给刘南算了。"李力随口说了一句："算就算了。"刘南随后笑着说："那我就不还了，算你送的。"时隔数月后，李力因事需用钱，向刘南催还借款。刘南说："这钱你已当着大家说过送我的，不用还了，现在怎么又向我要？"李力解释说："那只是随口开玩笑。"刘南表示："我是当真的！"李力多次催要无果，向法院起诉，要求刘南归还欠款。

问：法院能否支持李力的主张？为什么？

✧思考方向：

① 明确当事人之间的法律关系及相关权利义务。

② 判断李力行为的法律性质。

③ 确定法院的判决依据。

项目二　无效民事行为

【引例】

刘某喜欢通过互联网订购商品。某日，某商场将一台价值近万元的健身器材送到刘某家中，但刘某声明自己并未上网订购这种商品。后来才知是刘某不在家时，其 8 岁的儿子在网上订购的，因平时刘某通过互联网订购商品时其子时常在旁观看，所以知道刘某的密码，了解一些网上购物的知识。刘某认为自己从未有购买健身器材的意向，并且没有进行过在网上购买该物品的操作，拒绝向商场付款和接受这台健身器材，而商场却认为自己是照单发货，刘某有义务收货付款。双方为此争执不下。

刘某是否应收货付款？

【基本理论】

任何法律行为的成立皆需要满足实质要件和形式要件两方面的要求，如不满足的，称之为欠缺有效要件的民事行为，或不合法的民事行为。根据民事行为所欠缺的有效要件的不同，欠缺有效要件的法律行为可分为无效的民事行为、可变更可撤销的民事行为与效力待定的民事行为三种。

一、无效民事行为的含义

无效民事行为，是指不具备或不完全具备民事法律行为的构成要件，因而完全不发生法律效力的民事行为。无效的民事行为，并不是说不能发生法律效果的民事行为。任何民事行为都可以引发一定的法律后果。但是，由于其欠缺民事法律行为的构成要件，因而不能产生行为人进行民事行为时所预期的法律后果，而是产生与行为人预期的法律后果不同的甚至相反的法律后果，因而又称为绝对无效的民事行为。

无效民事行为具有以下特征：

第一，无效民事行为具有违法性。这里所说的违法性包括两个方面的内容：一是违反了法律和行政法规的强制性规定。注意不得以其他低位阶的法规或者规章中的规定为依据，来判断民事行为是否违法。二是指违反了社会公共利益。例如，当事人订立进口“洋垃圾”的行为，即使其内容并未违反现行法律规定，但因其内容违反了社会公共利益，因此也是无效的。

第二，对无效民事行为实行国家干预。由于无效民事行为具有违法性，因此对此类民事行为应实行国家干预。这种干预主要体现在：法院和仲裁机构不待当事人请求确认民事行为无效，便可以依职权主动审查民事行为是否具有无效的因素，如发现确属于无效民事行为的，便应当主动地确认民事行为无效。

第三，无效民事行为具有不得履行性。无效民事行为的不得履行性，是指当事人在实施无效的民事行为，特别是订立无效合同以后，不得依据合同要求实际履行，也不承担不履行合同的违约责任。

第四，无效民事行为自始无效、当然无效、绝对无效。由于无效民事行为从本质上违反了法律规定，因此国家不承认此类民事行为的法律效力。民事行为一旦被确认无效，就将产生溯及力，使民事行为自实施之日起就不具有法律效力，以后也不能转化为有效的法律行为。对已经履行的，应当通过返还财产、赔偿损失等方式使当事人的财产恢复到民事行为实施之前的状态。当然无效、绝对无效意味着根本不存在着转化为有效民事行为的可能性。

二、无效民事行为的类型

《民法通则》第58条规定下列民事行为无效：①无民事行为能力人实施的；②限制民事行为能力人依法不能独立实施的；③一方以欺诈、胁迫的手段或者乘人之危，使对方在违背真实意思的情况下所为的；④恶意串通，损害国家、集体或者第三人利益的；⑤违反法律或者社会公共利益的；⑥以合法形式掩盖非法目的的。可见《民法通则》所规定的无效的民事行为是非常宽泛的。

显然，《民法通则》这样的规定存在着明显的弊端：

一是可能造成财产不必要的损失和浪费。因为民事行为一旦被确认为无效，就要按恢复原状的原则在当事人间产生相互返还或赔偿损失的责任，这意味着当事人为履行已支出的费用不能得到补偿且会增加不必要的返还费用，从而造成财产的损失和浪费。

二是不利于尊重当事人的意志、保护当事人的利益。在意思表示不真实的情况下，民事行为的效果并非必然对受欺诈、胁迫、被乘人之危的一方不利，若一味确认民事行为无效，反而可能对他们不利。

三是不利于鼓励交易。在市场经济条件下，民法，特别是其中的合同法的目标在于尽可能地促成交易，只有这样社会财富才得以增进、经济才得以发展，过多地宣告民事行为无效，有悖于此目的。

基于以上原因，我国1999年颁布的《合同法》修改了《民法通则》的这一规定。根据《合同法》第52条规定，有下列情形之一的，合同无效：①一方以欺诈、胁迫的手段订立合同，损害国家利益；②恶意串通，损害国家、集体或者第三人利益；③以合法形式掩盖非法目的；④损害社会公共利益；⑤违反法律、行政法规的强制性规定。

结合《民法通则》和《合同法》的规定，我们将无效民事行为归纳为以下几种类型：

（一）主体不适格的无效民事行为

这一类无效民事行为包括：①无民事行为能力人实施的民事行为；②限制民事行为能力人依法不能独立实施的民事行为；③法人及其他组织超越经营范围并违反法律禁止性规定的民事行为。

就自然人而言，无民事行为能力人对自己的行为不能正确认知，为保护其自身利益及其他人的合法权益，无民事行为能力人所实施的民事行为自当无效，但纯获利益的民事行为除外。[①] 限制民事行为能力人可以独立实施纯获利益或被免除义务的行为以及日常生活必需的行为，如果是涉及重大民事权利、义务或与其年龄、智力、精神状态不相适应的非合同行为，则不能独立实施，否则行为无效。

根据最高人民法院《关于适用〈中华人民共和国合同法〉若干问题的解释（一）》第10条的规定，法人、非法人组织超越经营范围所实施的民事行为，一般不再认定为无效行为，除非行为人违反了以下禁止性规定：①限制经营的，如麻醉品、黄金及黄金制品等；②特许经营的，如食盐、烟草制品；③法律、行政法规禁止经营的，如毒品等。

（二）意思表示不真实的无效民事行为

这一类无效民事行为包括：

1. 因受欺诈、胁迫而实施的民事行为

《民通意见》第68条规定："所谓欺诈是指一方当事人故意告知对方虚假情况，或者故意隐瞒真实情况，诱使对方当事人作出错误的意思表示。"受欺诈而为的民事行为的特点是：①须有他人的欺诈，即故意告知对方虚假情况，或者故意隐瞒真实情况。②须表意人因受欺诈而陷入错误认识。如误认为对方有货可供，对方的产品为优质品等。③表意人因该错误的认识而作出了违背其内心真实意愿的意思表示，实施了不利于自己的民事行为。

《民通意见》第69条规定，所谓胁迫，是以给公民及其亲友的生命健康、荣誉、名誉、财产等造成损害或者以给法人的荣誉、名誉、财产等造成损害为要挟，迫使对方作出违背真实意思表示的行为。受胁迫而为的民事行为的特点是：①须有他人的胁迫。需注意的是合法的行为也可以构成胁迫，如以举报他人偷税漏税的行为相要挟。

---

① 无民事行为能力人所实施的日常生活定型化行为通常也不认定为无效，例如小学生自己购买一般的学习用品，这种行为在小学生的日常生活中多次发生，其内容和后果是小学生的智力所能够理解的。

②须表意人受胁迫而产生恐惧。③表意人因恐惧而作出了违背其真意的意思表示。

按照《合同法》第52条第1项的规定，一方以欺诈、胁迫的手段订立合同，损害国家利益的才属于无效的民事行为。因此我们认为，因受欺诈、胁迫而实施的民事行为若属合同行为的，则适用《合同法》的规定；若不属于合同行为的，则适用《民法通则》的规定，一律为无效民事行为。如行为人因受到他人胁迫所立的遗嘱，不属于合同行为，则适用《民法通则》，属于无效遗嘱。

2. 乘人之危的民事行为

乘人之危的民事行为是指行为人利用他人的危难处境或紧迫需要，为牟取不正当利益，迫使对方违背自己的真实意愿而为的民事行为。这种行为的特点是：①表意人须处于危难之中。②须有他人乘人之危的行为。③表意人迫于无奈而作出了违背自己真意的意思表示，结果对表意人严重不利。例如，某甲有一患重病的亲属需立即做手术，急需一笔高额的手术费用，某乙趁机提出以市场价一半的价格，购买甲的一套房屋。甲本不愿出售此房，但迫于急需用钱抢救亲人，便违心地将房屋卖给了乙。

依《合同法》第54条的规定，乘人之危的民事行为与受欺诈、胁迫的民事行为一样，均属于可变更可撤销的民事行为。但若乘人之危的民事行为不属于合同行为的话，则适用《民法通则》的规定，为绝对无效的民事行为。

3. 恶意串通损害他人利益的民事行为

恶意串通的民事行为，是指双方当事人故意合谋，弄虚作假，进行损害国家、集体或者第三人利益的民事行为。其具有三项特征：①当事人双方出于恶意；②当事人之间互相串通；③当事人之间互相配合或者共同实施了一定行为。这种行为在拍卖、竞标及代理等民事活动中较为常见。例如某县国土资源局对开发区的一块国有土地进行挂牌出让，参加竞标的共三家公司：A公司、B公司、C公司，三家公司的董事长私底下达成协议，由B公司出价，其他两个公司参与但不出价，最后低价竞得土地后大家一起合作开发。这就是所谓的围标行为，是一种典型的恶意串通行为。

恶意串通的行为不论是在民法还是合同法中，都明确规定为无效的民事行为。根据《民法通则》第58条和第61条的规定，恶意串通的民事行为不仅无效，而且还应当追缴双方取得的财产，收归国家、集体所有或者返还第三人。

4. 以合法形式掩盖非法目的的民事行为

以合法形式掩盖非法目的的行为，是指该行为从表面上看符合法律的规定，但行为人实施该行为是为了逃避义务、责任或者达到其他法律所不允许的目的。例如，行为人为了逃避到期债务，故意低价转让财产，使自己丧失偿债能力，此转让行为无效。再如，某国家机关工作人员以借款名义在某企业中参股、持股，表面上与该企业是借款关系，实际上违反有关禁令取得股东身份，这一借款行为是无效的。

（三）违反法律或社会公共利益的无效民事行为

违反法律的民事行为，是指违反了法律、行政法规的强制性或禁止性规定的民事行为。如法律规定不得买卖禁止流通物、非自然人之间的借款合同必须要书面形式等，违反这样的规定的民事行为必然无效。在认定民事行为是否违反法律、行政法规的强制性规定或禁止性规定时，一般只需证明存在违法的客观事实即可，至于这种行为是出于行为人的故意、过失还是对法律的无知等，则在所不问。

民事行为除了应当符合法律规定外，还应当符合社会公共利益。在法律没有明文规定的情况下，如果民事行为的内容、形式等与社会公共利益相冲突，对社会公共利益造成损害的，该民事行为无效。

三、无效民事行为的法律后果

无效的民事行为从行为开始起就没有法律约束力。民事行为部分无效，不影响其他部分的效力的，其他部分仍然有效。民事行为被确认无效之后，凡是尚未履行的，双方均不得要求对方履行；凡是正在履行的，应当立即停止履行；已经全部履行或者已经部分履行的，对于当事人已经取得的财产和造成他人的财产损失，依下列办法处理：

（一）返还财产

《民法通则》第 61 条第 1 款规定，民事行为被确认为无效或者被撤销后，当事人因该行为取得的财产，应当返还给受损失的一方。这是因为当事人依据某项民事行为所取得的财产，在该项民事行为被认定为无效或被撤销以后，就失去了合法的依据，成为不当得利，自然应当返还。

返还财产的范围，以全部返还为原则。对方给付的财产，原则上返还义务人按原物或原价返还。如果原物存在应以原物返还，否则应作价偿还；如果原物有损坏，应予修复后返还，或给付相应的补偿。如果对方给付的是金钱，除了返还本金之外，还应当按银行利率支付利息；如果对方给付的是劳务、无形财产或者其他不能返还的利益，则应折算为一定的金钱，予以返还。

（二）赔偿损失

《民法通则》第 61 条第 1 款规定，民事行为被确认为无效或者被撤销后，有过错的一方应当赔偿对方因此所受的损失，对方都有过错的，应当各自承担相应的责任。损失赔偿的范围，包括直接损失和间接损失两方面。

（三）追缴财产

《民法通则》第 61 条第 2 款规定，双方恶意串通，实施民事行为损害国家的、集体的或者第三人的利益的，应当追缴双方取得的财产，收归国家、集体所有或者返还第三人。这体现了法律对有恶意的当事人的制裁和打击。

引例分析

本案的焦点在于该买卖合同是否有效。根据《民法通则》第 55 条的规定，有效的民事法律行为必须具有相应的民事行为能力。买卖合同是一种双方法律行为，需要双方当事人都具有相应的民事行为能力。根据《民法通则》第 12 条第 2 款的规定，刘某 8 岁的儿子属于无行为能力人，显然不具备购买健身器材的民事行为能力，应由他的法定代理人即其父母代理其进行民事活动。根据《民法通则》第 58 条的规定，行为人不具有相应的民事行为能力的民事行为是无效民事行为，因此该买卖合同无效。

本案还涉及未成年人的监护责任问题。虽然该买卖合同无效，刘某可以拒绝向商场付款和接受这台健身器材，但根据最高人民法院《关于贯彻执行〈民法通则〉若干问题的意见》第 10 条的规定，作为监护人的刘某对其 8 岁的孩子负有对被监护人进行管理和教育的监护职责，商场由于其子的行为所蒙受的损失归根结底是由于刘某对其子疏于管理和教育，没有完全履行监护职责所造成的，因而对这些损失由刘某根据

《民法通则》第133条的规定而承担。

❋法条链接——

✽《中华人民共和国民法通则》

第12条第2款　不满十周岁的未成年人是无民事行为能力人，由他的法定代理人代理民事活动。

第14条　无民事行为能力人、限制民事行为能力人的监护人是他的法定代理人。

第16条第1款　未成年人的父母是未成年人的监护人。

第58条　下列民事行为无效：

（一）无民事行为能力人实施的；

（二）限制民事行为能力人依法不能独立实施的；

（三）一方以欺诈、胁迫的手段或者乘人之危，使对方在违背真实意思的情况下所为的；

（四）恶意串通，损害国家、集体或者第三人利益的；

（五）违反法律或者社会公共利益的；

（六）以合法形式掩盖非法目的的。

无效的民事行为，从行为开始起就没有法律约束力。

第61条第1款　民事行为被确认为无效或者被撤销后，当事人因该行为取得的财产，应当返还给受损失的一方。有过错的一方应当赔偿对方因此所受的损失，双方都有过错的，应当各自承担相应的责任。

第133条第1款　无民事行为能力人、限制民事行为能力人造成他人损害的，由监护人承担民事责任。监护人尽了监护责任的，可以适当减轻他的民事责任。

✽《最高人民法院关于贯彻执行〈中华人民共和国民法通则〉若干问题的意见》

第10条　监护人的监护职责包括：保护被监护人的身体健康，照顾被监护人的生活，管理和保护被监护人的财产，代理被监护人进行民事活动，对被监护人进行管理和教育，在被监护人合法权益受到侵害或者与人发生争议时，代理其进行诉讼。

【思考与练习】

1. 无效民事行为有哪些类型？

2. 无效民事行为会发生怎样的法律后果？

3. 案例分析：

（1）被告张女士的妹妹小张原系原告王先生的儿子小王之妻。原告王先生诉称，小王与小张在婚姻关系存续期间欠他伙食费、医药费等共计7 500余元。该二人离婚后，张女士担保偿还该欠款，同时为他出具了欠款为3 500元的欠据。事后，张女士仅偿还500元，故要求张女士偿还余款3 000元。

被告张女士辩称，她在欠条上按手印是违背自己真实意思的行为。当天，她陪同妹妹小张到原告家中办户口，原告要求偿还欠款遭拒后，阻拦她们离开，并威胁说不还钱不许走人。为尽快离开可能发生争执的现场，被告无奈在王先生写好的欠条上按下手印，事后在原告的催促下她给付了500元。经咨询得知，原告的行为系敲诈，被告可以用法律手段保护自己，故不同意原告的诉讼请求。

原告王先生在庭审过程中，承认自己曾阻止张女士与小张离开其家，但否认威胁过二人。

问题：张女士是否应该偿还欠王先生的3 000元钱?

◇思考方向：

① 分析当事人行为的法律性质。

② 确认张女士是否负有某种民事责任。

(2) 四川省泸州市某公司职工黄永彬和蒋伦芳1963年结婚，但是妻子蒋一直没有生育，后来只得抱养了一个儿子。由此原因给家庭笼罩上了一层阴影。1994年，黄永彬认识了一个名叫张学英的女子，并且在与张认识后的第二年同居。黄的妻子蒋发现这一事实以后，进行劝告但是无效。1996年底，黄永彬和张学英租房公然以“夫妻”名义生活。

2001年2月，黄到医院检查，确认自己已经是晚期肝癌。在黄即将离开人世的这段日子里，张学英面对旁人的嘲讽，以妻子的身份守候在黄的病床边。黄永彬在2001年4月18日立下遗嘱，将自己的那份财产（价值约4万元）赠送给“朋友张学英”，骨灰盒由张负责安葬。4月20日，黄的这份遗嘱在泸州市纳溪区公证处得到公证。4月22日，黄去世。作为黄的妻子的蒋伦芳没有按照黄的遗嘱执行，张学英当即将蒋伦芳告上纳溪区人民法院，要求法院依据《中华人民共和国继承法》和《民法通则》的有关规定，判令蒋伦芳执行遗嘱，同时对遗产申请诉前保全。

问：该案应如何处理?

◇思考方向：

① 了解我国有关订立遗嘱的法律规定。

② 对照分析黄永彬订立遗嘱的行为是否合法、有效。

③ 判断张学英是否享有相关民事权利。

④ 确定法院判决的大致内容。

项目三　可变更或可撤销的民事行为

【引例】

甲汽车销售公司与乙汽车制造公司签订了一份轿车买卖合同。由于甲公司的业务员丁某对汽车型号不太熟悉，因此，在签订合同时，将甲公司原先想买的B型号轿车写成了A型号轿车。虽然乙公司提供的型号不是甲公司原想购买的B型号轿车，但A型号轿车销量也不错。甲公司按照合同约定提货并支付了货款。

1. 丁某的行为属于民法上的什么行为？其效力如何?
2. 甲公司在支付货款后是否还能行使撤销权?

【基本理论】

一、可变更或可撤销的民事行为的含义

可变更或可撤销的民事行为，简称可撤销的民事行为，是指根据法律规定已经发

生法律效力，但当事人事后发现存在意思表示瑕疵，从而可以请求人民法院或者仲裁机构予以变更或者撤销的民事行为。

民事行为如果意思表示有缺陷，不符合民事法律行为的有效要件的，按理都是无效的。但民法基于意思自治原则，对于只涉及当事人而不涉及国家或第三人利益的意思有缺陷的民事行为，其有效还是无效的选择权被赋予行为人自己，即赋予当事人撤销权或变更权。其若选择有效则放弃行使权利，若选择无效，则可行使撤销权或变更权。一旦当事人行使了撤销权或者变更权，则被撤销或变更部分的行为，就视同无效民事行为，自始不发生效力。

由于可变更或可撤销的民事行为在被变更或撤销前已经发生法律效力，是有效的民事法律行为，只是由于行为人依法行使变更或撤销权，才使原行为归于无效，所以它并非是当然无效的民事行为。

对被确认变更的民事行为，变更的部分无效，按变更后的内容重新确定民事法律行为；对被确认撤销的，民事行为自始无效，发生无效民事行为的法律后果。根据最高人民法院《民通意见》和《合同法》的规定，对于可变更或可撤销的民事行为，当事人请求变更的，人民法院或者仲裁机构应当予以变更，但不得撤销。当事人请求撤销的，人民法院或者仲裁机构可以酌情变更或者撤销。

二、可变更或可撤销的民事行为的种类

根据《民法通则》第59条和《合同法》第54条的规定，可变更或可撤销的民事行为包括以下三类：

（一）重大误解的民事行为

重大误解的民事行为，是指行为人因对行为的性质、对方当事人、标的物的品种、质量、规格和数量等的错误认识，使行为的后果与自己的意思相悖，并造成较大损失的行为。如对买卖标的物有重大误解，把复制品误认为是真品；对法律关系的性质有重大误解，把租赁关系误认为是买卖关系；对合同当事人有重大误解，把与某甲签订合同误认为是与某乙签订合同等。

重大误解的民事行为的特征是：

（1）误解是重大的。这里应当有两层含义：一是误解的对象是民事法律行为中的重大事项，如行为的性质、当事人、数量和质量、履行期限和地点等；二是误解可能给行为人造成较大的损失。也就是说，误解的内容应当涉及行为人的实体权利和义务，影响到行为人的重大利益。如果仅仅是一般性的误解，对行为人的利益没有重大影响的，则不属于重大误解的民事行为。

（2）误解是由于过失所致。也就是说，误解是由于表意人自己的认识错误造成的，而非对方当事人故意诱使的结果。如果重大误解是因对方当事人的故意造成的，则属于欺诈的民事行为，在性质上与重大误解是不同的。

对于存在误解的当事人来说，重大误解的民事行为是因其自身的过错所造成的，因此，如果民事行为被人民法院或仲裁机构变更或撤销而造成对方当事人或第三人损失的，则误解方应当承担赔偿责任。

（3）误解与民事行为之间有因果关系。即民事行为是基于行为人的误解而实施的，如果行为人对行为的内容没有重大误解，就不会实施该民事行为。可见，行为人的主

观误解必须与客观行为之间有直接的因果关系。

需注意的是，民法上的重大误解，仅限于对行为内容的误解，而不包括对行为动机的误解。如某男某女恋爱多年，某男留学美国期间，某女已嫁给他人，某男学成归来订制一对钻戒准备向女方求婚，后得知实情。某男此时不能以重大误解为由向商家要求撤销合同。

（二）显失公平的民事行为

所谓显失公平的民事行为，是指行为人一方违反公平原则而实施的，对对方当事人有重大不利的民事行为。最高人民法院《民通意见》第72条规定，一方当事人利用优势或者利用对方没有经验，致使双方的权利义务明显违反公平、等价有偿原则的，可以认定为显失公平。

显失公平的民事行为的特点是：①行为结果对一方当事人有重大的不利，另一方则获得了超出正常情况下所能获得的利益，即获取了暴利。②必须是行为时显失公平。即应以民事行为实施时的市场行情为标准，而不是实施后的市场行情为标准来判断是否显失公平。例如，甲与乙订立买卖合同，在合同履行时合同标的物的市场价格暴涨或猛跌，卖方或者买方均不得以显失公平为理由主张变更或撤销合同。③遭受重大不利的一方当事人所实施的行为不是出自他的真实意愿。可能是因为他缺乏经验、草率行事，或者是对方当事人利用优势使他接受不公平条件。④这种不公平是法律所不允许的。也就是说，这种显失公平的结果明显违反了国家法律、社会公德或者交易习惯，在客观上可以判断和认定。

（三）欺诈、胁迫和乘人之危的民事行为

《合同法》第53条第1款规定，以欺诈、胁迫的手段订立合同，损害国家利益的为无效的民事行为。第54条第2款规定，一方以欺诈、胁迫的手段或者乘人之危，使对方在违背真实意思的情况下订立的合同，受损害方有权请求人民法院或者仲裁机构变更或者撤销。所以乘人之危的合同行为和损害集体或个人利益的欺诈、胁迫行为，均是可变更、可撤销的民事行为。

这三种行为的特征已在“无效民事行为部分”论及，此处不再赘述。

三、撤销权的行使

根据《合同法》第54条第2款规定，在可变更、可撤销的民事行为中，撤销权由因意思表示不真实而利益受损害的一方当事人享有。撤销权在性质上是一种形成权，即撤销权人依自己单方的意思表示，就可以使民事法律关系发生变动。也就是说利益受损方无须征得对方当事人的同意，单方面就有权变更或撤销已经成立的民事行为。但是由于在实务中，对方当事人往往根本就不承认受损方有所谓的撤销权，因此撤销权人通常要通过人民法院或者仲裁机构来作出其行使撤销权的意思表示。亦即撤销权人要向人民法院或仲裁机构提起变更或撤销的诉请，由人民法院或仲裁机构来作出确认其享有撤销权，支持其要求变更或撤销民事行为诉请的裁决。结合最高人民法院《民法通则实施意见》和《合同法》的相关规定，当事人请求变更的，人民法院或者仲裁机构不得撤销；当事人请求撤销的，人民法院或者仲裁机构可以酌情变更或者撤销。

撤销权作为一种形成权，它虽然不受诉讼时效的限制，但必须受除斥期间的限制，也就是说，撤销权人必须在法定的期间内行使该项权利，否则权利消灭。这是各国立法的通例。根据《合同法》第55条规定，具有撤销权的当事人自知道或者应当知道撤销事由之日起1年内没有行使撤销权的，或者有撤销权的当事人知道撤销事由后明确表示或者以自己的行为放弃撤销权，撤销权消灭。由此可见，撤销权的行使期限为一年。

引例分析

此案中，丁某的行为属于重大误解的民事行为。因为丁某由于业务不熟悉而对合同标的物的种类型号弄错，这在性质上已经是比较严重的错误，完全符合重大误解的法律特征。重大误解的民事行为，在民法上属于可变更可撤销的行为，并非当然无效。

甲公司在支付货款后不能再行使撤销权。可变更可撤销的民事行为虽然在意思表示上是有瑕疵的，但它仍然是有法律效力的。但是因为意思表示有瑕疵，法律也赋予了当事人变更或撤销的权利，撤销权的行使是有一定要求的。甲公司在发现车型弄错的情况下，仍按合同约定提货，并支付货款，应视为以自己的行为放弃了撤销权。

【思考与练习】

1. 可变更、可撤销的民事行为可能发生的法律后果有哪些?

2. 谈谈显失公平的民事行为与重大误解、欺诈、胁迫、乘人之危等行为之间的关系。

3. 案例分析：

(1) 李某的父亲生前是一个集邮爱好者，去世时还留有几本邮票。李某对邮票从不感兴趣，李某觉得这些邮票不好处理。一日，李某的朋友刘某来吃饭，无意间发现了几本邮票，刘某也是一集邮爱好者，他随即表示愿意全部购买，最后以5 000元的价格将邮票全部拿走，李某对这一价格也比较满意。事过不久，李某从父亲生前的一朋友处得知，他父亲所留的邮票中，有5张相当珍贵，可能每张都值5 000元；同时另一朋友告诉他，刘某正在寻找买主。李某立即找到刘某，要求退还刘某的5 000元钱，取回邮票，但刘某坚决不同意。双方协商不成，李某诉至法院，要求撤销合同，返还邮票。

法院应如何对待李某的请求?

✧思考方向：

① 明确撤销合同的法定条件。

② 判断李某与刘某间买卖邮票行为的性质，是否属于可撤销合同的情形?

③ 根据法律规定和本案事实，确定法院的处理方法。

(2) 陈某承包的镇办拉丝厂的电线，是镇供电站专门拉的一条单线，为此电站站长经常以查电为由来厂里吃饭，每次陈某都十分客气。2004年7月，站长的弟弟吴某突然拉来一卡车西瓜，要求陈某买下。陈某声称已经给工人发过降温费，而且也用不了这么多西瓜，当场表示拒绝。但是当晚厂里的电就被停掉，电站站长告知陈某线路需要检修。第二天，吴某再次将西瓜拉来，并说只要陈某买下西瓜，电就可以送上。陈某无奈，只得以高于市场的价格买下全部西瓜。当晚电也真的就来了。事后陈某越想越生气但不知如何是好。

陈某应怎样救济自己遭到损害的合法权益?

✧思考方向:

① 确认造成陈某损害的原因。

② 判断吴某的行为是否属于胁迫。

③ 明确法律有关胁迫行为的规定。

④ 归纳陈某保护自己合法权益的方式、途径。

项目四　效力待定的民事行为

【引例】

张某出国进修两年半，在出国前与李某签订房屋租赁合同，以1 000元/月的价格将房子出租给李某。此后，该市房价飙升，房租上涨，李某见有利可图，遂决定将房屋转手出租给他人。后通过中介与王某达成租赁协议，以1 800元/月的价格将房子租给了王某两年。后来张某提前回国，得知李某将自己的房屋擅自转租给王某后，就要求李某交出房租，李某只愿按照合同约定的1 000元/月的价格支付。张某又找到王某，要求其搬走，王某以从李某处租赁房屋时并不知房主是张某为由拒绝搬出。

1. 李某将房屋转租给王某的行为的性质?

2. 王某拒绝搬出的理由是否成立?

【基本理论】

一、效力待定民事行为的含义

所谓效力待定的民事行为，是指民事行为完成之后，因欠缺民事法律行为的构成要件，是否能发生法律效力尚不能确定，需要等待享有追认权的第三人作出追认或拒绝的意思表示后，才能确定其效力的民事行为。

我国《民法通则》对效力待定民事行为未作规定，这是《合同法》中新增加的内容。效力待定的民事行为具有如下显著特征：

（1）效力待定的民事行为已经成立，但因缺乏民事法律行为的某些构成要件而使其效力处于不确定的状态。即既不是确定有效，也不是当然无效。

（2）效力待定民事行为既可成为有效的民事行为，也可成为无效的民事行为。其有效或无效取决于有追认权的第三人。效力待定民事行为本身是一种欠缺有效要件的民事行为，但是它并没有违反强行法的规定和社会公共利益，因而法律对这种行为并不实行国家干预，强行使其无效，而是把选择权留给了有关当事人，这也充分体现了私法自治和民法的鼓励交易的精神。

二、效力待定民事行为的种类

（一）限制民事行为能力人依法不能独立实施的民事行为

限制民事行为能力人可以独立实施与其年龄、智力、精神健康状况相适应的或者纯获益的民事行为。其他民事行为须由法定代理人代理或者经法定代理人同意。限制民事行为能力人未经法定代理人同意而实施的依法不能独立实施的民事行为，是否有效取决于法定代理人是否追认，因此属于效力待定的民事行为。

（二）欠缺处分权的行为

欠缺处分权的行为，是指既无法律根据又无权利人授权，而以自己的名义处分他人财产或权利的行为。依《合同法》第51条规定，无处分权的人处分他人财产，经权利人追认或者无处分权的人订立合同后取得处分权的，该合同有效。所以无权处分行为，属于效力待定民事行为。对欠缺处分权的行为的救济手段有两种：一是经权利人追认；二是无权处分人事后依法取得了处分权。

根据我国学者的见解，下列行为为无权处分的典型表现形式：第一，出卖他人之物，包括互易、赠与和借贷他人之物。第二，出租他人之物，包括出借他人之物。第三，擅自转租行为。第四，私卖共有物。第五，以他人财产设定抵押或者其他权利负担。[①] 第六，所有权保留买卖中，买受人在支付完全部价款以前出卖标的物的行为。

（三）欠缺代理权的行为

《民法通则》第66条第1款和《合同法》第48条第1款均规定，行为人没有代理权、超越代理权或者代理权终止后以被代理人名义订立的合同，未经被代理人追认，对被代理人不发生效力，由行为人承担责任。可见，无权代理是一种效力未定的民事行为。欠缺代理权的行为经被代理人追认后变为有权代理，对被代理人发生法律效力；若被代理人不追认的，则由无权代理人来承担相应的民事法律责任。

（四）欠缺同意权的行为

《合同法》第84条规定，债务人将合同的义务全部或者部分转移给第三人的，应当经债权人同意。所以事先未经债权人同意的债务转让，属于效力未定的民事行为。若事后取得了债权人的同意，亦即债权人追认，则债务的转移行为有效；若债权人不同意的，则转移行为无效。

三、追认权、催告权与撤销权

（一）追认权

对于效力待定的民事行为，按照法律规定，权利人既可以依法追认，也可予以拒绝，亦即权利人享有追认权。所谓追认权，是指权利人通过特定的法律行为，使无权代理人、无处分权人和限制民事行为能力人等所为的行为成为有效法律行为的权利。这里的权利人，实际就是指限制民事行为能力人的法定代理人、无权处分中被处分之物的所有权人、无权代理中的被代理人、债务转让中的债权人。追认权在性质上是一种形成权，即只需权利人单方面向对方作出意思表示，原民事行为即可生效，而无须相对人的同意。

通说认为权利人既可以采用明示，也可采用默示的方式来进行追认。追认的意思表示，自到达相对人时生效。效力待定的民事行为，一经追认，便自始具有法律效力。同样地，权利人若不追认，也就是拒绝追认的话，也可以用明示或者默示的方式来表示。一旦拒绝追认，便自始不发生法律效力。

《合同法》虽然规定了追认这一法律制度，但是并没有具体规定追认的方式和时

---

① 梁慧星．中国物权法研究（下）．北京：法律出版社，1998. 828.

间，这是我国现行《合同法》的疏漏之处，应在今后的立法中予以补充。尤其是确定追认的期限是十分必要的，因为该效力待定行为效力的确定取决于权利人是否予以追认，如果不给权利人的追认权以一定期限的约束，就可能发生权利人无限期拖延追认，使相对人长期处于不稳定的法律关系之中而蒙受损害。

（二）催告权与撤销权

在效力待定的民事行为中，法律在赋予权利人享有追认权的同时，基于权利均衡的考虑，也赋予了相对人以催告权和撤销权。所谓催告权，是指相对人在得知民事行为有效力欠缺的事实后，将此事实告知追认权人并催促其在一定期限内作出追认或拒绝的确切的意思表示的行为。《合同法》第48条第2款规定，相对人可以催告被代理人在一个月内予以追认。被代理人未作表示的，视为拒绝追认。

所谓撤销权，是指效力待定的民事行为的相对人主动撤销其意思表示的权利。按照合同法的规定，撤销权的行使应遵循以下几点：①撤销权只能在追认权人进行追认之前行使。追认权一旦行使，效力待定行为即生效，相对人不得再行使撤销权。②相对人必须是善意的。如明知对方行为人能力欠缺而为之，则不得享有撤销权。③撤销权的行使必须采用明示的方式。

催告权与撤销权都是相对人的权利，两者的不同主要在于对效力待定行为的期待不同，相对人行使催促权，表示期待追认权人追认该行为，使其生效；而行使撤销权，则表明相对人不希望该行为生效。

四、三种不合法民事行为的比较

无效民事行为、可变更或可撤销民事行为与效力待定的民事行为的共同之处在于，这三者都会引起民事行为无效的法律后果，但三者之间也存在着明显的区别。

（一）无效的条件不同

无效民事行为的无效是当然的、绝对的无效，而可变更或可撤销民事行为与效力待定的民事行为的无效是相对的无效，亦即存在着转化为有效民事行为的可能性。比如说在效力待定的行为中，如果权利人行使了追认权的话，则效力待定的行为就转化为有效的民事行为了。

（二）主张无效的主体不同

对于无效民事行为，理论上任何利害关系人都应该可以向人民法院或者仲裁机构提请确认无效，人民法院或者仲裁机构在案件受理过程中发现某民事行为无效的，也可以主动地确认该项民事行为无效。而可变更或可撤销民事行为只有享有撤销权的当事人才能主张行为无效，人民法院或者仲裁机构在案件受理过程中不能主动地宣布变更或撤销某民事行为。效力待定的民事行为可以由享有追认权的一方来表示追认或者拒绝；或在其表示追认或拒绝之前，相对方也可以行使撤销权，从而确定该民事行为的效力。

（三）无效的时间不同

无效民事行为从行为开始时就不发生法律效力，对当事人没有法律约束力。可撤销的民事行为在被撤销之前已经发生了法律效力，对当事人有了法律约束力。只有在被撤销之后才无效，但是这种撤销具有追溯力，可以追溯到行为开始的时候，从而使得该民事行为从一开始就无效。而效力待定的民事行为，一般从权利人拒绝追认时起无效。

引例分析

1. 李某未经房东张某的同意，擅自将房屋转租给王某的行为构成非法转租，非法转租在性质上属于无权处分。

2. 王某拒绝搬出的理由不成立。因为李某将房屋转租给王某的行为属于无权处分，无权处分在法律上属于效力待定的民事行为。那么只要房东张某对李某的转租行为不予承认的话，李某的转租行为就无效，所以王某必须搬出，而且以合同法规定张某还有权解除与李某的房屋租赁合同。至于王某租房时是否知道房东为张某对该行为的性质没有影响，王某因为合同无效而遭受到的损失可以找无权处分人李某赔偿。

❋法条链接——

《中华人民共和国合同法》

第 51 条　无处分权的人处分他人财产，经权利人追认或者无处分权的人订立合同后取得处分权的，该合同有效。

第 224 条　承租人经出租人同意，可以将租赁物转租给第三人。承租人转租的，承租人与出租人之间的租赁合同继续有效，第三人对租赁物造成损失的，承租人应当赔偿损失。

承租人未经出租人同意转租的，出租人可以解除合同。

【思考与练习】

1. 举例说明效力待定的民事行为的类型。

2. 追认权和撤销权应如何行使?

3. 案例分析：

(1) 被告甲今年 14 岁，他向原告乙借钱，乙因为和甲的哥哥关系很好，于是从银行取了 1 400 元给了乙，双方约定四个月后偿还，并签订了借条，结果甲到期未偿还。乙遂将甲告上法庭。甲母认为，甲未满 18 周岁，为限制民事行为能力人，不应承担该责任。

本案应如何处理?

✧思考方向：

① 判断相关当事人的民事行为能力，确认其所能够从事的民事活动范围。

② 分析甲乙各自行为的法律性质。

③ 判断甲母的主张是否成立，确认本案的责任主体。

(2) 小雨的父母热衷于购买彩票，15 岁的小雨深受影响，平时也比较关注彩票的中奖情况。一天，小雨放学途经一彩吧，花 10 元钱买了 5 张福利彩票，后得知其中 1 张中奖 1 万元。第二天，小雨拿着有效证件到彩吧领奖时，工作人员以小雨未成年为由，拒绝支付，并认为小雨作为未成年人，购买彩票的行为无效。小雨的父母知道后，与彩吧发生纠纷，后以小雨的名义把彩吧告上法庭。

本案应如何处理?

✧思考方向：

① 确认小雨的民事行为能力及其购买彩票的行为性质。

② 判断彩吧工作人员的理由是否成立。

③ 分析小雨父母起诉行为的合法性。

④ 根据法律规定和本案事实，作出正确处理。

（3）王英与张明是养母子关系，他们居住在岐山镇。王英 17 周岁，未考上大学，在家待业。一天，王英在养母的衣柜内发现已逝养父的遗嘱，遗嘱内容为：生前没有积蓄，死后留下祖产八间，其中两间归养子王英所有，其余六间归妻子张明所有。王英随手将遗嘱藏了起来。由于王英与养母张明所居住的房屋为街面房，租金已涨至每月 1 000 元，王英得知邻居宋大伯正四处觅房，想开点心店，便提出将自己的卧室出租给宋大伯使用，租期 5 年，租金每年 1 万元。宋大伯欣然同意，并签订了租赁合同。宋大伯随即请木工拆改房屋，装修店面。张明见此情景，经再三追问王英，乃知实情。张明即对宋大伯表示，租赁合同无效，要求宋大伯恢复原状。宋大伯置之不理，继续施工，张明无奈，诉至法院。

①王英与宋大伯所签订的租约的效力如何？为什么？

②张明是否有权要求宋大伯立即停工，恢复原状？为什么？

令思考方向：

① 房屋出租人必须对该房屋享有所有权或者使用收益权，明确租赁合同中涉及房屋的所有权归属。

② 王英与宋大伯签订租约，张明毫不知情，这种情形在法律上如何定性？

③ 判断张明是否有权主张租赁合同无效。

项目五 附条件与附期限的民事法律行为

【引例】

村民甲将一头耕牛出租给乙使用，租期 2 年，年租金 200 元，乙租用期间牛丢失，寻找数日未果，甲乙遂协商决定，若 10 日内乙不能找回耕牛，就由乙赔偿甲 1 500 元，并支付尚未支付的租金 100 元。几天后乙找到了耕牛，因牛的市场价上涨，乙遂将牛以 2 000 元卖给了邻村的丙，并向甲谎称牛未找到，支付了约定的 1 600 元。之后甲得知实情，向丙索要牛未果后，遂向法院起诉乙，要求其返还耕牛，并赔偿损失。

本案应如何处理？

【基本理论】

民事法律行为原则上自成立时起生效。而任何法律行为都是基于当事人对现实的想法和对未来发展的期望，但是，现实总有可能不同于当事人的设想，或者未来的事态无法像其预期的那样发展。这样就带来了一个问题：当事人是否可以就未来事态不符合预期的风险，预先来作出安排和规定？依据私法自治的原则，行为的当事人当然可以考虑到不确定的因素和未来的发展，对法律行为作出安排。民法为此提供了两种一般的手段，即约定附加生效的条件或者期限，以决定法律行为的效力是否发生和存续。

我国《民法通则》第 62 条规定，民事法律行为可以附条件，附条件的民事法律行为在符合所附条件时生效。《合同法》第 45 条第 1 款规定了附条件的合同，第 46 条规定了附期限的合同。

一、附条件的民事法律行为

（一）附条件的民事法律行为的含义

附条件的民事法律行为是指双方当事人在民事法律行为中设立一定的事由作为条件，以该条件的成就与否作为决定该民事法律行为效力产生或解除的根据的民事法律行为。《民法通则》第62条规定，民事法律行为可以附条件，附条件的民事法律行为在符合所附条件时生效。例如，某甲为了激励其侄子某乙好好学习，跟乙说，若乙今年考上大学，即赠送一部手提电脑以作学习之用。在该赠与合同中，附加了乙今年考上大学作为赠与合同生效的条件。又如，丙与丁签订了房屋租赁合同，但作为出租人的丙考虑到其儿子将来可能从国外回来要居住该房的情况，故在合同中附加了“如本人儿子回国定居，本房屋租赁合同即行终止”的条件。在前一个例子中，甲与乙之间虽然成立了赠与合同，但赠与合同并不是立即生效，而是该合同所附加的条件成就之时，即乙考上大学的事实发生时，该赠与合同才生效。而在后一个例子中，附加的是使该租赁合同失效的条件。

附条件民事法律行为的意义在于充分尊重当事人的意思，使法律行为的实施更好地满足当事人的需要。附条件的法律行为一旦成立，就已经产生了法律拘束力，任何一方当事人都不得反悔。但是当事人的合同目的能否得到实现，则取决于合同所附加的条件能否成就。

附条件的法律行为适用的范围是极为广泛的，原则上除了法律法规禁止和限制的行为之外，都可以附加条件。不得附条件的民事法律行为一般包括两类：一是基于社会公德或公共利益的要求而不允许。如结婚、离婚、收养、接受继承等身份行为而言，为维护公序良俗而不允许。二是基于交易安全和法律秩序稳定的要求而不允许。前者如票据行为，《票据法》第33条就规定背书不得附有条件。后者如形成权的行使，如抵销、解除、追认、撤销等不得附条件。

（二）附条件的民事法律行为中的条件

“条件”是指决定民事法律行为的效力的产生或消灭的未来不确定的事实。这种事实既可以是事件，也可以是行为，但均应符合下列要求：

1. 条件应当是将来发生的事实

能够作为附条件的民事法律行为中的条件的，必须是当事人实施民事法律行为时尚未发生的事实，过去的、已经发生的事实不能作为条件。当事人把已知的已发生的事实作为条件时，如果该条件决定着法律行为效力的产生，则视为该法律行为未附加任何条件；如果该条件决定着民事法律行为效力的消灭，则视为当事人并不希望实施该法律行为，因而该法律行为应宣告无效。

2. 条件必须是不确定的事实

条件的本质特征，在于民事法律行为发生效力所依据的情况具有不确定性，该不确定性同时也是条件区别于期限的原因。[①] 条件必须是不确定的事实，也就是说，条件在将来是否会发生，当事人在进行约定之时是不能确定的，如果能够肯定将来必定会

① ［德］迪特尔·梅迪库斯．德国民法总论．邵建东等译．北京：法律出版社，2000.627.

发生或者将来肯定不会发生的事实，则不能作为民事法律行为所附的条件。

3. 条件必须是当事人任意选择的事实

作为条件的事实必须是当事人自己选定的，是当事人意思表示一致的结果。如果法律规定某项法律行为必须具备的条款，是该项法律行为生效或失效的法定条件而非附条件。如继承法规定，继承的发生以被继承人的死亡为条件。如果法律行为中附有法定的条件，则视为未附条件。

4. 条件应当是合法的事实

附条件法律行为当中的条件，必须符合法律的规定和公序良俗。以违法或违背公序良俗的事实作为法律行为的条件，称为不法条件。附违法条件的民事行为一般应当宣告无效。但在特殊情况下，如果单独条件无效，而法律行为不具有违法性，为了保护相对人的利益，该法律行为仍为有效。例如，某雇主与雇员约定，若雇员怀孕则雇主解除合同，则该条件应当被宣告无效，但该劳动合同仍应有效。

（三）附条件的分类

在民法上，可以对法律行为所附的条件作出如下分类：

1. 延缓条件与解除条件

根据条件对法律行为效力所起的不同作用，可将所附条件分为延缓条件与解除条件。延缓条件又称生效条件，是指法律行为要在所附条件成就时才能发生法律效力的条件。即该条件对于法律行为效力的发生起着延缓或推迟作用，在条件成就前，尽管法律行为已经成立，但其效力处于抑制状态，权利人尚不能行使权利，义务人也无须履行义务，法律行为的效力因被延缓而处于相对停止状态。如前所述乙考上大学即为甲赠与其手提电脑之法律行为的延缓条件。

解除条件又称消灭条件，是指法律行为中所确定的民事权利和民事义务，在所附的条件成就时失去法律效力的条件。《合同法》第45条规定，附解除条件的合同，自条件成就时失效。在附解除条件的法律行为中，法律行为的效力已经发生，当事人已经开始履行其权利义务，当约定的解除条件成就时，则导致法律行为的效力归于消灭。如前所述，丙的儿子回国定居即为该房屋租赁合同失效的解除条件。

2. 肯定条件与否定条件

根据条件的成就是否会发生某种事实，可将条件分为肯定条件和否定条件。肯定条件又称积极条件，是指以某种客观事实的发生为其内容条件。约定的客观事实发生了为条件成就，不发生为条件不成就。肯定条件又可分为肯定的延缓条件和肯定的解除条件。前述两个事例中所附条件均为附肯定条件的法律行为，前者为附肯定的解除条件，后者为附肯定的解除条件。

否定条件又称为消极条件，是指以某种事实的不发生为内容的条件。否定条件与肯定条件相反，它是以一定事实的不发生为条件成就，而以一定事实的发生为条件不成就。因而否定条件又可分为否定的延缓条件和否定的延缓条件。如甲、乙签订粮食买卖合同，在合同中约定“如今年不发生旱灾即供给乙小麦10吨”，该买卖合同即属于附否定的延缓条件。

（四）附条件的效力

附条件的民事法律行为成立之后，就已经在当事人之间产生了法律拘束力。所以，对于附条件的合同行为而言，如果任何一方单方面地终止合同，则构成违约。在所附条件成就与否未确定时，条件的成就与否可以为行为人带来预期的利益，行为人对此利益享有期待权。

1. 条件成就及其效力

所谓条件成就，是指作为条件内容的事实已经实现。对于肯定条件，以条件事实的发生为条件成就。对于否定条件，其条件事实不发生，为条件成就。例如，甲与乙约定，若乙今年考上大学，则甲如何如何。到时乙果真考上大学，为条件成就。若甲与乙约定，如乙今年考不上大学，则如何如何。到时如乙果真没考上大学，为条件成就。

条件成就的效力，在于决定民事法律行为效力的发生或消灭。对附延缓条件的民事法律行为，因条件的成就，而使法律行为的效力当然地发生，不需要再有当事人的意思表示或者其他行为。对于附解除条件的民事法律行为，因条件之成就，而使已经生效的民事法律行为失去效力。

2. 条件不成就及其效力

所谓条件不成就，是指作为条件内容的事实确定的不实现。对于肯定条件，以该事实的不发生为条件不成就；对于否定条件，以该事实的发生为不成就。例如，约定明日下雨则如何如何。届时晴天，为条件不成就。又如，约定明日不下雨则如何如何。届时雨天，为条件不成就。

对于附延缓条件的民事法律行为，条件不成就时，法律行为的效力则确定地不发生；对于附解除条件的民事法律行为，条件不成就时，法律行为的效力就确定不消灭，即继续有效。

3. 条件成就与否的拟制

由于民事法律行为所附条件的成就与否直接关系到行为人的期待利益，因此行为人应当让条件事实自然地发展，不能为了自己的利益不正当地，即恶意促成条件成就或者阻碍条件不成就。凡是因此促成条件成就的，视为条件不成就；凡是因此阻碍条件成就的，视为条件成就。如甲乙约定，如甲考试通过，乙将赠其 1 万元。甲为了考试通过，找丙替考，并付丙 1 千元报酬。发榜之日，甲考试通过。此时，甲为了自己获得利益，用不正当的手段促成条件的成就，按照现行法律的规定，应当视为条件不成就，乙无须向甲赠与 1 万元。

※法条链接——

《中华人民共和国合同法》

第 45 条　当事人对合同的效力可以约定附条件。附生效条件的合同，自条件成就时生效。附解除条件的合同，自条件成就时失效。

二、附期限的民事法律行为

（一）附期限的民事法律行为的概念

附期限的民事法律行为，是指当事人约定以一定期限的到来作为行为生效或解除的依据的民事法律行为。我国《民法通则》中没有关于附期限的民事法律行为的规定，但是这种行为是客观存在的，有存在和予以肯定的必要。因此，最高人民法院的《民通意见》第 76 条规定，附期限的民事法律行为，在所附期限到来时生效或者解除。《合同法》第 46 条规定，当事人对合同的效力可以约定附期限。附生效期限的合同，自期限届至时生效。附终止期限的合同，自期限届满时失效。

在非即时清结的民事法律行为中，时间要素往往对于当事人民事权利义务的确定具有重要的意义。当事人通过给民事法律行为附加期限，可以限制民事法律行为所确定的民事权利和义务的发生或终止的时间，因此能够使民事法律行为按照行为人的意愿有计划、有步骤地进行，从而满足其特定的利益需要。

附期限与附条件都是对民事法律行为效力的发生予以某种限制，因此二者存在相同点：都是当事人约定的事实；都是合法的事实；都是将来发生的事实；都是作为民事法律行为效力依据的事实。但是，二者又具有明显不同的特点：条件的成就与否，是当事人所不能预知的，它将来可能发生，也可能不发生，具有不确定性；而期限则是当事人能够预知的，虽然有的是确定的期限，有的是不确定的期限，但期限总是要到来的，是必然会发生的事实。

（二）期限的分类

根据所附期限对民事法律行为效力所起的作用不同，可将期限分为两类：

（1）延缓期限。也称始期，即限制已经成立的法律行为生效的期限。具体地说，就是当事人在行为成立时约定，权利和义务处于停止状态，待期限届至时再生效。例如，甲乙双方签订了协议，协议中约定该协议在双方签字后一个月生效，即属于附延缓期限的民事法律行为。延缓期限与履行期限不同，前者是民事法律行为生效的时间，后者是民事法律行为生效后权利义务的具体落实的时间，对此应当加以区别。

（2）解除期限。又称终期，是指已经生效的民事法律行为失效的期限。具体说，是在当事人约定的期限届满时，民事法律行为的效力即行终止。如明确约定了租期的房屋租赁合同即为附解除期限的民事法律行为。

此外，期限还可以划分为确定期限与不确定期限。确定期限是指依照日历可以计算的期日。如“自2005年1月1日始”或“到2005年1月1日止”，都是确定期限。不确定期限是指以一定发生的事实为期限。如甲乙约定，甲在乙满20岁生日时赠与乙10万元。

（三）附期限法律行为的效力

民事法律行为所附期限的效力表现在，如果是始期，则民事法律行为的生效时间在行为成立时被延缓，使其不能在行为成立的同时生效，而只有在所附期限届至时才能发生效力；如果是终期，则民事法律行为的解除期限在行为成立时被确定，在期限届满前，民事法律行为生效，在期限届满时，民事法律行为即行失效。

引例分析

本案的关键是理清甲、乙双方所达成的协议的性质。如果甲乙只是单纯地约定由乙赔偿甲1 500元并支付租金，那么乙显然就没有返还耕牛的义务。不过，甲乙双方所达成的协议却是一个附条件的协议，亦即一个附条件的民事法律行为。本案中甲乙约定：若10日内乙不能找回耕牛，就由乙赔偿甲1 500元，并支付尚未支付的租金100元。在这个协议中，找不到耕牛是条件，如果该条件成就，那么乙应支付赔偿金和租金，甲乙之间的租赁合同也就终止。如果条件不成就，也就是耕牛找到的话，那么乙不需支付赔偿金，甲乙之间的租赁合同继续有效存在。由于这个条件直接影响到甲乙之间租赁合同的效力，特别是一旦该条件成就，将导致租赁合同消灭，因此该条件其实就是解除条件。从本案的情况来看，乙在与甲达成协议之后找到了耕牛，这就表明双方当事人约定的条件没有成就，那么，甲乙之间的租赁合同继续有效。乙擅自将耕牛卖给丙的行为在法律上属于无权处分行为，甲能否要回耕牛取决于丙的行为是否构成善意取得，这属于物权法部分的内容，故不作展开论述。若丙不构成善意取得，则甲可以要回耕牛，并要求乙继续履行租赁合同；若丙构成善意取得，则甲无法再要回耕牛，只能向乙追讨所遭受的损失。

【思考与练习】

1. 在附条件的合同法律行为中，在所附条件尚未成就之前，当事人一方甲宣称将不履行合同，问其行为是否要承担民事责任？若要承担，则应当承担什么民事责任？

2. 甲与乙签订了一份租房协议。协议规定，如果甲父死亡，则甲将房租与乙居住。这一民事行为的性质如何认定？

3. 案例分析：

（1）王某与林某合伙经营布匹期间，销售给某服装厂价值5万元的布，该服装厂收到布后迟迟没有付款。后来，王、林二人决定不再进行合伙经营。原合伙期间所产生的一切债权归王某享有，王某给付林某人民币3万元整。于是，王某给林某出具一张欠条，该条上写着“今欠林某人民币3万元整。归还期，到收回服装厂欠款后归还”。之后王某多次向服装厂索要欠款，但是仍未能收回的欠款。而林某也多次向王某索要欠款，王某则以未收回服装厂的欠款为由拒不偿还。林某向法院起诉，要求王某归还所欠款项。

问：法院是否应支持林某的诉讼请求？

✧思考方向：

① 明确当事人之间的民事法律关系内容。

② 分析王某还款义务的法律性质。

③ 判断林某和王某各自主张的合法性。

（2）张某因病去世，生前留有遗嘱，在遗嘱中对其遗产作如下处分：自行车一辆、电视机一台赠给王某；电冰箱、洗衣机各一台赠给丁某；其他家庭用具和银行存款5万元及现金5 000元全部给其子张忠，但张忠必须与丁某结婚，并且必须在领到结婚证后，才交付财产，否则，不得交付。这些财产由李某掌管。

现在丁某已表示愿与张忠结婚，但张忠不同意，当张忠请求李某交付由他掌管的张某的遗产时，李某以不符遗嘱指示为由拒绝交付。张忠诉至法院。

问：法院是否应支持张忠的诉讼请求？

✧思考方向：

① 判断张某遗嘱内容的合法性，重点分析张忠取得遗产的附加条件。

② 分析张忠取得遗产的法定条件。

③ 判断李某的主张是否成立。

【拓展阅读】

1. 王利明：《法律行为制度的若干问题探讨》，载《中国法学》2003年第5期。

2. 易军：《私人自治与法律行为》，载《现代法学》2005年第3期。

3. 彭学龙、卢玉：《论合同法对法律行为效力制度的完善》，载《河北法学》2002年第1期。

4. 董学立、王晓燕：《论民事法律行为的成立与生效》，载《山东大学学报》2003年第4期。

5. 申卫星：《对民事法律行为的重新思考》，载《吉林大学社会科学学报》1995年6期。

6. 朱庆育：《意思表示与法律行为》，载《比较法研究》2004年第1期。

7. 蒲菊花：《试论意思自治与法律行为效力的关系》，载《宁波大学学报（人文科学版）》2004年第2期。

单元七

代 理

代理是一种依他人的独立行为而使本人直接获得法律效果的制度。其广泛运用使当事人可以借助他人的力量来实现自己的利益，解决交易者因社会分工、能力或时间的限制而产生的直接从事交易的困难，从而为有关当事人的交易提供了更为广阔的天地。

【知识目标】

通过本章的学习，了解我国有关代理的法律规定，重点掌握代理权的发生及行使要求、无权代理的法律效力和表见代理的构成要件。

【能力目标】

能够准确分析判断实践中与代理有关的各种行为，能够拟定委托代理合同和授权委托书的基本格式。

【内容结构图】

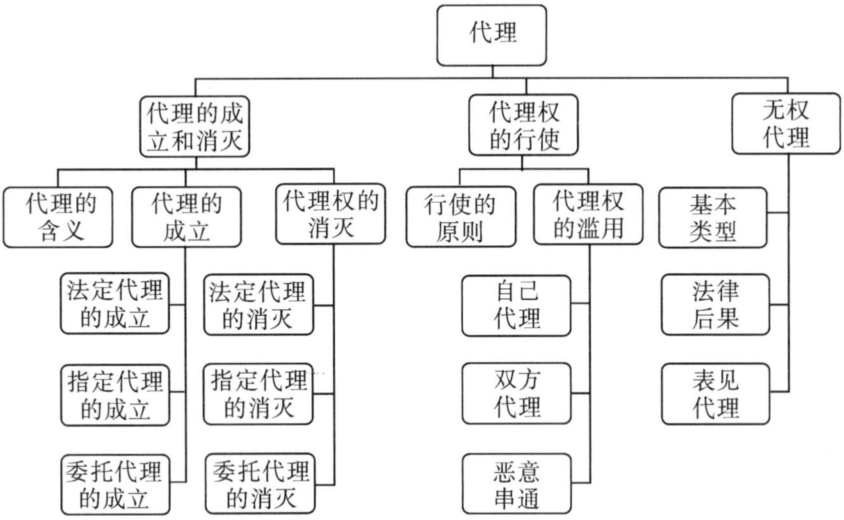

项目一　代理的成立和消灭

【引例】

2007年5月陈某为了让自己即将参加高考的儿子能够进入某学院学习，经人介绍与许某相识，许某承诺找其朋友帮忙。同年6月2日，许某从陈某处取走2.5万元人民币，双方口头约定由许某将其中的2万元交予该学院具体帮忙的人员，以确保陈某之子能被该学院录取；另5 000元作为许某的“辛苦费”；如陈某之子不能进入该学院，则2.5万元如数退还。后因陈某之子的高考分数未达到该学院的录取最低分数线，入学的事没有办成，陈某遂向人民法院起诉，要求许某返还2.5万元。

陈某与许某之间是否形成代理关系？许某是否应当将2.5万元返还给陈某？

【基本理论】

一、代理的含义

现代社会，一个人由于时间、知识、精力有限，不可能事事亲力亲为，客观上有他人帮忙做事的需要。而他人代为处理有关事务，从总体上来说，可以分为独立劳动与非独立劳动两种，后者事事须听从委托人的指挥，基本没有自己个人的独立意志。而前者中，委托人尽管对受托人有一定的指示，但大抵属于宏观的一种控制，在委托事项的范围内，受托人在授权的范围内往往可以根据自己的专业知识，为委托人的利益作出独立判断和决定。这就属于法律上的代理问题。

代理是代理人以被代理人的名义实施的，其行为产生的法律效果直接归属于被代理人的法律制度。《民法通则》第63条第2款对这一制度作了较为完整的规定：“代理人在代理权限内，以被代理人的名义实施民事法律行为。”被代理人对代理人的代理行为，承担民事责任。从上述规定中可以看出，代理法律关系中，涉及的主体有三个，即代理人、被代理人以及相对人，其中相对人是与代理人实施民事行为的人。

在一个代理制度中，包含了三个方面的法律关系：第一方面为被代理人和代理人之间的关系。他们之间的关系主要有两种，一种为基础关系，解决被代理人授予代理人以代理权的原因，比如基于委托合同、雇佣合同等，其最主要的功能在于确定被代理人和代理人之间的权利和义务关系。另一种为授权关系，解决代理人代理权的表征问题，即使得代理人在第三人面前表明其是有代理权的。这种关系主要以授权委托书的形式表现出来。第二方面的关系为代理人和相对人之间的关系，在这一关系中，代理人要向相对人表明身份，在代理权限范围内，以被代理人的名义向相对人为意思表示或者接受意思表示。第三个方面的关系为被代理人与相对人之间的关系，理论上称为代理结果归属关系，即代理人在代理权限范围内，以被代理人名义向相对人所实施的行为，其法律效果由被代理人承担。

代理制度实际上是规定一个主体为另一个主体从事民事或者其他法律行为时所应遵循的规则，一般而言，代理的法律特征如下：

（1）代理人以被代理人的名义实施行为。按照《民法通则》规定的内容，代理人在对外从事民事活动时，必须以被代理人的名义进行，即通常所说的要表明自己的代理人身份，让相对人明白其实际上是在和被代理人这个主体产生法律关系。也只有这样，由此产生的法律效果才由被代理人承担。如果代理人以自己的名义民事活动，一般而言只能认为是代理人自己的行为，代理人将自己承担由此引起的法律效果。

（2）代理人在进行代理行为时，独立进行意思表示。从代理的内容角度来说，代理为一种表意行为，即代理人在进行代理行为时，必须作出意思表示。并且代理人在进行代理行为时，虽然法律规定其出发点是为了被代理人的利益，但是代理人在从事代理行为的过程中，不是机械地执行被代理人的意志，而是根据自己的知识，在授权的范围内独立作出意思表示，因此说代理行为本质上是属于反映代理人自己意志的行为。这一点是代理人与传达人的区别所在，传达人仅是转达委托人的意思表示的人。

（3）代理人在代理权限内实施代理行为。代理人虽然以被代理人的名义进行活动，但毕竟不是被代理人本人的行为。因此将代理人的行为控制在为被代理人利益的范畴内，一个非常重要的方面就是代理人必须在一定的权限范围内进行活动。法律对法定代理和指定代理作出的规定是“除为被代理人的利益外，不得处分被代理人的财产”的限制。而在委托代理中，代理人的权限表现为授权委托书的规定，超出授权委托书的权限而为的行为属于无权代理的行为，其法律效果除构成表见代理外，由代理人本人承担。

（4）代理行为的法律效果直接归于被代理人。根据《民法通则》的规定，代理人以被代理人名义与第三人从事民事行为，由此产生的后果归属于被代理人。也就是说代理所产生的权利义务应当由被代理人承担，无论是有利的后果抑或是不利的后果，被代理人都必须承受。当然如果代理行为违法时，其后果并非完全由被代理人承担。根据《民法通则》第 67 条规定，代理人知道被委托代理的事项违法仍然进行代理活动的，或者被代理人知道代理人的代理行为违法而不表示反对的，由被代理人和代理人负连带责任。

代理适用于各种民事法律行为，诸如买卖、承揽、租赁、债务履行、接受继承等，均可以委托代理人代为办理。其他一些法律行为同样可以适用代理，包括房屋产权登记、法人登记、商标注册、专利申请等行政行为，税务登记、交纳税款等财政行为，民事诉讼等。但是，并非一切法律行为都可以适用代理：① 具有人身性质的行为，比如立遗嘱、婚姻登记、收养子女等行为不得适用代理；②法律规定或者双方当事人约定应当由特定人亲自为之的，如某些与特定人身相关联的债务的履行（预约撰稿、演出、授课、讲演、特定的技术转让合同等）也不得适用代理。

二、代理的成立

（一）代理的分类

在民法学理论上，依据不同的标准，代理可以分成不同的种类：

1. 委托代理、法定代理和指定代理

这是根据代理权产生的根据的不同所作的分类，也是法律上对代理最基本、最重要的分类。

委托代理是指根据被代理人的委托而进行的代理。委托代理人所享有的代理权，是被代理人授予的，所以又被称为授权代理或意定代理。

法定代理是指根据法律的直接规定而发生的代理。在法定代理中，代理人所享有的代理权，是法律直接规定的，与被代理人的意志无关。法定代理主要是为无民事行为能力人和限制民事行为能力人的利益而设立的代理，其设立的依据是代理人与被代理人之间存在的血缘关系、婚姻关系、组织关系等。

指定代理是指代理人根据人民法院或其他有权指定的机关的指定而进行的代理。在指定代理中，代理人享有代理权的依据是人民法院或者有权指定的机关指定的。在指定代理中，依法被指定为代理人的，如无特殊原因不得拒绝担任，对指定不服提起诉讼的，由人民法院裁决。

2. 单独代理与共同代理

这是根据代理权是授予一人还是数人为标准进行的分类。单独代理中代理权仅授予一人。共同代理是指代理权授予二人以上的代理。共同代理除涉及代理人与被代理人的关系外，还涉及代理人之间的关系。在代理人为二人以上的情况下，各代理人的代理权限应在授权时明确规定每个代理人的代理事项及权限。如果法律或授权人没有特别规定，则应认为多数代理人为共同代理人，代理人之间形成共同关系，享有同等的代理权并须对代理事项负共同责任。因此，每个代理人在进行代理事项范围内的活动时，应与其他代理人协商。如果未与其他代理人协商，其实施的行为侵害被代理人权益的，由实施行为的代理人承担民事责任。

除了以上两种分类外，依据代理权限范围的不同，可将代理分为一般代理和特别代理；根据代理权是直接授权产生还是转托产生，可将代理分为本代理和复代理，其法律规则将在本单元后面相应的内容中予以阐述。

（二）代理的成立要件

代理作为一种涉及第三人利益的行为，其成立除需具备一般法律行为的要件外，主要的成立要件为代理人有代理权。代理权是代理人以被代理人名义为法律行为的资格或者地位，此种资格除法定代理和指定代理是基于法律的规定、人民法院或有关机关的指定外，是基于授权行为而产生的。

1. 授权行为的性质

如前所述，代理人与被代理人的关系为两个方面：一为基础法律关系；一为授权关系。依据通说，在委托代理中，授权行为是以发生代理权为目的的单方行为，仅有一方的意思表示就可以成立。因为对于代理人与被代理人的关系问题在基础法律关系中已经得到了解决，授权行为主要是为了让相对人知晓被代理人的授权，从而使代理人的代理权能够产生公示效力。所以授权行为只需要有被代理人的单方意思表示即可，无须代理人的同意。

2. 授权行为的表现形式

除法定代理人和指定代理人的代理权来自于法律的规定或有关部门的指定外，委托代理的授权来自于委托人的授权。根据《民法通则》第65条第1款规定，民事法律行为的委托代理，可以用书面形式，也可以用口头形式。法律规定用书面形式的，应当用书面形式。除此之外，在默示授权的场合，是根据被代理人的行为，在特殊情况下推定本人具有授权的意思。由此可见，授权行为的表现形式是多样的，在这里仅对作为书面形式的代理证书作一探讨。

代理证书，又称为授权委托书，是证明代理人有代理权的书面文件。代理证书开出的基础尽管是基于被代理人和代理人的基础法律关系，但如前所述，代理证书的功能主要用于代理人在相对人面前证明他的代理权，属于被代理人对代理人单方授权的法律文件。代理证书一旦开出，相对于委托合同或雇佣合同等基础法律关系的文书而言具有独立性。

一般而言，代理证书应当载明代理人的姓名或者名称、代理事项、权限和期间，并由被代理人签名或者盖章。应当注意的是，代理人的代理权限可以将代理分为一般代理和特别代理。一般代理是指代理权范围及于代理事项的全部，但一般情况下只涉及被代理人的基本权利或义务，实践中往往被有关当事人称为“全权代理”、“总委托”等，实际上代理人的权利是有限的。特别代理往往涉及被代理人重要的权利义务。如《民事诉讼法》第59条第2款规定，诉讼代理人代为承认、放弃、变更诉讼请求，进行和解，提起反诉或者上诉，必须有被代理人的特别授权。

3. 授权不明的法律后果

所谓授权不明，主要指代理的范围，期限、代理人等事项的记载不明确。根据《民法通则》第65条第3款规定，委托书授权不明的，被代理人应当向第三人承担民事责任，代理人负连带责任。

☞ **案例**

名流服装店将盖有服装店公章的空白合同和介绍信交给李文，介绍信上写明：“委托李文为服装店购买服装。”李文以服装店的名义向和记服装厂订购了总价款140万元的工作服。这批服装销售很不理想。名流服装店认为自己委托李文购买的是时装而不是工作服，而且自己店面很小，一次也不可能进140万元的货，李文的行为是越权代理行为，据此拒绝交付货款。

本案中，被代理人对代理人的授权笼统、不明确，既没有对“服装”的范围进行限定，又没有限定购买的数额。授权不明导致和记服装厂无法判断李文以名流服装店的名义订购140万元的工作服是否在其代理权限范围内，被代理人和代理人对此均存在过失，被代理人应当承受该代理行为的后果，即向服装厂支付货款。被代理人无法支付或者拒绝支付的，服装厂也可以向代理人主张支付。

❋授权委托书样本

委托代理书

兹有__________（自然人姓名、性别、年龄、职业、住址/法人名称、住所、法定代表人姓名）授权委托__________（自然人姓名、性别、年龄、职业、住址/法人名称、住所、法定代表人姓名）代理下列活动：

（授权的范围和具体权限）

授权人：（签字或者盖章）__________

__________年__________月__________日

法人授权委托证明书（存根）

（ ）第 号

被授权人姓名： 授权人签字：

授权内容及权限：

有效期限：至 年 月 日 签发日期：

法人授权委托证明书

（ ）第 号

兹授权__________（姓名），为我方____（具体权限）。

有效期限：至 年 月 日

附：代理人性别： 年龄： 职务：

身份证号码：

营业执照号码：

主营：

兼营：

授权单位：（盖章）

法定代表人：（签名或盖章）

签发日期：

三、代理权的消灭

所谓代理权的消灭，亦称为代理权的终止，是指代理人与被代理人之间代理关系的消灭。对于代理权消灭的原因，由于代理权产生的根据不同，其代理权消灭的原因也就各异。

（一）法定代理、指定代理的终止原因

按照《民法通则》第70条规定，法定代理和指定代理消灭的原因主要有：

（1）被代理人取得或恢复民事行为能力以及被代理人死亡。法定代理和指定代理主要是为了保护无民事行为能力或者限制民事行为能力人的利益而设定的，如果被代理人已成年或者精神病人恢复精神健康等，抑或被代理人已经死亡，则其设立的基础不复存在，即代理权应终止。

（2）代理人死亡或者丧失民事行为能力。代理人在代理权限内要作出独立的意思表示，因此，代理人应当具备相应的行为能力。代理人的死亡或者丧失行为能力，将导致代理关系的终止。

（3）指定代理的人民法院或其他指定机关取消指定。根据我国《民法通则》第18条规定，如果监护人不依法履行其监护职责或者滥用监护人资格损害被监护人利益，人民法院可以按照法定程序撤销监护人的资格。监护人资格被撤销，由此导致法定或指定代理权的终止。

（4）其他原因。如果当事人之间基于某种法定原因，导致原有的身份关系不复存在，则由某种身份带来的代理权也将消灭。

（二）委托代理的终止原因

根据《民法通则》第69条规定，委托代理可基于下列原因而终止：

（1）代理期限届满或者代理事务完成。代理期限是代理人被授予代理权的时间，在该期限内代理人享有代理权。超过该期限，如果被代理人没有延长期限，则不应当行使代理权。代理事务完成后，代理权就不具有存在的理由。在此情况下，代理人应当停止以被代理人的名义从事代理活动。

（2）被代理人取消委托或者代理人辞去委托。从某种意义上说，代理关系是基于被代理人和代理人之间的信任关系产生的，一旦基于某种原因双方的信任关系不复存在的话，应当允许双方当事人解除委托关系。因此，无论双方是否存在委托合同，在任何时候，被代理人都有权取消委托，代理人也可以辞去委托。从法律性质上来说，取消委托或者辞去委托都是一种单方行为，只需要以单方意思通知对方即可，而无须征得对方同意。

（3）代理人死亡或者丧失民事行为能力。其原因在法定代理和指定代理的原因中已阐述，这里不再赘述。

（4）被代理人的死亡或者作为被代理人的法人终止。这里应当注意的是，被代理人如果是自然人，按照我国《民法通则》司法解释第82条规定，被代理人死亡后有下列情况之一的，委托代理人实施的代理行为有效：①代理人不知道被代理人死亡的；②被代理人的继承人均予承认的；③被代理人与代理人约定到代理事项完成时代理权终止的；④在被代理人死亡前已经进行、而在被代理人死亡后为了被代理人的继承人的利益继续完成的。

（三）代理权消灭的法律效果

代理关系消灭以后，代理权归于消灭。代理人无权以被代理人的名义继续进行代理活动。但是代理权消灭后，作为代理人应依据双方当事人约定或者按照法律规定，履行如下义务：

（1）及时报告代理事宜和移交财产。代理人在代理关系结束后，应就有关代理的事务和财产事宜，向被代理人及时报告和移交，妥善处理善后事宜。

（2）及时交回代理证书。代理证书是证明代理人有代理权的法律文件，在双方代理关系终止后，代理人应及时交回。

（3）履行忠实、保密等附随义务。尽管代理关系终止后，双方不复有法律上的关系，但代理人在履行代理事项的过程中，可能会获悉被代理人的不愿向他人透露的秘密。依据诚实信用原则，代理人应履行忠实、保密等义务，不得向他人泄露有关被代理人的秘密，不得利用被代理人的有关文件从事不正当的行为。

☞ **案例**

在一则侵权纠纷案中，原告系某民营企业，该公司曾委托某甲帮其推销一种新技术产品，双方签有代理协议。由于代理业务进展的需要，原告向某甲出示了该公司新产品的技术图纸及其他相关资料，某甲将这些资料进行了拍照、复印。该代理协议终止后，某甲与另一乡镇企业联营，生产与原告公司相同的产品。因为某甲将其获得的有关该产品的技术图纸和其他资料提供给了联营企业，后被原告发现。原告遂以某甲为被告，以联营企业为第三人，向人民法院提起诉讼，要求联营企业立即停止生产、销售该项产品，要求某甲赔偿经济损失。法院依法判决原告胜诉。

【思考与练习】

1. 回答引例的问题，并从法律的角度对“托人办事”这一社会现象进行分析评判。

2. 案例分析：

左某在北京工作，每年春节回黑龙江看望父母。邓某开了一家饭馆，在左某回家看望父母前，他来找左某问东北黑木耳的行情，并委托左某买 100 斤带回来；并说如果黑木耳好销，就建立起长期联系，今后就可以贩卖黑木耳。左某听后满口答应，春节过后，左某托运回 100 斤黑木耳。当他欲交给邓某准备要钱时，得知邓某在大年初一因酒后开车出了车祸，经抢救无效死在医院里，他生前因欠别人的债，饭馆已被债主接管。左某遂把黑木耳送到邓某家交给他妻子，并向他妻子要钱。邓妻说她不知道此事，而且邓某已死，饭馆已由别人经营，她要这些黑木耳也没用，故拒绝接受并拒绝交付黑木耳的钱。左某认为邓妻应该接受这 100 斤黑木耳，因为这是继承的一部分内容。邓妻则说，邓某已死，这同她没有任何关系，继承只继承财产，没听说还继承这些的。左某没有办法，遂向人民法院提起诉讼，要求邓妻接受这些黑木耳，并交付黑木耳的价款。

此案如何处理？

☆思考方向：

① 明确有关代理成立的法律规定。

② 分析左某与邓某约定的法律性质，判断两人是否建立了代理关系。

③ 如果左某与邓某之间存在代理关系，邓某死后，该代理关系是否随之消灭？

④ 判断左某与邓妻各自的主张是否正确。

项目二　代理权的行使

【引例】

胡某和刘某都是某公司职员，两人住同一个宿舍。因工作需要，公司委派胡某去一驻外办事处工作。胡某临行前，将自己的一台 14 寸的电视机委托给刘某保管和使用。三个月后，胡某告知刘某电视机可以适当价格卖掉。刘某妹夫张某得知此事，表示想买下这台彩电。两人经过商议，刘某打电话告诉胡某彩电显像管出了毛病，图像不清，胡某答复可以降低价格卖掉。于是刘某以 400 元的低价将彩电卖给了张某。胡某返回后，知道了买卖彩电的真相，便诉至法院，要求确认张某、刘某之间买卖彩电的行为无效，并要求张某返还彩电。

法院是否应当支持胡某的诉讼请求？

【基本原理】

一、代理权行使的原则

代理权的行使是指代理人在代理权限范围内，为实现被代理人所希望的利益而完成代理事务的一切活动。由于代理人在代理权限内以被代理人的名义所为的代理行为，其后果由被代理人承担。因此，为了维护被代理人的利益，实现代理制度的设立目的，法律对于代理人行使代理权的行为提出了相应的要求，具体表现在：

（一）代理人应当在代理权限范围内行使代理权，不得进行无权代理

依照《民法通则》的规定，代理人应当在授权范围内进行代理行为，其后果才由被代理人承担。当然，如果代理事项是违法的，代理人应拒绝代理。《民法通则》第67条规定，代理人知道被委托代理的事项违法仍然进行代理活动的，由被代理人和代理人负连带责任。

（二）忠实、勤勉地履行代理职责

代理人应为了委托人的利益，按照委托人的要求，在授权范围内积极、认真、有效地进行代理行为，如果由于代理人疏于职责而致使委托人遭受损失的，代理人应对委托人负赔偿责任。代理人不得从事任何有损于委托人利益的行为。这既是一般伦理的要求，又是法律规定的代理人的义务。代理人在为代理行为时应尽到一定的注意义务，而根据代理属于有偿或无偿，代理人所尽到的义务也并不相同。在无偿代理的情况下，代理人应当尽到与处理自己事务相同的所谓的“同一的注意义务”，而在有偿代理关系中，代理人应当负担善良管理人的注意义务，如造成被代理人损失则须承担赔偿任。

我国《合同法》第399条规定，受托人应当按照委托人的指示处理委托事务。需要变更委托人指示的，应当经委托人同意；因情况紧急，难以和委托人取得联系的，受托人应当妥善处理委托事务，但事后应当将该情况及时报告委托人。代理人在代理过程中，原则上应当遵从委托人的指示。委托人的指示，是在代理过程中委托人以自己的意思干预代理人在代理权限范围内的意思表示的自由，由于代理的效果归属于委托人，且通常委托人更清楚后果对于自己的利害关系。因此，代理人应遵从委托人指示。但在法定代理的情况下，以及代理人有充足理由证明委托人的指示不利于其利益，且当委托人知道这种不利的存在时可以推定委托人不会为指示的场合，应当解释为代理人不负担遵从委托人指示的义务，但应当得到委托人的事先同意或事后及时告知委托人。

（三）代理人原则上应当亲自完成代理事务，不得擅自转委托

被代理人之所以选择代理人来完成有关事务，源于对代理人知识、专业或品行等方面的信任，因此，要实现被代理人的利益，原则上代理人应当亲自完成代理事务，而不得擅自转委托。

所谓转委托，是指代理人将其享有的代理权的全部或一部分转委托给他人行使的行为。转委托又称转代理或复代理。在某些特殊的情况下，法律也允许转委托。根据《民法通则》第68条和《合同法》第400条的规定，转委托必须严格满足以下条件：

（1）转委托的目的必须是为了被代理人的利益需要。

（2）转委托原则上应当取得被代理人的同意（事先授权或事后追认）。

（3）在紧急情况下，代理人为了维护被代理人的利益需要而转委托的，不论被代理人是否同意，均依法产生转委托的法律效力。所谓紧急情况，按照《民法通则》司法解释的规定，是指由于急病、通信联络中断等特殊原因，委托代理人自己不能办理代理事项，又不能与被代理人及时取得联系，如果不及时转托他人代理，会给被代理人的利益造成损失或者扩大损失的情况。

（4）代理人只能在其享有的代理权限范围内，向复代理人转委托其代理权的全部或者部分，但不得超过其代理权限。

（5）复代理人是被代理人的代理人，而不是转托人的代理人，故复代理人实施代理行为所产生的法律效果由被代理人承受。

二、滥用代理权的禁止

在法律制度中，不仅要从正面规定代理人的行为规则，更为重要的是，为了维护被代理人的利益，对代理人的一些行为要作出限制或者禁止。一般而言，代理人在代理行为过程中，不得有下列行为：

（一）代理人不得为自己代理和双方代理

所谓自己代理，是指代理人以被代理人的名义与自己签订合同。所谓双方代理，又称同时代理，是指一个代理人同时代理双方当事人的民事行为的情况，如一个人既作为卖方的代理人又作为买方的代理人的情况。

在交易中，当事人双方的利益总是互相冲突的，通过讨价还价，才能使双方的利益达到平衡。而由同一个人代表双方利益，可能会只反映了代理人一人的意志，难免顾此失彼。由于自己代理和双方代理不符合市场交易的基本原则，有可能会诱发道德风险，所以各国法律一般予以禁止。但是我国法律并没有明确禁止。在我国，自己代理和双方代理行为是否当然无效，要作具体分析。如果自己代理和双方代理事先得到了当事人的同意或事后得到了其追认，法律承认其效力。如自己代理和双方代理未经当事人同意或事后未得到各方的追认，被代理人可因此而解除代理关系，如造成损失亦应由代理人承担责任。

双方代理存在最大的风险就是代理人欺骗双方的被代理人从中渔利，自己代理也存在这样的风险。按照现在比较流行的信息不对称原理，代理人对这两种情况下被代理人的情况一清二楚，被代理人处于劣势。因此也有专家认为，按照人性恶的前提，无效是比较合理的后果。

（二）代理人不得与第三人恶意串通损害被代理人的利益

代理人和第三人串通，是指代理人和第三人通谋进行有非法目的不正当的意思表示。因此，“串通”的一个显著特征是：双方都意识到意思表示有着不正当目的却有意追求。其目的往往是以损害被代理人的利益为代价来为自己谋取不正当利益，这完全违背了设定代理权的宗旨。因此，代理人与第三人之间的串通是不具有代理行为性质的共同侵权行为。

除收受约定的报酬外，代理人不得在所进行的代理行为中谋取额外的利益，这是保证代理人能为被代理人的利益而行事的重要机制。站在被代理人的立场，代理人在从事代理活动时，与第三人应该是站在对立的立场上，但代理人如果因为收受了好处，与第三人共谋侵犯被代理人的合法权益，则属于侵害被代理人权益的行为，是代理人滥用代理权的极端表现。我国《民法通则》第66条第3款明确规定，代理人与第三人恶意串通损害被代理人的利益的，由代理人与第三人负连带责任，即代理人与第三人对被代理人因此所受的损害共同负赔偿责任。

【思考与练习】

1. 分析引例并回答问题。

2. 洛某有二子，大儿子洛林7岁，二儿子洛佳2岁。洛某有房屋两幢，一幢赠与洛林、一幢赠与洛佳，并已办理所有权移转登记。黄某委任洛某代为租赁房屋，洛某即一方面代理洛林与洛佳，一方面代理黄某，订立了黄某与洛林及黄某与洛佳之租赁合同。

洛某与洛林、洛某与洛佳之间的房屋赠与是否有效？黄某与洛林、黄某与洛佳之间的租赁合同是否有效？

☆思考方向：

① 明确有关赠与的法律规定，洛某与洛林、洛某与洛佳之间的房屋赠与是否有效取决于是否具备合同的有效要件。

② 判断洛某与洛林、洛佳之间以及与黄某之间的法律关系。

③ 分析洛某有关代理行为的法律性质，黄某与洛林、黄某与洛佳之间的租赁合同是否有效取决于其代理是否有效。

项目三　无权代理

【引例】

陆某是某市一套房屋的产权人。2010年5月，陆某儿子拿着他的印章、身份证和房屋产权证原件委托一家房产中介公司出售房屋。中介公司找到了下家徐某。6月，陆某儿子拿着陆某的印章和徐某签了房屋买卖合同，并到房地产交易中心办理了房屋过户手续。8月，徐某要求入住房屋时，遭到陆某拒绝。陆某认为，自己的印章、身份证和房屋产权证是被儿子偷出去的，儿子的所作所为他并不知情。双方在交涉无果的情况下，陆某起诉到法院，要求法院宣告房屋买卖合同无效。

庭审中，陆某坚持儿子拿自己印章、身份证和房屋产权证签订买卖合同，自己并不知情，均是儿子私下所为，但没有拿出证据予以证明。徐某则认为，在此次房屋买卖中，陆某儿子拿出的陆某印章、身份证和房屋产权证都是真实的，这应视为委托代理关系，而且自己是通过合法途径买得房屋，应当受到法律的保护，所以请求法院依法判决驳回陆某的诉讼请求。

法院应当如何处理？

【基本理论】

一、无权代理的含义

所谓无权代理，是指没有代理权而以他人的名义进行代理活动的民事行为。代理人为被代理人进行代理活动时拥有代理权是代理行为有效成立的首要条件，无权代理虽然具备代理成立的其他要件，但唯独欠缺代理权这一根本要件。因此，代理人没有代理权却以“被代理人”的名义进行民事活动，在民法上就称之为无权代理。

无权代理有三种表现形式：第一种是根本没有代理权的“代理”，即当事人实施代理行为，根本未获得被代理人的授权。第二种是超越代理权的代理。即代理人虽然获得了被代理人的授权，但他实施的代理行为不在被代理人授权的范围之内，就其超越代理权限所实施的代理行为，成立无权代理。例如，甲厂委托乙某代理其向丙厂购买电视，并签订了授权委托书，乙某在完成代理事项后见空调市场前景不错，遂擅做主张以甲厂名义与丙厂订立了空调买卖合同，此时，乙某擅做主张与丙厂订立合同的行为就属于超越代理权的代理。第三种无权代理就是代理权终止以后所进行的代理。即代理人获得了被代理人的授权，但在代理证书所规定的期限届满后，代理人继续实施代理的行为，就其超过代理权存续期限所实施的代理行为成立无权代理。

应当注意的是，无权代理除了代理权存在瑕疵之外，其本身具备民事法律行为的一般构成要件，是合法行为。

二、无权代理的法律后果

《民法通则》第 66 条第 1 款规定，没有代理权、超越代理权或者代理权终止后的行为，只有经过被代理人的追认，代理人才承担民事责任。未经追认的行为，由行为人承担民事责任。本人知道他人以本人的名义实施民事行为而不作否认表示的，视为同意。第 3 款规定，第三人知道行为人没有代理权、超越代理权或者代理权已终止还与行为人实施民事行为给他人造成损害的，由第三人和行为人负连带责任。我国《合同法》将无权代理所签订的合同定性为效力待定的合同，其有效与否取决于被代理人是否予以追认。由上述规定可以得出，无权代理的法律后果主要有：

（1）被代理人行使追认权，则无权代理变为有效代理，由被代理人承担相应的法律后果。

从原则上来说，无权代理对“被代理人”是不发生法律效力的，但是如果“被代理人”认为无权代理行为符合自己愿望或者利益时，则可以追认。经追认以后，该项代理行为便对被代理人发生法律效力。这里的追认，既可以通过明示的方式，也可以通过作为的默示的方式，如最高人民法院《关于适用〈中华人民共和国合同法〉若干问题的解释（二）》第 12 条规定，无权代理人以被代理人的名义订立合同，被代理人已经开始履行合同义务的，视为对合同的追认。

在“被代理人”知道他人擅自以自己的名义进行代理行为的情况下，“被代理人”负有进行拒绝或作出反对该项代理行为的意思表示的义务。如果“被代理人”知道他人以自己的名义实施民事行为而不做否认表示的，则视为同意。可见，无权代理转化为有效代理存在两种方式：其一是经被代理人事后追认；其二是被代理人知道而不加以否认。

被代理人进行追认，则无权代理转化为有效代理，产生与有权代理一样的法律效果；反之，若拒绝追认，则被代理人不需承担相应的法律责任。对第三人而言，其与无权代理人的有关交易的法律效力处于不确定的状态，这将有损第三人的利益。对这一问题如何处理，我国《民法通则》并未对被代理人的追认期限作出规定。在《合同法》中，为维持双方当事人利益的平衡，赋予了第三人以催告权和撤销权。根据《合同法》第48条第2款的规定，相对人可以催告被代理人在一个月内予以追认。被代理人未作表示的，视为拒绝追认。合同被追认之前，善意相对人有撤销的权利。

（2）被代理人拒绝追认，则无权代理人应自己承担相应的法律后果。

无权代理行为除欠缺代理权这一要素外，其本身具备民事法律行为的一般有效要件，被拒绝追认只是使该行为不能对“被代理人”发生代理的效力，但该行为仍然是有效的，其对无权代理人发生本人行为的效力。也就是说，无权代理人将自己承担履行相关义务或者向相对人赔偿损失的责任。

（3）相对人明知行为人无代理权仍与其实施民事行为，给他人造成损害的，相对人应与无权代理人对受损害的被代理人承担连带责任。

☞ **案例**

1998年8月，沈某的女儿在沈某不知情的情况下替其立据向彭某借款5 000元，约定月利息为30%。此后经彭某多次追要，沈某于1999年初分别归还600元和400元，2000年5月归还1 000元，2001年2月归还300元。彭某追要余款无着，遂诉至法院请求依法判处。法院审理认为：被告沈某女儿代理被告立据向原告借款应属无权代理，是效力待定的民事行为，原告依借据向被告追要借款本息时，被告没有表示否认，且已实际偿还了部分本息，应视为被告已追认其女儿的行为，故而被告应承担该行为的法律后果，即应承担偿还借款的责任。

三、表见代理

（一）表见代理的含义

所谓表见代理是指代理人虽无代理权，但有可使相对人有理由相信其有代理权的事由，因而法律强使本人（即名义上的被代理人）对于无过失的相对人承担被代理人责任的一种特殊的无权代理。一句话，表见代理从行为的性质上来看，属于无权代理的行为，但从法律效果来说，产生的是有权代理的效果。即被代理人不得否认该“代理行为”的效力，而是应当承担该“代理行为”的法律效果。

从表见代理的内涵上分析，首先，在外部关系上，当第三人主张代理行为的效力时，表见代理发生与正常的代理相同而且对等的法律效果，即代理人代理行为所设定的权利义务由被代理人承受，并在双方之间产生一种民事法律关系，其所产生的法律责任也一并由被代理人来负担，代理人因过失致第三人以损害的，第三人有权请求被代理人予以赔偿。其次，在内部关系上，由于代理人与被代理人之间并不存在代理权的授予，当然也就不发生民事法律关系。需要说明的是，对于表见代理，被代理人无权主张该代理行为无效，以便保护第三人的合法权益不受侵犯。例如，张某系某公司的职工，负责业务的开展，后张某因故被公司开除，但张某仍持有该单位的盖章介绍信、合同书文本。那么，张某如果利用持有的文件以该单位的名义与第三人订立合同，即构成了表见代理。如果该单位主张合同无效，从法理分，是不能成立的，因为第三人完全有理由相信张某有代理权。

（二）表见代理的合理性分析

表见代理中，代理人在表象上是有代理权的，但从实质上来说，代理人无代理权。法律强制被代理人承担无权代理的法律后果，这似乎有悖常理。但是，在实际生活中，某人对某人是否享有代理权、其代理权的范围如何，由于法律并未规定被代理人公示其代理人及其权限的义务，相对人往往只能凭代理人持有的授权委托书或基于被代理人的某些行为来判断。如相对人判断失误，就存在一个无过失的相对人的信赖利益问题，这本质上关系到市场交易安全的问题。如果善意相对人的利益不受法律的保护，与代理人进行民事活动的相对人就会由于安全感的缺失而放弃交易的机会。所以，通过保护善意相对人的利益来维护代理制度的信用，增强代理制度的社会效益，就是代理制度价值所在。另一方面，相对人之所以相信代理人有代理权，在某些情形下往往是由被代理人的过失行为引起的，如解除委任后没有收回授权委托书，对代理人原来的代理权加以限制后没有通知相对人等。在这种情况下，为维护无过失的相对人的利益，让有过失的被代理人为表见代理人的无权代理承担责任，也是合理的。

（三）表见代理的构成要件

表见代理的构成要件应是以下几个方面：

1. 表见代理应当符合代理的表面要件

表见代理中代理人须以被代理人的名义进行活动，与相对人形成法律关系，表见代理作为代理的一种，它就应当符合代理的表面要件。否则，就不成为代理，而是表见代理人与相对人之间形成的民事法律关系，只对缔约双方存在法律效力，不及于他人。

2. 代理人具有被授权的表象

无权代理之所以成为表见代理，是因为代理人具有被授权的表象。客观上须有使相对人相信表见代理人具有代理权的情形，并能使相对人在主观上形成该代理人不容怀疑的具有代理权的认识，如本人的口头表示、借用的合同章、介绍信等，尽管代理人没有被实际授权，但任何一个正常的交易人能根据表象而得出代理人具有代理权的结论。

3. 相对人须为善意且无过失

相对人善意是指相对人不知道行为人没有代理权，相对人所处的客观条件也不能使其有较大可能获知行为人无代理权，相对人并且尽了努力去了解但仍不能发现行为人无代理权。此种情况下，相对人的权益应当予以保护。相对人明知代理人无权代理或者相对人与代理人串通，均不构成表见代理。因为在上述两种情况中，如果赋予了相对人向被代理人主张代理行为法律效果的权利，将在一定程度上损害被代理人的利益。要求相对人在客观上必须表现为无过失，以便更好地保护交易中处于弱势地位的被代理人的合法权益。

4. 被代理人对无权代理行为未予以追认

表见代理是在本人对无权代理行为不予追认的情况下产生的。无权代理人的代理行为在被认为是表见代理前，首先是无权代理，如果本人在代理行为发生后，对该无权代理行为进行追认，自然构成有权代理。这样就没有必要审查是否构成表见代理。

5. 具备代理成立的有效条件

表见代理是有效代理，就必然要具备代理的其他生效要件。即行为人具有相应的民事行为能力，意思表示真实，内容不违背法律或社会公共利益。如果表见代理人与相对人之间的民事行为欠缺成立的有效条件，那么该行为从一开始就不产生法律效力，该行为也就没有约束被代理人的可能。

（四）表见代理的类型

根据我国《合同法》第49条规定，行为人没有代理权，超越代理权或者代理权终止后，以被代理人名义订立合同，相对人有理由相信行为人有代理权的，该代理行为有效。结合我国现行的民事立法，表见代理类型存在三种：即授权型表见代理、越权型表见代理及权限延续型表见代理。

1. 授权型表见代理

授权型表见代理即以自己的行为表示（可以明示，也可以默示）授予他人代理权，但却实际上未授予，或明知他人以自己的名义从事民事行为而不作否认表示造成相对人（即第三人）误以为行为人有代理权时，本人要对相对人承担实际授权人的责任。现实生活中有以下几种情况：

（1）本人以明示形式（即书面、口头）直接或间接地向相对人（即第三人）表示已经授权而实际上未授权，相对人依赖本人的表示而与行为人进行的交易行为。这种情况下，本人的意思表示可以是直接的，也可以是间接的，可以是口头的，也可以是书面的，相对人（即第三人）可以是特定的，也可以是不特定的。本人对于自己的授权，可以撤回，但应在相对人与“代理人”的民事活动成立之前撤回，撤回的通知应有效地到达相对人。

（2）将具有代理权证明的文书、印章交与他人，他人凭此以本人（含法人）的名义从事民事活动，相对人对此信赖而进行的交易。如上文之案例，这些文书印章虽然不是授权委托书，但其与本人有密切联系，具有专用性，起着证明代理权的作用，善意相对人相信行为人有代理权而与之订立合同，构成表见代理。

2. 越权型表见代理

越权型表见代理可以称为超越代理权的表见代理。代理人的代理权，通常都有一定的限制，但这一限制不一定为相对人所知，如果表现在外的客观情况，能使善意相对人误以为行为人有代理权，与其为民事行为，就构成表见代理，由本人承担其后果，其有两种表现形式。

（1）本人虽对行为人的代理权作了某些限制，但未在委托授权书中说明，或者本人授予代理人一定的代理权，但事后又加以限制，代理人不顾其限制而按原来的代理权进行代理活动，对此相对人并不知情，此时应构成表见代理，由本人承担其后果。

（2）本人委托授权不明，而客观情况又能使善意相对人误信行为人有代理权，即使行为人的行为超越了本人意思的授权范围，也构成表见代理。

3. 权限延续型表见代理

这种类型指本人与代理人曾有代理关系，但代理权已经终止或撤回后，本人未及时向外部公示，相对人并不知情。其主要有两种情况：

(1) 代理期间的届满或代理事务完成后的代理。本人应当在公示给第三人的授权委托书中载明代理期间及代理事务。如果本人没有作出明确记载，即使其与代理人对代理权消灭事由有过约定，只要第三人不知道这种情况，仍与代理人订立合同，则构成表见代理。

(2) 本人撤回委托后的代理，这种撤回行为属于单方法律行为，撤回的通知送达代理人即发生法律效力。如果代理人仍代理民事行为，而相对人对撤回的事实不知情的话，则构成表见代理。

(五) 表见代理的法律效果

表见代理作为无权代理的一种特殊形态，对不同的当事人而言，其法律效果是不一样的。

(1) 对于被代理人（本人）而言，发生代理效力。如前所述，在表见代理中，尽管代理人无代理权，但基于维护交易安全的价值考虑，对第三人的信赖利益予以保护，被代理人不得否认表见代理行为的效力，对其发生的后果相当于有权代理的效果。

(2) 对于相对人而言，既可主张无权代理，也可以主张表见代理。

在司法实践中，处理表见代理的案件应坚持如下的原则：

第一，在外部关系上，当第三人主张代理行为的效力时，表见代理发生与正常代理同样的效果，即代理人代理行为所设定的权利、义务由本人承受。代理人因过失导致第三人以损害的，第三人有权请求本人赔偿。

第二，在内部关系上，本人承受代理行为效果后，如因此造成损失，有权向表见代理人索赔。

第三，对表见代理，本人不得主张无效，但第三人有权主张无效。代理行为因第三人撤回意思表示而无效后，其处理适用一般无权代理的有关规定。

第四，在诉讼中，主张无权代理有效的第三人应对自己的无过失负举证责任。①

☞ **案例**

1988年10月12日，甲市A粮油议价经销公司（以下简称A公司）经理沈某，托去乙市办事的B（个体）贸易商行（以下简称B商行）经理刘某，将该公司的营业执照副本和盖有该公司合同专用章的空白合同转交给A公司驻乙市办事处孙某。刘某到达乙市后转交孙某未成。数日后，刘某得知乙市C粮油加工厂（以下简称C工厂）欲购豆粕，便持A公司的营业执照和空白合同文本与C工厂签订供给1 000吨豆粕合同。同年10月20日，C工厂按合同约定，将10万元定金汇入B商行账户。此后，刘某组织货源不成，致使合同无法履行。C工厂要求刘某双倍返还定金20万元。到11月末，B商行只给C工厂定金款12万元。12月中旬，B商行倒闭，经理刘某下落不明。C工厂便找到A公司，A公司经理沈某以该合同非公司人员所为拒绝承担责任，C工厂遂向人民法院起诉，要求A公司返还定金8万元。②

在本案中，主要涉及两个方面的法律问题：

1. 刘某的行为是否构成表见代理？刘某持有A公司的营业执照和空白合同文本，

---

① 尹田. 论“表见代理”. 政治与法律，1998 (6)：30.

② 摘自：法学，1991 (7)：45.

这些具有公信力的文件，足以使第三人C工厂有充分理由相信刘某的代理权，由此，构成表见代理。

2. 在表见代理中，被代理人和代理人是否承担连带责任。也就是本案中，C工厂能否在找B商行不能实现利益时，又转头找A公司承担责任。因为如上所述，如果C工厂要求A公司承担责任的话，是基于有权代理的后果。如果选择B商行承担责任的话，是基于无权代理的后果。很显然，从逻辑的角度来说，C工厂不能一会儿主张该代理行为有效，一会儿又主张该代理行为无效，而只能选择其中之一来主张权利。

【思考与练习】

1. 如果你是法官，将如何处理引例中的案件？理由是什么？

2. 甲为经营药材的专业户，乙为经营牲畜的专业户，二人系邻居。1988年10月，甲携款到外地收购药材，乙正好要到该地出售自养的骡马，二人遂结伴同行。行至途中，乙因家有急事，委托甲替他照看牲畜，说好自己快去快回，到目的地会合。甲到目的地后，乙还未到，遂与丙协商，以低于市场的价格把乙的牲畜出售给丙，丙另外给甲500元作为酬劳，二人说好，如乙问起，则告以骡马得病，只能低价出售。乙赶到目的地后，从好朋友丁处得知此事，因骡马均已被丙转卖，遂要求甲、丙赔偿自己损失。

乙是否有权要求甲、丙赔偿损失？为什么？①

☆思考方向：

① 确定甲乙之间的法律关系。

② 分析甲出售骡马行为的法律性质。

③ 判断甲、丙是否侵害了乙的合法权益。

【拓展阅读】

1. 杨婉萍：《表见代理若干问题研究》，载《河北法学》2000年第5期。

2. 左海聪、张川华：《外贸代理的类型化及法律适用》，载《法学论坛》2009年第4期。

3. 陈徐奉：《论商事代理》，载《河北法学》2009年第7期。

4. 江帆：《代理法律制度研究》，中国法制出版社2000年版。

① 王作堂．民法学自学考试题解．北京：中国政法大学出版社，1994. 110.

单元八

时效与期限

期限是指权利义务产生、变更和终止的时间，分为期日和期间。时效是指一定事实状态经过一定期间即产生一定法律效果的法律制度。我国现行立法无取得时效制度的规定，《民法通则》只规定了与消灭时效相当的诉讼时效制度。本章着重介绍诉讼时效期间的计算方法、效力等基本问题。

【知识目标】

本单元应重点了解诉讼时效的概念和种类等基本理论知识，掌握诉讼时效期间的计算方法，明确诉讼时效期间的起算、中止和中断，以及诉讼时效期间届满的法律效果。

【能力目标】

通过本单元知识的学习，能够判断民事权利基于时间的变化而产生的不同法律效果，熟悉诉讼时效的计算方法，从而在司法实践中准确地计算出相应的权利保护期，更好地保护当事人的合法权利。

【内容结构图】

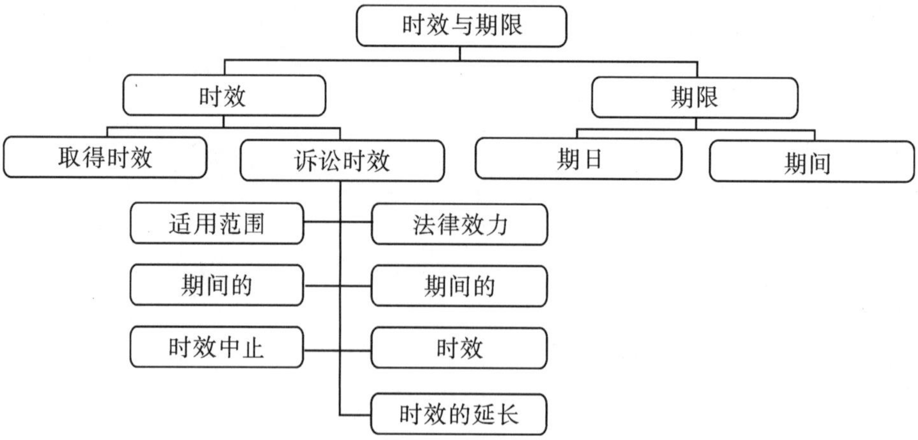

项目一 时 效

【引例】

甲公司与乙公司于2005年7月10日签订一份合同，约定由甲向乙供应一套设备并负责送货、安装，货款总额300万元。同年10月10日，甲公司将设备运抵乙方，设备安装后，调试运转正常。乙公司即付货款280万元，双方同意剩余20万元待设备运转3个月后如果没有质量问题时再行支付。3个月后，乙未向甲提出质量问题，甲去函要求乙支付余款20万元。乙以目前尚不能肯定设备有无质量问题为由，要求再等3个月。甲未允，去函要求乙方最迟到2006年2月10日前结清全部货款及迟延利息。乙未答复。此后3年内，双方未再就此事交涉。2009年5月，甲公司清理合同时发现乙公司尚欠其20万元设备款，遂派人到乙公司追讨，经双方协商，于2009年5月30日达成书面协议，乙公司同意于2009年6月30日前付清所欠货款。至6月30日，乙公司仍未付清此款。甲公司遂起诉于法院。

本案有没有超过诉讼时效？该如何处理？

【基本理论】

一、民事时效概述

（一）时效的含义

通说认为，时效是民法规定的一定事实状态经过一定期间即产生一定法律效果的法律制度。在这里，什么事实状态、经过多长时间、产生什么法律效果，都由法律直接规定。在时效进行前及进行中，当事人均不能以约定排除时效规范的适用。

时效是导致民事法律关系发生、变更和消灭的法律事实，适用时效制度，当事人可取得一定的权利或使某种权利的效力发生减损。取得权利或权利效力减损并非基于当事人的自由意志，而是由法律规定的当事人在一定时间内为一定行为或不为一定行为的结果。

（二）时效的种类

时效依事实状态和法律效果的不同，可以分为两种：取得时效与消灭时效。

所谓取得时效，又称占有时效，是指无权占有人以行使所有权或其他财产权的意思公然、和平、持续地占有他人的财产，经过法律规定的期间，即依法取得该财产所有权或其他财产权的法律制度。取得时效起源于古罗马法。在近代，取得时效制度首先为法国民法典所采纳，后来为大多数大陆法系国家采纳。我国台湾地区民法典更将取得时效扩展适用至动产、不动产的所有权和其他财产权。1917年后形成的社会主义法系各国基本上未采纳取得时效制度。

在取得时效中，决定取得时效制度的根本因素是公共利益和占有人利益而不是原所有权人利益。当占有人长期、合法、善意并且不中断地占有他人之物时，如果原所有权人怠于追索自己的物品，则出于公共利益考量，法律应当赋予占有人就该物享有所有权，从而避免影响进一步的经济流转。

所谓消灭时效，又称诉讼时效，是指权利人在法定期限内不行使权利，将导致其权利丧失，或者法律将不予救济的法律制度。例如，甲欠乙一笔钱，到期未还，但乙不闻不问。这种状况持续一定期间后，乙便丧失了请求甲还钱的权利。

大陆法系国家中法国、奥地利、日本等国民法建立统一的时效制度，将取得时效和消灭时效一并规定。德国和我国台湾地区民法将取得时效与消灭时效分立，将取得时效规定于物权篇，将消灭时效规定于总则篇。由于历史原因，我国民事立法深受苏俄民事立法模式影响，《民法通则》采纳了所谓的统一时效模式，但实际上只规定了消灭时效（诉讼时效）制度，取得时效制度至今尚无规定。

二、诉讼时效的含义

依《民法通则》规定，诉讼时效是指权利人在法定期间内不行使权利即丧失请求人民法院依法保护其民事权利的法律制度。这里的“法定期间”即诉讼时效期间，权利人在该期间内有权请求人民法院保护其权利；一旦诉讼时效期间届满，权利人则不再享有请求人民法院保护的权利。

诉讼时效具有以下特征：

（1）诉讼时效属于消灭时效。诉讼时效完成仅消灭权利人的实体请求权。实体请求权是权利人取得胜诉的根据，又称胜诉权，诉讼时效一旦完成后，程序上的请求权并未消灭，但权利人丧失了通过诉讼获得救济的权利，其权利也不再受法院保护。但权利人仍有程序意义上的诉权，仍可依法向人民法院提起诉讼。

（2）诉讼时效具有强制性。它的强制性是指当事人既不能协议排除对诉讼时效的适用，也不得以协议变更诉讼时效期间。这就意味着：①民法关于时效的规定不得由当事人依自由意思予以排除；②时效期间不得由当事人协议予以加长或缩短；③时效利益不得由当事人预先予以抛弃。因此，当事人关于排除时效适用、变更时效期间或预先抛弃时效利益的约定，依法当然无效。

（3）诉讼时效具有普遍性。诉讼时效制度为普遍性规范，除法律有特别规定外，诉讼时效适用于各种民事法律关系。我国《民法通则》第 135 条规定，向人民法院请求保护民事权利的诉讼时效期间为两年，法律另有规定的除外。依此规定，除法律另有规定外，都应适用二年期间的诉讼时效。

诉讼时效的功能主要体现在维护社会秩序和交易安全。具体主要体现在如下两个方面：

（1）督促权利人及时行使自己的权利，以维持社会的稳定。在社会生活中，一定的事实状态的继续必然会产生相应的法律秩序。在交易中，如果请求权人长期不向义务人主张权利，就会使义务人认为，权利人已经放弃其请求权，这就会在社会中形成一种信赖利益，所以法律要通过时效制度来维护既定的财产秩序和交易秩序。如果经过相当长的时间，权利人行使权利将推翻既定的社会秩序，不利于法律秩序的稳定，所以有必要设立诉讼时效制度。

（2）有利于证据的收集和判断，节约司法资源，促进及时解决纠纷。因为有些事实可能年代已久远，一方长期没有提出请求，许多证据难以查找，年代越久远，诉累越重，如无时间限制，会造成原权利人举证负担沉重，现在的权利人也深受其影响，法院也会增加审判负担。

三、诉讼时效的适用范围

诉讼时效的适用范围，是指诉讼时效制度所适用的权利类型。诉讼时效制度适用的权利范围，涉及哪些权利因诉讼时效期间届满、义务人提出诉讼时效抗辩而不会得到法院保护的重大问题，对权利人的权利保护意义重大。该问题既是司法实务亟须规定的问题，又是争论较大的问题，各国的立法不尽一致：①规定为债权，如瑞士债务法；②债权及其他非所有权之财产权，如日本民法典；③请求权，如德国民法典。我国《民法通则》对此未作规定。

根据我国司法实践的经验总结及学术界通行观点，我国诉讼时效制度主要适用于：①债权请求权；②继承回复请求权和受遗赠请求权；③物权请求权之返还财产请求权。但支付存款本金及利息请求权和兑付国债、金融债券、向不特定对象发行的企业债券本息请求权以及基于投资关系产生的缴付出资请求权等债权请求权不适用诉讼时效。因为前两种请求权的实现关系到社会公共利益的保护，如果适用诉讼时效将使民众的切身利益受到损害；后一种请求权如果适用诉讼时效将有违公司资本充足原则，且不利于保护其他足额出资的股东及公司债权人。

下列请求权则不适用诉讼时效制度：①物权请求权之非财产性请求权。如请求停止侵害、排除妨害、消除危险、恢复原状等。②人格权上之非财产性请求权。如停止侵害、赔礼道歉、消除影响请求权。③身份关系上之请求权。如：离婚请求权、解除收养关系请求权、扶养费请求权、赡养费请求权。④共有财产分割请求权。⑤未授权给自然人、法人经营、管理的国家财产因受侵害而产生的请求权。

四、诉讼时效的效力

诉讼时效的效力，是指诉讼时效完成即诉讼时效期间届满而发生的法律效果。各国立法有所不同。在我国，民商事立法及各学说均认为，诉讼时效期间届满，权利人丧失向人民法院请求保护其民事权利的权利，即权利人的胜诉权消灭。关于诉讼时效的效力应注意以下几个方面：

（1）诉讼时效期间届满，权利人丧失胜诉权，但仍享有起诉权。也即是说，权利人因诉讼时效期间届满而丧失请求人民法院以国家强制力强制义务人来实现自己的实体权利的权利，即实体意义上的诉权，但并不因此丧失依法向人民法院提起诉讼的权利，即程序意义上的诉权。因此，诉讼时效期间届满，权利人向人民法院提起诉讼的，人民法院应当予以受理，经审查确认权利人的起诉已经超过诉讼时效期间的，才判决驳回其诉讼请求。

（2）诉讼时效期间届满，权利人丧失胜诉权，但不因此丧失实体请求权。法律规定的诉讼时效期间届满，人民法院对权利人的权利不再予以保护，但权利人实体权利仍然存在，已过诉讼时效的债务为“自然债务”。根据《民法通则》规定，诉讼时效期间届满后，义务人愿意履行的，权利人有权受领。义务人履行义务后，又以诉讼时效已经完成为理由而反悔，或主张权利人受领履行属于不当得利的，人民法院不予支持，权利人也可以予以拒绝。

（3）主债权因诉讼时效期间届满而丧失请求人民法院予以保护的权利时，人民法院对于权利人因主债权而取得的各种从权利，也不予以保护。

（4）诉讼时效期间届满后，当事人双方就原债务履行达成新的协议或具体还款协议的，重新确认原债权债务关系的，应当认为原债权债务关系因得到重新确认而重新起算诉讼时效期间。例如，超过诉讼时效期间后，信用社向借款人发出催收到期贷款的通知，债务人在通知单上签字或盖章的，应当视为对原债务的重新确认，该债权债务关系应当受到法律保护。因为诉讼时效的目的是使法院正确处理纠纷，督促权利人及时地行使权利，诉讼时效虽有可能使义务人不负责任的现象发生，但其目的并不在于保护义务人不承担责任。

如前引例中，甲、乙双方签订合同约定的付清余款截止时间为2006年1月10日，在此日期前，乙未向甲付款，诉讼时效开始计算为2年，截止时间应为2008年1月10日。本案的诉讼时效在甲提起诉讼时已经超过，但是，作为权利人，甲丧失的仅仅是一定程度上的诉权，实体上的权利并不因此消灭，甲仍然有权要求乙清偿债权，乙也有义务清偿。双方在诉讼时效之外的时间内达成还款协议，应视为是债权人给予债务人清偿债务的宽限，诉讼时效重新计算。

※诉讼时效与除斥期间的关系

除斥期间，亦称预定期间，是指法律预定或者当事人约定当一定期限届满时某种形成权消灭的期间。权利人在除斥期间内未行使权利的，期间届满时其权利消灭。我国《合同法》对法律行为的变更权、撤销权和相对人催告后法定代理人的追认权以及债权人领取提存物等权利，都有除斥期间的相关规定。

诉讼时效制度与除斥期间制度都是对权利人行使自己的权利进行时间限制，都起着督促权利人及时行使权利、保护社会法律关系稳定的作用，也都是期间届满将会导致某种特定的权利消灭的法律后果。二者的区别主要有：

（1）期间属性不同。诉讼时效为法定期间，不允许当事人自行约定或变更；除斥期间由法律直接规定，也可以由当事人自行约定。

（2）适用客体不同。诉讼时效主要适用于债的请求权，如债权人请求债务人清偿债务；除斥期间则主要适用于形成权，如债权人的撤销权等。

（3）法律效果不同。诉讼时效期间届满，权利人仅丧失胜诉权，实体权利本身并不消灭，只是因丧失强制义务人履行的效力而转化为“自然债”。除斥期间届满，权利人丧失形成权，实体权利消灭。

（4）期间起算不同。诉讼时效期间一般自权利人能够行使请求权之日起计算，若权利人不能行使请求法律保护的权利，则一般不开始计算时效期间；并且诉讼时效是可变期间，可因法定事由而中止、中断，例外情形下还可以延长。除斥期间一般自权利成立之日起计算，至于权利人能否行使权利，一般不影响期间计算，因此不能适用中止和中断。

（5）法院援引适用上的不同。对诉讼时效，人民法院既不能主动释明，也不能积极审查、主动援引，只能由当事人在诉讼中提出时效抗辩时加以援引适用。对除斥期间，从保护既存法律关系权利人权益出发，法院在作出裁判时必须依法审查，依除斥期间是否届满作出处理。

五、诉讼时效期间的种类及起算

（一）诉讼时效期间种类

诉讼时效期间是指权利人向人民法院请求保护其民事权利的法定期间。依适用范围的不同，诉讼时效期间可分为普通诉讼时效期间和特别诉讼时效期间。

1. 普通诉讼时效期间

普通诉讼时效期间，指由民事基本法统一规定的，普遍适用于法律没有作特殊诉讼时效规定的各种民事法律关系的时效期间。对此各国立法规定不一，如法国、德国为30年，日本为20年，俄罗斯为3年。我国《民法通则》第135条规定，向人民法院请求保护民事权利的诉讼时效期间为两年，法律另有规定的除外。这表明，我国一般民事诉讼的普通诉讼时效期间为两年。

2. 特别诉讼时效期间

特别诉讼时效期间，又称为特殊诉讼时效期间，是指法律规定仅适用于某些特定的民事法律关系的诉讼时效期间。民事基本法、民事特别法均可规定特别诉讼时效期间。特殊时效优于普通时效，也就是说，凡有特殊时效规定的，适用特殊时效，我国《民法通则》第141条规定，法律对时效另有规定的，依照法律规定。

特别诉讼时效期间可分为以下两种：

（1）短期时效。短期时效指诉讼时效不满两年的时效。我国《民法通则》第136条规定，下列时效为一年：①身体受到伤害要求赔偿的；②出售质量不合规格的商品未声明的；③延付或拒付租金的；④寄存财物被丢失或被损坏的。但是第2项因特殊法已经变更，《产品质量法》第45条规定，因产品存在缺陷造成损害要求赔偿的诉讼时效期间为两年，自当事人知道或者应当知道其权益受到损害时起计算。

（2）长期诉讼时效。长期诉讼时效是指诉讼时效在两年以上二十年以下的诉讼时效。《合同法》第129条规定，国际货物买卖合同技术进出口合同纠纷的诉讼时效为四年；《环境保护法》第42条规定，因环境污染损害赔偿提起诉讼的时效期间为三年；《海商法》第265条规定，有关船舶发生油污损害的请求权，诉讼时效期间为三年。

（二）诉讼时效期间的起算

诉讼时效期间起算点的确定，实际上与诉讼时效制度的立法目的有关。《民法通则》第137条规定，从知道或应当知道权利被侵害时起算。这是请求人民法院保护其权利的基础，从这一时间点开始计算诉讼时效期间，符合诉讼时效是权利人请求法院保护权利的法定期间的本旨。所谓知道，是指权利人已明确自己权利被侵害事实的发生，并且知道侵权人是谁；应当知道，是指根据客观事实推定权利人能知道权利被侵害和被何人侵害，即权利人尽管主观上不明了自己权利已被侵害的事实，但他对权利被侵害的不知情，是出于对自己的权利未尽必要的注意而造成的。因此，我国法律对诉讼时效期间起点的计算采用的是主客观相结合的方式来确定的。这一规定要求权利人行使权利的要件包括：客观上权利受到侵害；主观上权利人知道或应当知道权利被侵害；权利人有行使权利的可能，即知道或应知道侵害人是谁。

由于各种民事法律关系的性质不同，权利人应当知道其权利被侵害的时间也不完全相同，因此，对于《民法通则》第137条规定的诉讼时效的起算时间，在实践中还应区分以下具体情况而确定：①附条件或者附期限的请求权，从条件成就或期限到来之日起算。②有履行期限的请求权，从履行期限到来之日起算。③无履行期限或者履行期限不明确的请求权，可以确定履行期限的，诉讼时效期间从履行期限届满之日起算；不能确定的，诉讼时效期间从债权人要求债务人履行义务的宽限期届满之日起算。④分期履行的请求权，从最后一期履行期届满之日起算。⑤因违约行为而发生的强制实际履行请求权、损害赔偿请求权和违约金请求权，从权利人知道或应当知道违约行为发生之时起算。⑥标的为不作为的请求权，从义务人有违反行为之时起算。⑦因侵权行为发生的请求权，从受害人知道有侵害行为及加害人之时起算，但二十年时效期间从侵权行为发生之时起算。⑧人身损害赔偿的诉讼时效期间，伤害明显的，从受伤害之日起算；伤害当时未曾发现，后经检查确诊并能证明是由侵害引起的，从伤势确诊之日起算。⑨侵害行为具有持续性的，诉讼时效从行为停止之日起计算。⑩国家赔偿的诉讼时效期间，自国家机关及其工作人员行使职权时的行为被依法确认为违法之日起算。

☞ **案例**

甲将一工艺品寄存乙处。2008年2月10日，乙告知甲寄存的工艺品丢失。2008年8月2日，乙找到了丢失的工艺品并将其归还给甲，甲发现工艺品损毁严重。根据《民法通则》的规定，甲向人民法院请求保护其民事权利的诉讼时效期间应为2008年8月2日至2009年8月2日。因为法律规定，寄存财物被丢失或者损毁的诉讼时效期间为1年，从当事人知道或应当知道之日算起。甲是因工艺品损毁严重而向人民法院请求保护其民事权利的，所以诉讼时效期间从其发现工艺品损毁严重之日开始计算。

（三）权利的最长保护期限

《民法通则》第137条规定，诉讼时效期间从知道或应当知道权利被侵害起计算。但是从权利被侵害之日起超过二十年的，人民法院不予保护。

条款中的“二十年”并非诉讼时效期间，而是对民事权利的最长保护期限。也就是说，从权利被侵害之日起二十年内，权利人不知道或不可能知道权利被侵害，二十年后才知道权利被侵害，才向人民法院提起诉讼的，人民法院将不予保护。因此，如果是属于适用两年诉讼时效期间的请求权，权利人自权利被侵害起的第十九年间才知道自己的权利被侵害的；或者属于适用一年诉讼时效期间的请求权，权利人自权利被侵害起的第二十年间才知道自己的权利被侵害的，提起诉讼请求的权利应当在二十年届满之前行使，而不再是从权利人知道权利被侵害之日起两年或一年内起诉。适用其他诉讼时效期间的请求权也一样，权利人只有在最长保护期间内起诉，才有可能获得司法保护。从权利被侵害之日起满二十年权利人才提起诉讼，是不能胜诉的。

设置最长权利保护期限，目的在于克服诉讼时效制度可能导致的无限期保护权利的缺点。这一最长保护期限必须连续计算，因此不适用时效中止或时效中断，但可以适用诉讼时效延长的规定。

司法实践中，权利人知道或应当知道权利被侵害的，应首先适用两年诉讼时效的规定，但最长不得超过二十年。此时，二十年是对两年中止、中断而延长的限制；当权利人不知道或不应当知道权利被侵害的，则首先应适用二十年的规定，在权利被侵害二十年后，即使知道其权利被侵害也不得适用两年的规定，此时二十年是对两年的补充。设置最长权利保护期限制度，正是为了克服诉讼时效制度可能导致的无限期保护权利的缺点。

六、诉讼时效期间的中止和中断

（一）诉讼时效期间的中止

诉讼时效期间的中止，也称“诉讼时效期间不完成”，指在诉讼时效期间进行中，因发生一定的法定事由使权利人不能行使请求权，暂时停止计算诉讼时效期间，待阻碍时效期间进行的法定事由消除后，继续进行诉讼时效期间的计算。

诉讼时效制度的设立目的在于使怠于行使权利者承担不利后果，但权利人不行使权利，并非出于怠惰，而是因为不得已的事由时，使权利人承担与怠于行使权利者同样的不利后果，未免失之不公。因此时效立法中应当设有中止制度，以求衡平。

诉讼时效期间中止的适用条件主要包括：

（1）须存在中止的法定事由。《民法通则》第139条规定，一是不可抗力，即不能预见、不能避免并不能克服的客观情况；二是其他障碍，本条规定为概括性规定。根据最高人民法院《民通意见》第172条的规定，主要包括如下情况：①权利人为无民事行为能力人、限制行为能力人而无法定代理人，或法定代理人已死亡、丧失代理权，或法定代理人本人丧失行为能力；②继承开始后，没有确定继承人或遗产管理人；③其他构成行使权利之障碍的事由，由法官以自由裁量权决定之。

（2）法定事由发生在时效期间的最后六个月，包括六个月内发生的和六个月前发生而延续至六个月内两种情况。因为此时发生中止事由，可能会导致权利人没有足够的时间去行使权利，而在最后六个月前的期间发生，权利人还有足够的时间去行使权利。

诉讼时效期间中止的效力在于使时效暂停计算，待中止的原因消灭后，即权利人能够行使其请求权时，再继续计算时效期间。即诉讼时效期间中止后，中止的期间不计入时效期间内，待中止事由消除后，时效期间继续进行，与中止前已经过的时效期间合并计入总的时效期间。

☞ **案例**

赵某欠陈某5万元，约定2007年3月1日前还清。如无中止事由，诉讼时效的最后一天为2009年的3月1日，诉讼时效从2008年9月1日进入最后6个月。但自10月1日起，陈某被非法拘禁1个月，由于客观障碍不能行使债权，则这一个月诉讼时效停止计算，至11月1日，陈某可以行使债权了，诉讼时效继续计算。因为还剩5个月没有进行，即继续计算5个月，这样期间的最后一天就是2009年4月1日。

（二）诉讼时效期间的中断

诉讼时效期间的中断，是指在诉讼时效期间进行中，因发生一定的法定事由，致使此前已计算的时效期间全归无效，待该法定事由消除后，诉讼时效期间重新计算的制度。

根据《民法通则》第140条的规定，中断诉讼时效的事由包括提起诉讼、当事人一方提出要求或者同意履行义务。这些事由区别于中止诉讼时效的事由，都是依当事人主观意志而实施的行为。诉讼时效的目的是促使权利人行使请求权，消除权利义务关系的不稳定状态，因而诉讼时效进行的条件是权利人不行使权利，如果当事人通过实施上述行为，使权利义务关系重新明确，则诉讼时效已无继续计算的意义，当然应予以中断。

1. 权利人提起诉讼

即权利人依诉讼程序主张权利，请求人民法院强制义务人履行义务。“提起诉讼”是权利人请求法院这一公权力机关运用公权力对其权利进行保护的公力救济方式。它表明权利人正在积极地行使自己的权利，使诉讼时效失去了适用理由，因而使诉讼时效期间中断。故各国立法均将“提起诉讼”作为诉讼时效中断的法定事由。

关于在“提起诉讼”的情形下，诉讼时效期间应从何时中断，理论界存在争议，分别有从当事人向法院提起诉讼之日、人民法院受理之日和起诉状副本送达义务人之日中断三种观点。最高人民法院司法解释规定，当事人一方向人民法院提交起诉状或者口头起诉的，诉讼时效期间从提交起诉状或者口头起诉之日起中断。因为权利人以“提起诉讼”的方式主张权利的，由于其请求保护权利的对象为法院，故只要其向法院提交起诉材料或者口头起诉，就应认定其向法院提出了权利主张，诉讼时效中断，而无须等待法院受理。这样更符合诉讼时效中断制度的立法目的，也有利于保护权利人的权利。

另外还需要注意的是：

（1）应对提起诉讼作扩张解释。起诉的性质为权利人主张权利的保护。基于这一性质，其不仅包括权利人向法院起诉的行为，而且包括权利人具有同样性质的其他行为，如向有关行政机关提出保护权利的请求，向法院申请强制执行，依督促程序向法院申请支付令，向仲裁机构申请仲裁，向人民调解委员会请求调解等。

（2）权利人因起诉不合法被法院驳回的，不构成提起诉讼，不能使诉讼时效期间中断。但起诉后撤诉的，应区别对待，如果起诉书尚未送达，不应中断诉讼时效期间，如果已送达，应按当事人主张权利处理，可作中断事由。

2. 权利人主张权利

这里指权利人直接向义务人作出请求履行义务的意思表示。这一行为是权利人在诉讼程序外向义务人行使请求权，是其行使权利的行为，不符合诉讼时效制度制裁怠于行使权利者的本旨，因而使诉讼时效期间中断。它包括：权利人向义务人、保证人、义务人的代理人或财产代管人主张权利或向清算人申报破产债权；权利人向人民调解委员会或其他依法有权解决相关民事纠纷的国家机关、事业单位、社会团体等社会组织提出保护相应民事权利的请求等。至于请求的方式可口头，也可书面，但由权利人负举证责任。

3. 义务人认诺

即“当事人同意履行义务”，是指义务人在诉讼时效进行中直接向权利人作出同意履行义务的意思表示。基于义务人认诺所承担的义务，使双方当事人之间的权利义务关系重新得以明确，诉讼时效自此中断，并即时重新起算。义务人对权利人的认诺表示，可以各种方式作出，以口头或书面方式对权利人或其代理人作出通知、请求延期给付、提供担保、支付利息或租金、清偿部分债务等义务人的行为，在法律上均可构成。

☞ **案例**

某台商因不满意相邻业主将房屋出租给公司作办公使用，找到物业管理公司（以下简称物管公司）要求予以解决。物管公司发出整改通知后，未能改变使用状况。台商遂以此为由，自2005年8月起拒绝向物管公司支付物业管理费，台商家人曾于2006年6月“意外”交付了3个月的物业管理费，随后继续拖欠至2007年年底。物管公司从未向欠款台商发送过主张权利的催收文件，现在欲向台商提起诉讼，但不知2005年欠付的租金是否超过诉讼时效，是否能得到法律保护。

台商部分履行债务的行为，应当认定为符合《民法通则》规定的当事人一方“同意履行义务”，其2006年6月的交付行为构成诉讼时效中断，物管公司的合法权益理应得到保护。

对于中断时效的效力，各国的规定大致相同。分为对时效和对人两种效力：对时效的效力是指中断事由发生前，已经经过的时效期间，全归无效；中断事由存续期间，时效不进行；自中断事由终止时起，时效重新开始进行。对人的效力是指时效中断的效力只对当事人、继承人、受让人有效。诉讼时效中断后，出现新的中断事由可以引起诉讼时效再次中断，但要受二十年最长诉讼时效的限制。

诉讼时效期间中止与中断是两种不同的法律制度，其区别主要表现如下：

（1）发生的事由不同。中止的法定事由出自当事人的主观意志所不能决定的事实；中断的法定事由为当事人的主观意志所能左右的事实。

（2）发生的时间不同。中止只能发生在时效期间届满前的最后六个月内；中断可发生于时效期间内的任何时间。

（3）法律效果不同。中止不将中止事由发生的时间计入时效期间，中止事由发生前后经过的时效期间合并计算为总的时效期间；而中断于中断事由发生后，已经经过的时效期间全部作废，重新开始计算时效期间。

七、诉讼时效期间的延长

诉讼时效期间的延长，是指法院对已经完成的诉讼时效期间延长其期限，仍对权利人的权利予以保护的制度。通常时效期间届满后，权利人向法院要求保护权利的，法院不予支持。但有的权利人在诉讼时效期间内未能行使权利确有正当原因，而中止和中断的事由倾向于采取法定主义，不可能包罗所有使权利人不能及时行使权利的事由，因此各国民事立法上多有诉讼时效延长的规定，由法官行使自由裁量权以弥补立法列举规定的不足。《民法通则》第137条规定，有特殊情况的，人民法院可延长诉讼时效期。

诉讼时效期间延长的条件：一是诉讼时效期间已经完成。二是权利人在诉讼时效期间未行使权利确有正当理由。三是是否延长由人民法院决定。《民法通则》第137条规定“可以”延长，而不是“必须”延长，即为由法院自由裁量；“特殊情况”也有限制，所谓特殊情况必须是指权利人由于客观的障碍在诉讼时效期间不能行使请求权的情况，如不可抗力、客观障碍、国家民族分裂等。四是延长时间必须适当。

但需注意的是，虽然最高人民法院关于贯彻执行《民法通则》实施意见（试行）第169条作了补充，权利人由于客观的障碍在法定诉讼时效期间不能行使请求权的，属于《民法通则》第137条规定的特殊情况，但法院对什么是“客观障碍”以及可以延长多少时效期间是享有很大的自由裁量权的，在司法实践中容易被操作，同时也容易产生违背法律公正的现象，有必要对其进行进一步的完善。

【思考与练习】

1. 2007年6月14日张某被烧碱烧伤左眼，当晚入住某医院，随即被诊断为“左眼强碱伤Ⅲ度”，后接受了眼球摘除术，并由此引发医疗争议，张某认为医院手术不当。2008年7月30日，医院给张某出具了伤情诊断证明。争议经有关方面协调未果。2009年7月9日，张某向当地法院起诉，要求医院就医疗损害后果进行赔偿。医院主张已经超过诉讼时效，请求法院驳回起诉。一审法院经审理认为，张某的眼睛被烧伤后，医院于就诊当日即作出明确诊断，认定原告的伤情是比较明显的，诉讼时效期间应从受伤之日起计算，原告起诉时超过一年的诉讼时效，故判决驳回张某的诉讼请求。张某不服，上诉至二审法院，称确诊时间应以医院在施行眼球摘除术后、出具诊断证明时算起，其起诉时间并未超过诉讼时效期限，请求二审法院依法公正判决。

二审法院应否支持张某的上诉请求？

✧思考方向：

最高人民法院《关于贯彻执行〈中华人民共和国民法通则〉若干问题的意见（试行)》第168规定：“人身损害赔偿的诉讼时效期间，伤害明显的，从受伤害之日起算；伤害当时未曾发现，后经检查确诊并能证明是由侵害引起的，从伤势确诊之日起算。”本案是否适用该条规定？

2. 甲将自己的6间房出租给乙，合同约定从2005年10月开始，乙每年应向甲交租金3 600元。至2006年10月，乙只向甲交了租金1 800元，甲由于工作忙未顾及此事。2007年2月，甲向乙催交租金，乙却拖欠到2008年1月，甲欲向法院起诉。有人告诉甲，《民法通则》规定，延付或拒付租金的诉讼时效为一年，从2006年10月至2008年2月，已超过一年的时间，也就是说，甲已经丧失胜诉权，向法院告乙是徒劳的。甲无法，只好吃哑巴亏。

请根据诉讼时效的有关规定，谈谈你对本案的看法。

✧思考方向：

《民法通则》第136条规定延付或拒付租金的诉讼时效期间为一年，第140条则规定当事人一方提出要求（请求）时，诉讼时效应当中断，待中断事由消除后重新计算诉讼时效。本案中是否存在时效中断的情形？甲提起诉讼的时效应当如何计算？

项目二　期　限

【引例】

2008年彭某向杨某购买一辆“桑塔纳”轿车，约定当年自10月23日起算两个月交车，具体交车日期是什么时候？如果这两个月期间是从当年12月31日起算，何日为交车之日？

【基本理论】

一、期限的含义

期限，指权利义务产生、变更和终止的时间。民事法律关系都有一个产生、变更和终止的过程，与时间有着密切关系。期限分为期日和期间。期日是指不可分或视为不可分的特定时间，如某年某月某日或某日。期间是指一定的时间段，即自某一时间点始至某一时间点止的时间段，如从2010年5月17日至2012年5月17日。期间表示时间长度中的“线”，与期日所表示的时间之“点”不同。

期限分为法定期限、指定期限和约定期限。法定期限是指由法律直接规定的期限，如时效期间即是。指定期限是指由法院或有关机关确定的期限，如法院或仲裁机关指定的债务履行期日或期间、宣告死亡的期日即是。约定期限是指当事人自行约定的期限，如附期限法律行为中所附的期限即是。

任何民事法律关系的发生、变更和消灭都在一定的时间内进行。没有期限，即不能确知和确定权利义务的产生、变更、消灭和持续的时间，因此，期限在民法上具有重要意义。具体而言，期限在法律上的意义主要表现在以下方面：①期限是确定民事主体权利能力和行为能力开始和终止的尺度，如出生之时为自然人民事权利能力开始之时；②期限是作出法律推定的根据，如失踪人下落不明的期间，即为作出宣告死亡推定的根据；③期限是确定权利的取得或丧失的根据，时效期间即有这种作用；④期限是行使权利和履行义务的时间段，如合同履行期限、保证期限等；⑤期限是法律行为效力的起点或终点，如附期限民事法律行为中的期限。

二、期限的确定和计算

（一）期限的确定

（1）规定日历上的某一具体时刻为期限。

（2）规定一定的具体时间段为期限。

（3）规定某一必然发生的事件的发生时刻为期限。

（4）规定以当事人提出请求的时间为期限。

（二）期限的计算方法

期日为不可分的特定时间点，不发生计算问题。期间为一定的时间段，存在计算方法问题。就期间的计算，有自然计算法和历法计算法两种方法。前者以实际的精确时间计算，以时、分、秒为计算单位；一天为24小时。后者以天为计算单位，以日历所定的日、月、年计算。自然计算法虽然较为精确，但不够简便，如用来计算长期间就不适宜。历法计算法虽然较为简便，但却有欠精确。依《民法通则》第154条的规定，我国民法的期间计算法兼采二者。

1. 以小时为单位的期间计算法

以规定时为起点，经过规定的期间所达到的时为届满点。

2. 以日、月、年为单位的期间计算法

期间以日计算的，期间开始的当天不算入，从次日开始计算，期间的最后一天算至当日的第24时。有业务时间的，算至业务活动停止之时。最后一天为星期日和其他假日的，以其次日为期间的最后一天。若星期日和其他法定假日有变通，则以实际休假日的次日为期间的最后一天。这里所说的"节假日"是指国家统一规定的节假日，比如，星期六、星期日、国际劳动节、国庆节、春节等，但像妇女节、教师节等专为某一类人规定的节假日或某些民间节日，不包括在内。当事人非以月、年的第一天为起算点的，则一个月以30天计，一年以365天计。

期间以月、年计算的，期间届满日期为届满月或年相对应的日。如果届满没有相对应的日时，届满月的最后一天即为期间届满日。例如，法院于11月30日发出公告，宣布公告3个月后即发生法律效力，这里期间届满日期应是次年的2月30日，但是二月份只有28天，因此，期间届满日只能是2月28号。

在期限的计算中，有"以上、以内"用语的，均包括本数；有"不满"、"以外"用语的，均不包括本数。当事人对期间的起算时间有约定的，从其约定。

引例分析

期间以月、年计算的，期间届满日期为届满月或年相对应的日。引例中彭某与杨某约定自2008年10月23日起算两个月交车，故交车之日应为届满月的对应日即2008年12月23日。如果该两个月期间系自12月31日起算，届满月应是次年的2月，届满月的最后一天即为期间届满日，2月份只有28天，因此，期间届满日是2月28号，即交车之日是2008年2月28号。

【思考与练习】

《公司法》第103条第1款规定，"召开股东大会会议，应当将会议召开的时间、地点和审议的事项于会议召开二十日前通知各股东"，此项期间如何计算？某股份有限公司于2000年10月7日通知各股东于同年10月27日上午9时召开股东大会，其召集程序是否违法？

✧思考方向：

注意"二十日前"的起止时间，判断"10月27日"的二十日前是哪一天，在此基础上判断该公司召集程序的合法性。

【拓展阅读】

1. 郭明瑞：《诉讼时效的效力问题》，载《法学》2008年第9期。

2. 王轶：《诉讼时效制度三论》，载《法律适用》2008年第11期。

3.《最高人民法院关于审理民事案件适用诉讼时效制度若干问题的规定》，或《中国法律年鉴2009》，中国法律年鉴社2009年版。

具体民事权利简述

民事主体进行各种民事活动，依法行使其民事权利并承担相应的民事义务。依照法律的规定，民事主体享有的民事权利有以下类型：人身权、物权、债权、继承权、知识产权。不同类型的民事权利从其内容、特点到法律的保护方法等方面皆有所不同。民事主体应当依照法律规定的条件或者以不违反法律规定的方式行使具体民事权利，在民事权利受到损害或者有被损害之虞时，以合乎法律规范的方法、途径来保护自身权益。

【知识目标】

了解我国目前法律规定的五大民事权利的基本内容和体系结构，掌握各项具体权利的特点及法律的保护方法，明确不同类型民事权利之间的联系和区别。

【能力目标】

能够辨别不同的民事权利，掌握各项具体权利的行使方式和保护方法，对实践中出现的民事权利纠纷能够详细分析并作出准确判断。

【内容结构图】

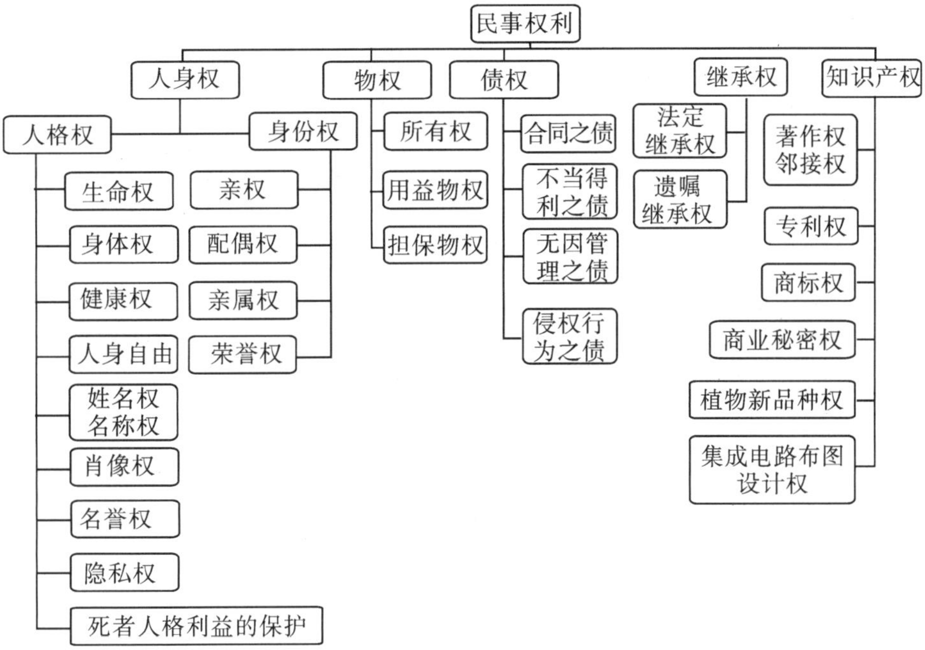

项目一　人身权

【引例】

2006年1月，电影《霍元甲》在全球范围内公开发行放映，产生了很大的影响。同年3月，霍元甲的孙子霍寿金将制作发行该片的中国电影集团公司、北京电影制片厂、星河投资有限公司等10名被告告上法院。原告认为，霍元甲是一个真实存在的爱国武术家，该影片却虚构了大量情节，把他塑造成一个好勇斗狠、滥杀无辜、乱收酒肉徒弟的一介武夫，并由此导致家破人亡，极大地歪曲了霍元甲的形象；霍元甲有7个孙子、11个曾孙，在该片中霍元甲却只有一个女儿，被仇人杀掉了，后来霍元甲也被人害死，极易使观看此片的观众误认为霍家从此断子绝孙。这不仅侵害了霍元甲生前名誉，而且侵害了霍氏后人的名誉权，使他们的身份遭到怀疑，精神上受到严重的伤害，因此请求法院判令被告停止发行影片、消除影响、恢复名誉并公开赔礼道歉。被告认为，该片内容主要在于褒扬霍元甲的爱国精神及表现中华武术的深刻内涵，并且在片尾注明“纯属虚构”的字样，并未侵权。被告还对原告是否为霍元甲后代提出了质疑。

问：电影《霍元甲》是否构成侵权？霍氏后人的身份被怀疑可能造成什么后果？

【基本理论】

人身权，是人格权和身份权的合称，是指民事主体依法享有的与其自身不可分离的没有直接财产内容的民事权利。人身权是民事主体享有的最基本的民事权利，是民事主体从事民事法律行为，设定、取得、变更或者放弃其他民事权利的基础，特别是民事主体取得财产权的前提。

人身权具有以下特征：

1. 非财产性

人身权以民事主体的人身利益为客体，人身利益包括人格利益和身份利益，本身并不具有财产内容，它所体现的是人们的道德情感、社会评价等。比如名誉权以名誉利益为客体，而名誉是社会对权利主体的一种评价，这种评价主要是对权利主体产生精神上、情感上的影响。当然，人身权与财产权也存在一定的联系，具体表现为：①人身权是取得某些财产权的前提，例如身份权是享有继承权的前提，只有死者的近亲属或者配偶才有权继承其遗产；②人身权在一定情况下能够给权利主体带来财产利益，例如肖像权人可以许可他人有偿使用自己的肖像从而获得相应的财产利益；③人身权受到损害时，可以要求加害人以赔偿一定金钱作为承担法律责任的方式。

2. 不可分离性

享有人身权是自然人、法人及其他组织得以进行民事活动的基础，人身权是保障民事主体人身利益得以实现的法律形式。人身利益以自然人的人身或法人及其他组织的组织体为载体，人身利益只有与主体结合在一起才能体现出来。因此人身权与其主体同时存在并且密不可分，主体不能没有人身权而单独存在，主体一旦消灭，人身权也随着消灭。

3. 不可转让性

人身权与民事主体不可分离决定了人身权不可转让，包括不得以任何形式买卖、赠与和继承。当然也有例外，某些人身权脱离了民事主体仍然具有法律意义或者经济价值的，可以依法转让和继受，如法人的名称权。

4. 支配性和绝对性

民事主体对结合于其自身的人身权可以直接支配，无须他人为特定的行为，因此人身权属于支配权，具有支配性；同时，民事主体行使其人身权可排斥任何人的非法干涉，因此人身权也是绝对权，具有绝对性。

5. 法定性

人身权由法律直接规定，民事主体不能通过约定或者单方行为创设人身权；多数人身权并不需要主体实施某种行为便可依据法律直接取得，即使是需要民事主体为一定行为才能取得的人身权。例如，家长给新生儿取名从而产生新生儿的姓名权、适龄男女结婚从而取得配偶权等，也是法律预先设定的。

以权利主体是否为自然人为标准，人身权可以分为自然人人身权和非自然人人身权；以人身权的客体是人格利益还是身份利益为标准，可以将人身权分为人格权和身份权。

❋相关法律

《中华人民共和国民法通则》第 98～103 条

人格权

人格权，是指民事主体依法固有为维护自身独立人格所必备的以人格利益为客体的权利。[①] 所谓固有，是指自然人从其出生、法人或其他组织从其成立之日起就享有人格权，该权利的取得无须民事主体积极的作为，而由法律直接赋予。在民事主体存续期间，人格权始终存在。对自然人而言，拥有独立人格是其从生物学意义的人被承认为法律上的人的主要标志，也是其与普通生物在法律上的根本区别，而人格权是其独立人格在民事活动中的具体彰显和保障；对法人或其他组织来说，享有人格权，才能以主体的身份独立参加和进行民事活动，因此人格权是民事主体维护人格独立所必需的，没有人格权民事主体的资格和地位将无法体现。

人格权以人格利益为客体。所谓人格利益，是指民事主体就其人身自由和人格尊严、生命、健康、姓名或者名称、名誉、隐私、肖像等所享有的利益的总和，包括民事主体在各种社会关系中所获得的社会评价、自我认知和精神感受等。人格利益通常分为一般人格利益和具体人格利益，前者是指民事主体享有但法律未作特别规定的人格利益，后者是指民事主体享有并由法律明确作出具体规定的人格利益。人格权也因此可划分为一般人格权和具体人格权。

一般人格权是以民事主体全部人格利益为标的的概括性权利，包括人格独立、人格自由、人格平等和人格尊严。所谓人格独立，是指民事主体作为法律上的人独立存

① 王利明．人格权法新论．长春：吉林人民出版社，1994.10.

在，既不依赖于物质也不依附于某种社会关系，每一个民事主体相对于其他人都是独立的个体。所谓人格自由，是指民事主体的人格不受他人支配、干涉和控制，并且自由决定、自我实现。人格平等则是指民事主体不论其身份、经济实力、社会地位等是否存在不同，在人格上一律平等、毫无差异。人格尊严指的是民事主体作为一个人所应有的最起码的社会地位并且应当受到社会和他人最起码的尊重。[①] 具体人格权是由一般人格权衍生而来的法律类型化的人格权，包括生命权、身体权、健康权、自由权、姓名权和名称权、肖像权、名誉权、隐私权等。一般人格权具有概括性和包容性，具体人格权具有法定性，民事主体的人格利益遭受侵害，可以根据具体人格权的相关规定追究侵害人的法律责任；当受损的人格利益法律没有明文规定、不能为具体人格权所救济时，则可以依据一般人格权寻求法律的保护。

《民法通则》及其他民事法律规范对具体人格权作出了不同程度的规定，现分述如下：

一、生命权

生命权，是指自然人维持生命和维护生命安全利益的权利。它是自然人最基本的人格权，没有生命权，也就没有自然人的其他人格权利。

生命权以生命安全及其利益为客体，其内容是保护自然人的生命活动能力、维护自然人生命活动的延续。自然人有权维护其生命安全，禁止他人非法剥夺其生命。在自然人的生命安全受到威胁或者处于危险状态时，权利人得行使权利，包括请求他人消除危险、排除妨害，或对所受不法侵害进行正当防卫，对威胁生命安全的危险采取紧急避险措施，请求国家机关给予保护等。值得注意的是，威胁自然人生命安全的危险应当是客观存在的或者按照自然规律可能发生的，自然人才能主张和行使其生命权；而负有特定职责的人，如消防员、警察等，不得以存在可能发生的危险危及生命为由拒绝履行职责。

生命权一旦受到实际侵害，任何法律救济对于权利主体都毫无意义，法律救济的唯一功能在于使权利主体的近亲属得到财产上的补偿和精神上的抚慰。侵害生命权的行为构成犯罪，应受到刑事处罚。至于生命权是否可以放弃则存在争议。传统理论认为，生命权不能被放弃，因此自杀、安乐死等都是被否定的；但目前也有不少人认为自然人可以自由支配其生命利益。本书作者认为，自然人可以在特定情况下行使其生命利益支配权，比如为了公益目的而献身，或者为了人的尊严而选择安乐死。当然，目前我国法律没有对安乐死作出任何规定，帮助他人实施安乐死仍属于违法行为。

※法条链接——

《中华人民共和国刑法》

第 20 条　为了使国家、公共利益、本人或者他人的人身、财产和其他权利免受正在进行的不法侵害，而采取的制止不法侵害的行为，对不法侵害人造成损害的，属于正当防卫，不负刑事责任。

第 21 条　为了使国家、公共利益、本人或者他人的人身、财产和其他权利免受正

① 梁慧星．民法．成都：四川人民出版社，1998．359．

在发生的危险，不得已采取的紧急避险行为，造成损害的，不负刑事责任。

二、身体权

身体是生命的物质载体，是生命得以产生和延续的最基本条件，法律意义上的身体指的是自然人的生理组织的整体。所谓身体权，是指自然人保持其身体组织完整并支配其肢体、器官和其他身体组织的权利。其内容包括：①保持身体组织的完整性，禁止他人的不法侵害，如致自然人伤残等破坏自然人身体完整性的行为都构成对身体权的侵害。②对身体组织的适当支配权，自然人可以因公益目的捐献其器官、组织和体液，如捐献骨髓、眼角膜、血液等；但自然人无权出卖自己及其身体组织。③损害赔偿请求权，身体权在受到损害时可以依法寻求赔偿。如《民法通则》第119条规定，侵害公民身体造成伤害的，应当赔偿医疗费、因误工减少的收入、残废者生活补助费等费用。《民法通则实施意见》第146条进一步规定，赔偿的生活补助费，一般应补足到不低于当地居民基本生活费的标准。

三、健康权

健康权，是指自然人保持身体机能正常和维护健康利益的权利。健康权主要表现为健康保持权，即自然人享有保持其人体生理机能正常和功能的正常发挥以及其健康状态不受侵犯的权利。健康包括生理健康和心理健康两个方面。权利人在其生理机能和身心健康遭受威胁或者损害时，有权获得司法保护，有权要求他人消除危险、停止侵害以及获得损害赔偿。但对于心理健康（精神健康）的保护应以受害人精神失常到患有精神疾病的程度，才能认定为侵害了以精神损害为内容的健康权；一般的精神上的痛苦不视为健康权受到损害。

健康权还表现为劳动能力保持权。劳动能力以生理机能的健康为基础，一般而言，自然人的身体及其生理机能的健康关系到劳动能力的状况，健康权被损害，可能导致劳动能力部分或者全部丧失。因此，自然人的劳动能力因不法侵害而受损的，可以由主张健康权而获得救济。

四、人身自由权

在公法领域，公民享有自由权，一般称之为政治自由权，包括言论、出版、集会、结社、游行、示威的自由和宗教信仰自由等，主要体现公民与国家、国家机关之间的关系。人身自由权则是自然人在私法领域的自由，亦称民事自由权，是指自然人享有的维护其身体、行动和思想自主，并不受非法干涉、限制、剥夺的权利。任何机关、组织和个人，非因法定原因、非经法定程序，不得约束、限制、剥夺自然人的行动自由和思想自由。

人身自由权是自然人参加民事活动、行使其他民事权利的重要前提，其内容包括：①身体自由权，即自然人有权支配自己的身体行动自由，不受非法羁押、拘禁和其他妨害；②行为自由权，指自然人可以在法律许可范围内依其意志实施或不实施一定的民事行为，如参加劳动生产、进行交易、结婚、离婚等；③精神自由权，指自然人有权按照自己的意志从事思维活动并保持其精神和思想的独立性，他人不得妨碍、限制或控制其自主思维。

五、姓名权和名称权

（一）姓名权

姓名权，是指自然人享有的决定、使用和变更其姓名的权利。姓名包括登记于户口簿上的正式姓名和别名、艺名、笔名等非正式姓名。

姓名权的主要内容包括：

1. 姓名决定权

姓名决定权，又称命名权，是指自然人决定采用何种姓、名及其组合的权利。根据我国《婚姻法》规定，自然人可以随父姓，可以随母姓，也可以采用其他姓氏甚至不用任何姓氏；可以决定其正式姓名，也可以决定其非正式姓名。自然人最初的命名权可以由父母、亲属、抚养人等代为行使，在具备一定民事行为能力时则可以自主决定其姓名。

2. 姓名变更权

姓名变更权，又称姓名改动权，是指自然人享有的依法改变自己姓或名的权利。自然人变更正式姓名应当符合法律规定的条件，并按照一定的程序办理。我国《户口登记条例》第18条规定，未满18周岁的人需要变更姓名时，由其本人或父母、收养人向户口登记机关申请变更登记；18周岁以上的人需要变更姓名时，由本人向户口登记机关申请变更登记。另外，父母离婚后未成年子女的姓名须经父母双方同意始得变更。变更艺名、笔名等非正式姓名，则不受限制。

3. 姓名使用权

姓名使用权，指自然人依法使用自己姓名的权利。自然人可以在各项社会生活中使用自己的正式姓名或非正式姓名，以区别于其他社会成员；可以在自己的物品、作品上标示自己的姓名，作为权利主体的标志；也可以不使用自己的姓名，如在作品上不署名，为特定行为后拒绝透露自己的姓名等。但法律对使用姓名有特殊规定的，应当从其规定。例如，进行工商登记、房屋登记、证券交易等必须使用户籍登记或身份证上的真实姓名，在接受国家机关依法进行的调查时应当如实告知自己的姓名。

（二）名称权

名称权，是指自然人以外的其他民事主体享有的决定、变更、使用和转让其名称的权利。法人、个体工商户、个人合伙、合伙企业、个人独资企业、社会团体和其他组织等均享有名称权。

名称权的内容主要包括：

1. 名称设定权

非自然人民事主体有权决定自己的名称，他人不得干涉，但设定的名称必须符合法律的相关要求。例如，企业只能设定一个名称；名称应当由字号或商号、行业或经营特点、组织形式依次组成；名称不得含有可能对公众造成欺骗或者误解的内容或者文字；同一范围内的民事主体不得重名等。此外，法人的名称必须登记；企业法人、事业法人和合伙企业设立时必须同时设定名称，否则不予登记。而个体工商户、个人合伙等可以设定名称，也可以不设定名称。

2. 名称使用权

名称权主体对其名称享有独占使用的权利，任何个人和组织都不得非法使用。依法登记的名称经公示后，即产生独占排他效力，在登记辖区内，同一性质的民事主体不得再登记或使用相同的名称；在不同行业或不同领域内使用的则不受此限，但使用时必须标明其所在行业或领域。

3. 名称变更权

名称权主体可以依法变更自己登记使用的名称，可以部分变更，也可以全部变更，他人不得进行非法干涉。变更后的名称同样必须合乎法律的相关要求。经过登记的名称变更时必须以同样程序予以变更方为有效，而原登记的名称视为撤销，不得继续使用。

4. 名称转让权

根据《民法通则》第99条的规定，企业法人、个体工商户、个人合伙企业有权依法转让自己的名称。上述民事主体从事商事活动，其名称作为商业符号，往往也具有一定经济价值，由此决定了其名称权可以转让，而且通常是有偿的转让。名称权转让包括全部转让和部分转让。

六、肖像权

法律意义上的肖像，是指通过绘画、照相、雕塑、录像、电影等形式使自然人外貌在物质载体上再现的视觉形象，是自然人基于精神活动而产生的人格利益。[①] 所谓肖像权，是指自然人对自己的肖像享有再现、使用并排斥他人侵害的权利。肖像权关系到自然人的人格尊严及其形象的社会评价，也与一定的财产利益相联系，对肖像权的保护主要是保护权利人的精神利益，在一定情况下也体现其物质利益。

肖像权的主要内容包括：

（1）形象再现权。自然人享有借助一定的物质载体以一定的形式将自己的形象加以再现的权利，有权自主决定自己或者许可他人再现其形象，他人不得非法干涉，也不得非法制作其肖像。

（2）肖像使用权。自然人享有使用自己肖像并获得精神上的满足和财产上的利益的权利，使用的方式通常表现为公开展示。肖像权人可以自己使用，也可以许可他人有偿或无偿使用，任何人不得非法干涉。

（3）肖像利益维护权。肖像权人有权禁止他人未经许可再现自己的形象或对自己的形象进行歪曲、丑化，以及未经许可使用其肖像。此处的“使用”不仅包括商业上的使用，还包括一切对肖像权人肖像的公开展示、复制和销售等行为。虽然我国《民法通则》第100条规定“未经本人同意，不得以营利为目的使用公民的肖像”，但多数学者认为侵害肖像权无须以“营利”为目的，否则会不适当地限制对自然人肖像权的保护。此外玷污、毁损他人肖像也构成对肖像权的侵害。

值得注意的是，在下列特定情形中，可以未经肖像权人同意而合理使用其肖像：

（1）在新闻报道中使用相关人物的肖像。

（2）国家机关为执行公务或者为国家利益举办特定活动使用自然人的肖像。

---

① 王利明等．人格权法．北京：法律出版社，1997.105.

（3）为记载或者宣传特定公众活动使用参与者的肖像。

（4）基于科研和教育目的在一定程度和一定范围内使用他人肖像。

（5）为肖像权人自身的利益使用其肖像。

☞ **案例**

1991 年 6 月初，原告吴某因患类风湿病在某医院住院治疗，期间正值某频谱总公司在全国搞技术推广。吴某用该公司生产的频谱仪对其膝关节部位进行照射治疗，病情有好转。为了保留医疗学术资料，该院主治大夫给吴某拍摄了三张彩色照片，其中有吴某由其女曹某搀扶的照片一张，吴某双腿、脚的照片一张，吴某本人站立的照片一张。1994 年 3 月，该频谱总公司未经吴某、曹某同意，将该三张照片印刷制作成图片广告的一部分，予以张贴，并将其中两张照片（除上述第二张以外）收集在《生物频谱医学创始人周林》的画册内，局部散发。该总公司在使用上述照片时，在照片下方将吴某的病情写为“骨关节结核患者”或“骨结核性关节炎患者”。1995 年 3、4 月间，吴某发现了该图片广告，并向有关新闻媒介进行了投诉。有关新闻媒介即将该情况披露。此后，双方当事人经过交涉，某频谱总公司向吴某、曹某表示了歉意，并由其山西子公司于 1995 年 4 月 5 日发出通知，将图片广告及画册上原告的照片及所配文字全部覆盖，对涉及原告肖像权的图片采取了相应的补救措施。

吴某和曹某以某频谱总公司未经本人同意，擅自将其照片公开张贴、散发，并将吴某患类风湿病说成骨关节病，侵犯了她们的肖像权和名誉权为由，向太原市中级人民法院起诉，要求被告承担民事责任，赔偿经济损失 12 万元。

某频谱总公司答辩称：公司未经原告许可使用其照片作为广告图片的一部分，确实侵犯了两原告的肖像权。但公司对此已一再道歉并愿意承担合理的经济赔偿责任，并于 1995 年 4 月停止侵权行为，采取了一定的补救措施。经与原告曹某协商经济补偿问题，因原告提出的金额过高，而未达成协议。

太原市中级人民法院经审理认为，被告未经原告许可，擅自使用其照片作为广告图片的一部分，侵犯了两原告的肖像权，被告对此行为应承担民事法律责任。原告诉请被告侵犯其肖像权，理由正确，应予支持，判令被告停止对两原告肖像权的侵害，赔偿原告吴某损失 3 000 元、赔偿原告曹某 1 000 元。原告诉请被告侵犯其名誉权及要求赔偿其经济损失 12 万元，因理由不足，不予支持。

吴某、曹某认为一审判决没有认定侵害名誉权、没有认定侵权的范围，对承担民事责任的方式确认过少，赔偿数额过低，遂提起上诉。山西省高级人民法院经审理后维持一审判决，并判决由被上诉人酌情补偿吴某、曹某经济损失 7 000 元。

七、名誉权

所谓名誉，是指对民事主体的人格价值（包括品行、思想、能力等）的社会评价。名誉权，是指民事主体就其自身属性和人格价值所获得的社会评价享有的保有和维护的人格权。

名誉权的主体包括自然人、法人和其他组织。名誉权人得就自己的客观公正之社会评价获得精神上的满足，也可以利用自己良好的名誉取得财产上的利益，并得排除他人的侵害，使自己的社会评价免于不正当的降低和贬损。名誉受到侵害时，名誉权人有权获得法律救济，使名誉恢复到受侵害之前的状态。

名誉权不具有财产性，但与财产利益相关联。名誉权受到损害，民事主体的社会信誉降低，可能导致其在民事活动中获得的物质利益减少或丧失获利的机会，因此对侵权行为人往往可以依照法律的有关规定要求其承担经济赔偿责任。

侵害名誉权的行为主要有：

（1）侮辱：指故意以语言、文字、暴力等手段贬损他人人格，从而损害他人名誉的行为。如对受害人进行口头谩骂、辱骂、讽刺；以书面形式辱骂、嘲笑他人，贬损他人人格；对受害人施以暴力直接损害其人格尊严；以暴力相威胁，迫使受害人违背自己的意志做出有损自己人格尊严的举动。

（2）诽谤：指故意或者过失散布某种虚假的事实贬损他人人格，从而损害他人名誉的行为。包括：①口头诽谤，即以口头语言传播虚假事实，使他人人格受到贬损；②文字诽谤。即以书面形式如书信、海报、网络等散布虚假事实，贬损他人人格。

除了明显的侮辱、诽谤行为外，社会生活中还存在一些貌似合法但实际上也属于侮辱或诽谤而致民事主体名誉权受损的特殊情形，如：①借检举、控告之名侮辱、诽谤他人；②新闻报道严重失实；③撰写、发表批评文章，有侮辱他人人格的内容，或者文章的基本内容失实；④描写真人真事的文学作品，对特定人进行侮辱、诽谤或者披露隐私损害其名誉；或者虽未写明真实姓名和住址，但事实是以特定人或者特定人的特定事实为描写对象，文中有侮辱、诽谤或者披露隐私的内容；⑤编辑出版单位已知其刊登或出版的作品侵害他人名誉权，却不采取补救措施等。

需要注意的是，某些行为虽有损害名誉的表象，但因有合法的抗辩事由而不构成对名誉权的侵害。主要包括如下情形：

（1）散布内容真实并且不属于他人隐私的事实。

（2）受害人同意。在不违反法律的强制性规定和社会公序良俗的前提下，受害人同意行为人散布有损其名誉的事实，视为对自己名誉权的放弃，行为人不构成侵权。

（3）正当行使权利。其他民事主体发表不利于名誉权人的言论或者实施可能导致其社会评价度降低的行为，属于有关机关、机构、社会团体正当行使管理权、正当舆论监督权，或是自然人依法行使申诉、检举、控告权的，不构成侵权。特别是公众人物，如政府官员、社会名流以及著名企业等，其名誉权与舆论监督权发生冲突时，应以服从公众利益为上。

❋相关法律

《最高人民法院关于贯彻执行〈中华人民共和国民法通则〉若干问题的意见（试行）》

《最高人民法院关于审理名誉权案件若干问题的解答》

《最高人民法院关于审理名誉权案件若干问题的解释》

《最高人民法院关于确定民事侵权精神损害赔偿责任若干问题的解释》

☞案例

2006年3月曾任安徽省卫生厅副厅长等职的尚军因涉嫌受贿被逮捕。同年8月，湖北省《前卫》杂志刊出《傍上两个“副省”，为何保不住她的亨通仕途》一文，讲述了尚军以色谋权的“桃色新闻”，文中内容多为尚军的“情色艳事”。2007 年 1 月尚军因受贿罪和巨额财产来源不明罪，被判处有期徒刑 10 年，判决书中无尚军以色谋权的内容，也无尚军在“审查期间交代自己与他人的特殊关系”的内容。

2008 年 3 月，尚军以该文捏造事实对其进行恶意诽谤和人身攻击，侵犯其名誉权为由，将《前卫》杂志的主办单位湖北日报传媒集团起诉到了法院，要求赔偿精神损害抚慰金 32 万元。法院经审理后认定，该文虚构、捏造尚军“以色谋权”等事实，同时用“狐狸精”、“鬼蜮伎俩”等带有侮辱性的言语诋毁尚军名誉，被告在刊发此文时不予审查核实，便传播、刊发不利于尚军名誉的虚假事实，且被其他媒体广泛转载、转摘，严重侵犯了尚军的名誉权，依法应承担相应的民事责任，因此判令被告书面向尚军赔礼道歉，赔偿尚精神损害抚慰金 6 万元。①

八、隐私权

所谓隐私，是指自然人与公共利益、群体利益无关的私人生活和私人信息，包括当事人不愿他人知道或他人不便知道的信息，当事人不愿他人干涉或他人不便干涉的个人私事，以及当事人不愿他人进入或他人不便进入的个人领域。只要未经公开，上述自然人不愿意公开的私人信息和私人生活都构成隐私的内容。

隐私权，指的就是自然人享有的私人生活安宁与私人生活信息依法受到保护，不受他人侵扰、知悉、使用、披露或公开的权利。其主要内容包括：

（1）个人生活安宁权：即权利人有权按照自己的意志从事或者不从事与社会公共利益无关的活动，保有私人生活和个人生活空间不受他人滋扰、破坏的权利。

（2）个人生活信息保密权：即权利人有权禁止他人非法知悉、使用或者公开其个人生活信息。个人生活信息包括个人的身体状况、婚姻状况、财产状况、家庭关系、交际关系和生活经历等。任何人不得以任何方式窃取、非法披露权利人的个人生活信息，也不得非法占有权利人个人生活信息的物质载体。

（3）个人通信秘密权：即权利人对个人信件和电话、传真、电子信箱的号码及其内容有权加以保密，禁止他人窃听、非法查阅和公开。

（4）个人隐私利用权：即权利人有权公开自己的隐私或者许可他人公开其隐私，以满足自身的各种需要，任何组织和个人不得非法干涉。当然，自然人必须合理利用自己的隐私，不得违反法律的强制性规定，不得违背社会公序良俗，也不得损害他人的合法权益。

一般而言，自然人的隐私权平等地受到法律保护。但是，当某些特定主体的隐私涉及社会政治利益及公共利益时，则不受隐私权的保护。这里的“特定主体”主要是指公众人物，即广为人知的社会成员，包括国家机关公务人员和社会各界、各行业的知名人士，他们与公共利益相关的个人信息如财产状况、社会关系等应当依法公开，社会及公众依法享有知情权。此外，为防范传染病的传播或者其他恶性事件的发生，在必要情况下依法公开有关人员的个人信息，不构成对自然人隐私权的侵害。

① 资料来源：合肥市中级人民法院网站。

九、死者人格利益的保护

自然人死亡，其人格权也随之消灭，但其人格利益的部分物质载体依然存在，其他社会成员对其评价也不会因其死亡而完全停止；在自然人死后还可能出现侵害其人格利益的行为。例如，以侮辱、诽谤、贬损、丑化等方式，侵害死者姓名、肖像、名誉、荣誉；非法披露、利用死者隐私；非法利用、损害遗体、遗骨等。这些行为一方面造成死者近亲属精神痛苦，另一方面也给社会的善良风俗和道德秩序带来危害。故此，对死者的人格利益应当予以法律保护。侵害死者人格利益的直接后果是死者近亲属的精神损害，因此死者的近亲属包括其配偶、父母、子女、兄弟姐妹、祖父母、外祖父母、孙子女、外孙子女依法享有精神损害赔偿请求权，有权向人民法院起诉。

※相关法律

《最高人民法院关于贯彻执行<中华人民共和国民法通则>若干问题的意见（试行）》第139～141条

《最高人民法院关于审理名誉权案件若干问题的解答》

《最高人民法院关于审理名誉权案件若干问题的解释》

《最高人民法院关于确定民事侵权精神损害赔偿责任若干问题的解释》

《最高人民法院关于死亡人的名誉权应受法律保护的函》

身份权

所谓身份，是指民事主体在婚姻家庭关系和其他特定社会关系中所享有的地位或者资格。所谓身份权，是指民事主体因特定身份而依法享有的维护一定社会关系的权利。身份权不是民事主体固有的权利，其取得和存续以某种特定身份关系的存在为前提，也就是说，民事主体必须与他人之间形成或存在一定身份关系才能享有身份权，身份关系消灭，身份权也随之消灭。身份权也不是民事主体必备的权利，没有身份权，不影响其主体资格。

身份权是权利义务的集合体，身份权人在其身份关系中既享有一定的权利，也承担一定的义务。身份关系包括婚姻家庭关系和其他特定社会关系，基于前者取得的身份权主要受亲属法调整，故称之为亲属法上的身份权，其权利主体只能是自然人；基于后者而形成的身份权则称之为非亲属法上的身份权，其权利主体可以是自然人、法人和其他组织。亲属法上的身份权包括亲权、配偶权、亲属权，非亲属法上的身份权有荣誉权、成员权等。

一、亲权

亲权，是指父母对其未成年子女予以照护、教育和财产管理的权利。亲权产生的基础为父母与未成年子女这一特定的身份关系，其权利主体为父母双方，且由父母双方共同行使。除了亲生父母对未成年的亲生子女享有亲权[①]外，养父母对未成年的养子女、继父母对形成抚养关系的未成年继子女都享有亲权。

亲权的内容主要包括：

（1）照顾、保护未成年子女，保障其身心健康和人身安全。

（2）管教未成年子女，促使其遵纪守法和接受各种必要教育。

（3）作为未成年子女的法定代理人，代理其实施民事法律行为，或者同意未成年子女进行与其年龄、智力相适应的民事活动。

（4）管理未成年子女的财产，并可为维护未成年子女的利益而对该财产使用、收益及处分。

※法条链接——

《中华人民共和国婚姻法》

第23条　父母有保护和教育未成年子女的权利和义务。在未成年子女对国家、集体或他人造成损害时，父母有承担民事责任的义务。

二、配偶权

配偶权，是指在合法有效的婚姻关系存续期间，夫妻双方基于配偶身份所互享的民事权利。配偶权有广义、狭义之分，广义的配偶权包括夫妻人身权和夫妻财产权；狭义的配偶权仅指配偶身份权。狭义的配偶权是基于法定的配偶关系而享有的身份权利，夫妻双方互为权利主体和义务主体，以同居请求权和贞操保持请求权为其内容，与之相对应的是双方互负有同居义务和忠实义务。[②] 同居请求权（同居义务）是指夫妻双方享有请求对方与自己同居的权利，同时负有与对方同居的义务；贞操保持请求权（忠实义务）是指夫妻双方互享请求对方保持对自己忠诚的权利，同时自己也有义务忠实于对方。

配偶权具有对人效力和对世效力，不仅夫妻双方不得互相侵害对方的配偶权，而且夫妻之外的任何人不得以任何方式侵害配偶权。由于过错侵害配偶权的，应当依法承担法律责任。

三、亲属权

亲属权，是指民事主体基于血缘、收养等特定关系而享有的身份权。具体可划分为：

（1）父母与成年子女之间的权利。基于该权利，父母对患有精神病的成年子女得享有监护权、法定代理权和扶养权；成年子女负有赡养父母的义务；父母与成年子女之间互享继承权等。

（2）祖父母、外祖父母与孙子女、外孙子女之间的权利。基于该权利，父母已经死亡的未成年的孙子女、外孙子女可以请求有负担能力的祖父母、外祖父母抚养；子女已经死亡或子女无力赡养的祖父母、外祖父母可以请求有负担能力的孙子女、外孙

---

① 亲生子女被他人合法收养的，亲生父母对该子女的亲权则消灭。

② 吴晓苹．配偶权若干问题研究．广州大学学报，2004（6）：68.

子女赡养。

（3）兄弟姐妹之间的权利。基于该权利，父母无力抚养的未成年弟妹可以请求有负担能力的兄、姐抚养；兄弟姐妹之间互有继承权。

四、荣誉权

荣誉，指的是基于民事主体在社会生产、社会活动中的突出表现或突出贡献，由国家机关、单位团体或其他组织作出的积极的正式评价。如国家授予某一自然人“三八红旗手”的称号，有关机构确认某个经营主体为“质量信得过商店”等。荣誉权，是指民事主体依法保有荣誉及其相关利益并排除他人非法侵害的权利。荣誉权非为民事主体所固有，其产生以民事主体具备一定事实为前提，且须由一定机关或组织经过一定程序授予。

荣誉权的内容主要包括：

（1）荣誉保持权：民事主体对已经获得的荣誉有权保持归己享有，他人不得非法干涉，非有法定原因、非经一定程序不得被取消或剥夺。

（2）荣誉利用权：在法律范围内，民事主体有权利用其荣誉获取相应利益，包括精神利益和物质利益。

【思考与练习】

1. 根据本单元的相关理论，分析引例中的案件。如果你是法官，将会作出怎样的裁判？

2. 举例说明名誉权与隐私权的关系。

3. 案例分析：

2005 年 7 月 9 日，苏州电视台在其电视栏目《法眼天下》中因对深圳市嘉义来工业有限公司生产的 J. S. D 单相电子节电器广告中“节电风暴”、“节省电 25% ~35%”等用语产生怀疑，从而走访了苏州大学专业教授及苏州电子产品检测所的专业人员，在最后评论中告诫、提醒广大消费者要警惕“骗局”。深圳市嘉义来工业有限公司认为，该节目的播放对其系列节电产品在苏州及周边地区的经营销售带来毁灭性的负面影响，造成了巨大的损失，也严重地损害其企业信誉和市场形象。为此，向法院起诉，要求苏州电视台公开赔礼道歉、消除影响并赔偿损失 58 万元。苏州电视台辩称，该节目旨在帮助消费者提高对产品及产品广告的辨别能力，其内容基本属实，没有侮辱内容，没有侵害原告的名誉权。①

本案应当如何处理？

☆思考方向：

① 明确法律有关名誉权的规定。

② 分析苏州电视台的行为是否符合侵害名誉权行为的构成要件。

③ 判断苏州电视台相关节目是否属于法律规定的侵害名誉权责任排除的情形。

④ 原告的经济损失和信誉损害是否与被告的行为有因果关系？

⑤ 根据法律和事实，确定法院判决的大致内容。

---

① 资料来源：江苏法制报，2005 - 12 - 15.

项目二　物　权

【引例】

甲有祖传玉器一件，乙、丙均欲购买之。甲先与乙达成协议以5万元价格出售于乙，双方约定，次日交货。丙知晓后，当晚即携款至甲处，欲以6万元价格购买之，甲欣然应允，并立即交货付款。乙因要求甲交付玉器不得而与甲发生纠纷。

玉器的所有权应归谁？本案应如何处理？

【基本理论】

一、物权的含义

物权属于财产权，是关于物的归属和利用的法律规定。《中华人民共和国物权法》（以下简称《物权法》）第2条第2款规定，本法所称物权，是指权利人依法对特定的物享有直接支配和排他的权利，包括所有权、用益物权和担保物权。

这一定义体现了物权具有如下五个方面的特征：

第一，物权是绝对权。这是指物权的义务主体是权利人之外的不特定的一切人，因此物权也称对世权。物权的义务人所负的义务是消极义务，即只要不妨碍物权人行使权利即可。

第二，物权是支配权。这是指物权的权利人不必依赖他人的帮助就能直接行使其权利，从而实现自己的利益。

第三，物权是排他权。由于物权为支配权，对同一标的物不能同时存在两个相同的支配力，所以物权具有排他性。也就是说，在同一物上不能同时存在两个以上内容相同的物权。

第四，物权的客体是物。作为物权客体的“物”，是指有体物，包括动产和不动产。物权的客体是物，这是物权与人身权、知识产权的重要区别之一。

第五，物权的内容是物权人享有物之利益。这是指物权人可以对物享有占有、使用、收益和处分中的一项或数项利益。也就是物权人可以支配物的使用价值或交换价值。

二、物权的效力

物权的效力是指法律赋予物权的强制性作用力。通说认为物权具有如下三大效力：

1. 物权的排他效力

物权的排他效力是指在同一标的物上不允许有两种以上不相容的物权同时存在。表现在：

（1）同一标的物上，不得同时并立两个所有权。

（2）同一标的物上不得有其他同样以占有为内容的定限物权存在。当然，若不是以占有标的物为内容的定限物权，则不在此限。

（3）抵押权等担保物权可以数个同时存在于同一标的物上，效力依权利设立的先后次序确定。

（4）物权排他效力有强弱之分。排他性最强的是所有权，其次是以占有为内容的他物权，最弱的是不以占有标的物为内容的他物权。

2. 物权的优先效力

物权的优先效力即同一标的物上存在两个或两个以上可相容物权时，成立在先的物权优先于成立在后的物权；同一标的物上有物权和债权同时存在时，物权优先于债权。

（1）物权优先于债权的效力。

存在于同一物上的物权和债权，无论成立顺序如何，物权均具有优先于债权的效力。因为物权在性质上是支配权，而债权在性质上属请求权，支配权的效力强于请求权。

例如，在前述引例中，甲一物二卖，分别与乙和丙都签订了买卖合同，依《合同法》第8条、第107条的规定，两份合同均应为有效合同。乙、丙对甲均享有合同请求权。在甲与丙之间的买卖合同中，丙的请求权因标的物玉器的交付而得以实现，丙实际取得了对玉器的所有权。虽然甲与乙之间的合同订立在先、甲与丙的合同订立在后，但乙对该玉器只享有合同债权，而丙对该玉器已经拥有了所有权，故根据物权优先于债权的原则，应优先保护丙对该玉器的所有权。而乙的合同请求权因甲无法交付合同标的物玉器而无法实现，甲对乙构成了违约，应承担相应的违约责任。

值得注意的是，物权优先于债权也有例外，就是买卖不破租赁。《合同法》第229条规定："租赁物在租赁期内发生所有权变动的，不影响租赁合同的效力。"租赁物新的所有人不能擅自终止租赁合同，承租人在租赁期间仍可继续占有、使用租赁物。

（2）物权相互间的优先效力。

同一物上有多项可相容的物权并存时，应当根据物权设立的时间先后来确立优先的效力，但法律另有规定的除外。如同一物上设立了数个抵押权的，则先设立的抵押权可优于后发生的抵押权得以实现。

3. 物权的追及效力

物权的追及效力是指无论物权的标的物流转到何人之手，只要其未合法地取得标的物的所有权，物权人均有权要求占有人返还原物。

但若取得财产的第三人是善意有偿取得财产的，即构成善意取得，则物权的追及效力被切断，第三人可以取得财产的所有权，原物权人只能通过其他途径获得救济。

三、物权的分类

（一）学理上的物权分类

1. 自物权和他物权

自物权，即指权利人对自己所有的物依法进行全面支配的物权。"全面支配"是指既可以利用物的使用价值，又可以利用物的交换价值。只有所有权符合这一特征，故自物权就是所有权。

他物权，是指权利人在他人之物上享有的被限定于某一特定方面、某一特定期间的物权，又称定限物权。它是在所有权权能与所有人发生分离的基础上产生的、由非所有人对物享有的一定程度的支配权。具体包括用益物权和担保物权。

2. 用益物权和担保物权

这是从设立目的的角度对他物权的进一步分类。用益物权，即指以对标的物的使用和收益为目的而设立的他物权，如建设用地使用权、土地承包经营权、地役权等。担保物权是指为担保债权的实现而设立的他物权，如抵押权、质权等。

3. 动产物权和不动产物权

这是根据物权的客体是动产还是不动产所作的分类。动产物权是指以动产为标的物的物权。凡动产上存在的物权，如动产所有权、动产抵押权、动产质权、留置权等都为动产物权。不动产物权是指以不动产为标的物的物权，如不动产所有权、建设用地使用权、土地承包经营权等。

4. 主物权和从物权

这是以物权是否具有独立性所进行的分类。主物权是指能够独立存在的物权，如所有权、建设用地使用权等。从物权则是指必须依附于权利人所享有的其他权利而存在的物权，如抵押权。抵押权人对抵押人先享有了一个主债权，为了担保主债权能够得以实现而要求债务人提供抵押物，从而又对抵押物产生了抵押权。若主债权已经得到清偿，那么抵押权也自动地跟随消灭。

（二）物权法上的分类

我国《物权法》将物权分为所有权、用益物权和担保物权三大类：

1. 所有权

所有权是指财产所有人依法对其财产享有的占有、使用、收益、处分的权利。所有权是最为基本、最为完整的一类物权，是他物权产生的基础。所有权具有绝对性、全面支配性、整体性、弹力性、排他性和恒久性等特征。

我国所有权的类型包括国家所有权、集体所有权和私人所有权三种。三者的区别主要在于权利的主体和客体上的不同，如以下财产只能作为国家所有权的客体：矿藏、水流、海域；无线电频谱资源；国防资产等。

根据《物权法》的规定，所有权制度中有两个特殊的规定。

一个特殊规定是建筑物区分所有权，它是现代社会发展所带来的对民法一物一权主义的一个突破，即在一栋独立的建筑物之上，可以存在两个以上独立的所有权。建筑物区分所有权是包含对建筑物专有部分所有权、共有部分所有权和成员权这三项权能的一项复合物权。

另一个特殊规定就是共有，即由两个以上的民事主体共同来对一个物拥有一个所有权的特殊情形，在法律上又有共同共有和按份共有之分，前者如夫妻家庭财产共有，后者如合伙人对合伙企业财产的共有关系。按《物权法》第103条规定，共有人对共有的不动产或者动产没有约定为按份共有或者共同共有，或者约定不明确的，除共有人具有家庭关系等外，视为按份共有。

民法上与所有权紧密相关的另一个问题就是相邻关系。所谓相邻关系是指两个以上相互毗邻的不动产所有人或使用人，在行使不动产的占有、使用、收益和处分权时，相互之间应当给予便利或者接受限制而发生的权利义务关系。相邻关系的实质是一方的所有权得到扩张而另一方的所有权受到相应的限制。例如，甲的承包地处于乙承包的地块中间，则甲有权通过乙的土地到自己的承包地上干活，而乙必须要给甲这种通行的便利，不得阻止，这叫相邻的通行关系。

2. 用益物权

用益物权是他物权的一种，是指非所有人对他人之物所享有的占有、使用、收益的排他性的权利。用益物权具有如下六大特征：

（1）用益物权是一种定限物权。一方面它构成对所有权人权利的一定限制，另一方面用益物权人的权利也局限在一定范围之内。

（2）用益物权具有用益性。即以对他人之物的使用和收益为目的，支配的是他人之物的使用价值。

（3）用益物权具有占有性。只有在事实上实际控制和支配了物，才可能对物进行使用和收益，所以用益物权实际上包含了占有、使用和收益三项权能。

（4）用益物权是他物权。是非所有人基于法律、合同或者其他合法途径而取得的对他人之物的直接支配权。

（5）用益物权具有独立性。它不以权利人享有的其他民事权利为前提，即用益物权可以独立存在。

（6）用益物权的客体一般是不动产。我国物权上规定的四类用益物权都是在他人的不动产之上设立的他物权。

按照《物权法》的规定，我国的用益物权包括建设用地使用权、土地承包经营权、宅基地使用权和地役权四种类型。例如，某甲房地产开发公司拍得某市区河畔一块土地，准备以“观景”为理念设计并建造一所高层观景商品住宅楼。但该地前面有一平房制衣厂，为了该住宅楼业主能在房间里欣赏河畔风景，双方约定：制衣厂在 30 年内不得在该土地上兴建三层高以上建筑；作为补偿，甲每年向制衣厂支付 20 万元。甲对乙的土地所拥有的这种权利便是地役权。

3. 担保物权

《物权法》第 170 条规定，担保物权人在债务人不履行到期债务或者发生当事人约定的实现担保物权的情形，依法享有就担保财产优先受偿的权利，但法律另有规定的除外。所以担保物权是指为了确保债权的实现，在债务人或第三人的财产上设定的物权。担保物权在性质上属于他物权。

担保物权与用益物权的区别在于：

（1）设立目的不同。担保物权支配他人之物的交换价值，目的是以物的交换价值担保债权的实现；用益物权支配物的使用价值，以占有、使用和收益为目的。

（2）性质不同。用益物权多具有独立性，其存在不必以其他权利为前提条件；担保物权则具有从属性质，为主债权服务。

（3）权利的标的物不同。用益物权的标的物主要为不动产，而担保物权则不然，可以是动产、不动产，甚至可以是权利。

（4）标的物灭失的后果不同。标的物灭失，则用益物权消灭；而担保物权因具有物上代位性，并不当然灭失。如一栋房屋在为 1 000 万的债权提供了担保之后，房屋被一场大火烧毁但保险公司对此进行了赔付，那么抵押权是可以继续存在于保险金之上的。

（5）权利实现的时间不同。用益物权人在取得用益物权时即可实现对标的物的使用和收益，而担保物权人只有在其主债权得不到清偿之时才可以实现担保物权。

（6）权利的享有前提不同。用益物权的享有必须以占有标的物为前提，但担保物权则不一定。

根据我国《物权法》的规定，担保物权包括抵押权、质权和留置权三种类型。例如，甲公司向乙银行借款 100 万元，乙银行要求甲公司提供担保，丙公司于是以一套价值约 150 万元的设备为该债务提供担保，双方签订了抵押合同，并办理了抵押登记。那么乙银行对该套设备便拥有了抵押权，当甲无力清偿贷款时，乙有权通过对抵押物以折价、拍卖或者变卖的方式优先获得受偿。

四、物权的变动

（一）物权变动的含义

物权变动是指物权关系的发生、变更和消灭的总称。从权利主体的角度来说，就是物权的取得、变更和丧失。

1. 物权的发生

物权的发生是指某一主体取得对某物的物权，又称为物权的取得。物权的取得可分为原始取得与继受取得两种。

原始取得是指民事主体不以他人的既存权利和意思表示为前提，而直接依据法律的规定取得物权，如通过生产、收益、税收、没收等方式取得物权。

继受取得是指基于他人的既存权利和意思表示而取得物权，又称传来取得。继受取得一般是通过法律行为来取得物权，但不限于依法律行为取得。继受取得又可分为创设的继受取得和移转的继受取得。

创设的继受取得是指在一个物权的标的物上创设一个新的物权。例如，银行的债务人用其房屋为其向银行的贷款提供担保，在办理了抵押登记手续之后，银行即取得了对该房屋的抵押权。该抵押权的取得就属于创设的继受取得。创设取得的物权只能是与原物权人的物权不同的物权。

移转的继受取得是指就他人的物权依原状移转而取得物权，如通过买卖、互易、赠与、遗赠、继承等方式而取得某物的所有权。移转取得的物权与原物权人的物权内容是相同的。

2. 物权的变更

物权的变更有广义与狭义之分。广义的物权变更包括物权的主体变更、客体变更和内容的变更。主体的变更包括主体人数的变更和主体的更换。物权主体的变更，实质上是物权的取得与丧失的问题。物权法上的物权变更，一般是指物权的客体与内容的变更，即狭义的物权变更。

物权的客体变更，是指物权的标的物在量上的增减，如物权的标的物因添附而增加，或因部分损毁而减少。物权内容的变更为质的变更，是指物权权利内容的扩张或缩减、期限的延长或缩短，如土地承包经营权期限的延长。

3. 物权的消灭

物权的消灭又称物权的终止、丧失，可分为绝对消灭与相对消灭。物权的绝对消灭是指不仅原权利人的物权消灭，并且其他人也不能取得该物权。导致物权绝对消灭的主要原因有抛弃、混同及标的物的灭失、权利存在的期间届满等。

物权的相对消灭是指物权与原权利主体分离，同时又与新的主体结合。对原权利人来说，为物权的消灭；对新权利人来说，则为物权的取得。所以物权的相对消灭从另一个角度来看，实际就是物权的继受取得。

（二）物权变动的公示

1. 不动产物权变动的公示

《物权法》第 9 条规定，不动产物权的设立、变更、转让和消灭，经依法登记，发生效力；未经登记，不发生效力，但法律另有规定的除外。不动产登记，是指经权利人申请，国家专职部门将有关申请人的不动产物权的事项记载于不动产登记簿的事实活动。我国关于不动产物权的登记，采取的是登记生效主义原则。如甲、乙买卖房屋，双方办理了房屋产权的过户登记，虽然甲未将房屋实际交付给乙，乙也未交付全部价款，但在法律上该房屋的所有权已经属于乙，而不再属于甲。

权利人、利害关系人认为不动产登记簿记载的事项错误的，可以申请更正登记。不动产登记簿记载的权利人书面同意更正或者有证据证明登记确有错误的，登记机构应当予以更正。不动产登记簿记载的权利人不同意更正的，利害关系人可以申请异议登记。

当事人签订买卖房屋或者其他不动产物权协议，为保障将来实现物权，按照约定可以向登记机构申请预告登记。预告登记后，未经预告登记的权利人同意，处分该不动产的，不发生物权效力。

2. 动产物权变动的公示

《物权法》第 23 条规定，动产物权的设立和转让，自交付时发生效力，但法律另有规定的除外。所以交付是动产物权变动的公示方法，亦即生效要件。

所谓交付就是转移占有，即将自己占有的物或权利凭证转移给其他人占有的行为。交付有现实交付与观念交付之分。所谓现实交付，指动产物权之让与人，将其对于动产的现实的直接的占有移转与受让人。观念交付，也称为拟制交付，是指动产占有在观念上的移转而非现实移转，即没有将对物的控制权直接移转给受让人。为照顾在特殊情形下交易的便捷，法律许可以观念交付代替现实交付。观念交付主要包括以下三种情形：

一是简易交付。即出让人在转让动产物权之前，受让人已占有动产，则从移转标的物所有权的合同生效时起，视为交付。《物权法》第 25 条规定，动产物权设立和转让前，权利人已经依法占有该动产的，物权自法律行为生效时起发生效力。

二是占有改定。即转让人和受让人在转让动产物权时，当事人双方约定让与人仍将继续占有动产，而受让人因此取得对标的物的间接占有。《物权法》第 27 条规定，动产物权转让时，双方又约定由出让人继续占有该动产的，物权自该约定生效时发生效力。

三是指示交付。即当动产由第三人占有时，转让人将其对第三人的原物返还请求权转让给受让人，以代替现实的交付。《物权法》第 26 条规定，动产物权设立和转让前，第三人依法占有该动产的，负有交付义务的人可以通过转让请求第三人返还原物的权利代替交付。

五、物权的民法保护

物权受到侵害的，权利人可以通过和解、调解、仲裁、诉讼等途径解决。根据《物权法》第 33、34、35、36、37 条的规定，物权受到侵害时，权利人可以行使如下请求权：

1. 确认物权的请求权

物权人在与他人就物权的归属或者物权的范围发生争议时，可以请求确认其权利。通常认为确认物权的请求权不受诉讼时效的限制。

2. 返还请求权

返还请求权是指物权人在其权利的标的物被他人非法侵占时，有请求返还的权利。

3. 排除妨害请求权

物权人在他人妨害其权利正常行使时，可以请求排除妨害。排除妨害请求权的行使不受诉讼时效的限制。

4. 消除危险请求权

物权人在他人的行为或设施可能造成自己的权利标的物的损害时，可以请求消除危险。消除危险请求权的行使不受诉讼时效的限制。

5. 恢复原状请求权

他人对于权利人的不动产或者动产造成毁损的，权利人可以请求修理、重作、更换或者恢复原状。

6. 损害赔偿请求权

损害赔偿请求权是指权利人的财产遭受他人的不法侵害，通过行使以上五种请求权仍不足以补偿物权人的损失时，权利人可以同时请求侵权人赔偿损失。

【思考与练习】

1. 张某想要买二手房，因为当时的政策规定5年内的新房要交5.5%的营业税，而他看中的房子出证尚不足五年。卖家不肯承担该税，张某又想省钱，遂与卖家商议准备暂时不过户，只是签合同并办公证，预付9成房款，卖家交钥匙并把房产证交给张某保管，届满5年之际两人再一同去办理房产过户手续。

以上措施能否确保张某最后能获得该房子的所有权？

☆思考方向：

① 明确取得房屋所有权的法定条件。

② 分析张某与房屋出卖人之间形成何种法律关系，在该法律关系中张某享有何种权利。

③ 确定张某获得该房所有权的方式或途径。

2. 旭日公司分批向东升公司购买A型规格山地车，约定必须使用红星公司的A型轮胎，东升公司在第五批山地车交付后，财务发生困难，无力从红星公司购买A型轮胎来组合山地车。为了使东升公司能够如期交货，旭日公司向红星公司订购了A型轮胎一批，约定由红星公司直接交付给东升公司，旭日公司与东升公司约定将来交付的A型规格山地车的单价中不包括轮胎价格，红星公司将轮胎交付于东升公司后，因为一场意外的火灾，该批轮胎全部被毁。

问：谁对这批轮胎享有所有权？该批轮胎的损失由谁承担？

☆思考方向：

① 分析旭日、东升、红星三家公司之间的法律关系，及其各自在相关法律关系中的权利和义务。

② 明确法律关于动产所有权变动的规定。

③ 根据法律规定及当事人的约定，判断该批轮胎的所有权归属。

④ 根据物的种类判断该批轮胎的风险转移适用何种规则，从而确定损失的承担者。

项目三 债 权

【引例】

杨政于1998年与向英结婚，次年生育一女杨丽。2000年3月开始，杨丽随杨政之母高素珍生活，其间，高素珍多次带杨丽返回杨政、向英家，杨政和向英也多次前往高素珍住处探望杨丽。2004年11月，杨政与向英离婚。2005年4月，杨丽被送回跟随其已离异的父母分别生活。2006年10月，高素珍向法院起诉，要求杨政、向英返还其从2000年3月至2005年4月共5年时间抚养杨丽所支付的生活费，每月按400元计算，共计24 000元。

对此案有不同观点，分别如下：

观点一：高素珍为杨政、向英带养小孩，经双方协商同意，是一种合同行为，但双方未约定高素珍带养杨丽要由杨政、向英支付生活费，根据亲情和伦理关系，对该行为只能认定为家庭成员之间默认的无偿行为。现高素珍向杨丽父母索要带养杨丽所支付的生活费，是对双方已经实际履行完毕的合同的任意否定，是违背合同约定和法律规定的，对该行为依法不应支持。

观点二：杨政和向英是杨丽的法定抚养人，他们既有抚养义务也有抚养能力，高素珍是杨丽的祖母，对杨丽没有抚养义务，其带养杨丽属于无因管理，作为受益人的杨政、向英应当返还高素珍已支付的生活费。

观点三：高素珍对杨丽虽不具有法定抚养义务，但其对杨丽的抚养照料，是现实生活中家庭成员之间基于血缘、亲情所实施的相互帮助行为，不形成法律上的权利义务关系，也不属于无因管理。高素珍要求杨丽父母承担其支付的生活费，既无双方约定的依据，也无法律规定的根据，依法不应支持。

观点四：杨政和向英是杨丽的法定抚养人，他们有义务为杨丽提供生活费用，而在长达5年的时间里却由没有抚养义务的高素珍承担杨丽的生活费，杨政和向英应支付而未支付，构成不当得利，有向高素珍返还生活费的责任。

哪一种观点是正确的？

【基本理论】

债权与物权一样，属于财产权。债权，是指债权人享有的请求债务人为特定行为的权利。债权的取得，以债的有效存在为前提。

一、债的构成

所谓债，是指按照合同的约定或者依照法律的规定，发生在特定人之间的民事法律关系。

债由主体、内容、客体三要素构成。债的主体即债的当事人，包括债权人与债务人。债权人是指在债的关系中享有权利的一方当事人；债务人是指在债务关系中负担义务的一方当事人。在某些债中，债的一方当事人仅享受权利，只充任债权人，另一方当事人仅负有义务，只充任债务人；而在另一些债中，当事人双方互相享有权利和负有义务，每一方当事人既充任债权人又充任债务人。债权人与债务人每一方都既可为一人，也可为多人；不论人数多寡，主体双方均须为特定的人。债的内容为债的主体双方间的权利与义务，即债权人享有的权利和债务人负担的义务；债权人有权请求债务人按照合同的约定或法律的规定履行其义务；债务人有义务按照合同的约定或者法律的规定为特定行为以满足债权人的请求。债的客体是指债权债务共同指向的对象，也就是债务人应为的特定行为，即给付。

※法条链接——

《中华人民共和国民法通则》

第 84 条第 1 款　债是按照合同的约定或者依照法律的规定，在当事人之间产生的特定的权利和义务关系，享有权利的人是债权人，负有义务的人是债务人。

二、债的发生原因

债的发生原因，又称债的发生根据，是指引起债的关系产生的法律事实。可产生债的法律事实主要有合同、不当得利、无因管理、侵权行为及其他。

（一）合同

合同是平等主体的自然人、法人、其他组织之间设立、变更、终止民事权利义务关系的协议。合同依法成立后，即在当事人间产生债权债务关系，因此合同是债的发生根据。基于合同所产生的债即为合同之债。因合同是双方或多方的民事法律行为，只有各方的意思表示一致才能成立，合同之债又称为合意之债。合同之债是当事人根据其利益依其意思自行设定的，因此合同之债属于意定之债。

合同之债是民事主体主动参与民事活动，积极开展各种经济交往的法律表现，在社会经济生活中占有重要的地位，合同是最常见的、最主要的债的发生原因。合同的订立、履行及其权利义务内容主要受合同法调整。

（二）不当得利

不当得利是指没有合法根据而取得利益并致他人利益受损的事实。依照法律规定，取得不当利益的一方当事人与受损失一方当事人之间产生债的关系，即不当得利之债。不当得利之债是法律为纠正不当得利的现象而直接赋予当事人的权利义务，并非当事人追求的法律目的，也不以当事人的意志为转移。取得不当利益的一方当事人称为不当得利人，应将其取得的不当利益返还给受损人，受损人有权请求不当得利人返还其得到的不当利益。

一旦产生不当得利的后果，不当得利的受损人可以主张债权：

（1）对善意的不当得利人，要求其返还现存利益。所谓善意，是指不当得利人取得利益时，不知道自己取得利益无合法根据。不当得利人返还的利益仅以现存利益为限，如利益不存在，不当得利人不负返还义务；不当得利人受有的利益大于受损人的损失时，其返还的利益范围以受损人受到的损失为准。

（2）对自始恶意的不当得利人，要求其返还全部利益。自始恶意是指不当得利人取得利益时明知无合法根据，不论所受利益是否存在，恶意受益人一概要将所受利益返还，该利益不存在时，不得免除或减轻返还义务。

（3）如果不当得利人取得利益时为善意，但事后为恶意，要求其返还的利益以恶意开始时的利益范围为准。

（4）不当利益为第三人合法取得的，第三人无返还义务，第三人为恶意的则应当返还。

（三）无因管理

无因管理，是指没有法定的或约定的义务，为避免他人利益受损失而自愿对他人的事务进行管理或者服务的行为。管理事务的人称为管理人，该他人称为本人。无因管理一经成立，管理人与本人间也就发生债权债务关系，即无因管理之债。

无因管理是合法的事实行为而非法律行为，无因管理之债并非基于当事人的意愿而设定。管理人管理本人的事务是为避免本人的利益受损失，并无与本人发生债权债务关系的目的，法律之所以规定在当事人间产生债，是为了保护管理人的积极性，从而达到维护本人利益之目的。在这一债的关系中，管理人有适当管理、通知本人和返还管理的事务及结算的义务，如因管理不善造成损失，还应当向本人承担赔偿责任；同时，管理人有权要求本人偿还其为无因管理支付的费用和所受的损失及相关的债务。而本人享有要求管理人报告管理情况和返还财产或利益的权利，对管理人已经支付的必要费用有偿还义务，对管理人的相关损失应予补偿，并清偿必要的债务。

（四）侵权行为

侵权行为是指不法侵害他人的合法权益应负民事责任的行为。在民事活动中民事主体的合法权益受法律的保护，任何人都负有不得非法侵害的义务。行为人不法侵害他人的财产权利或人身权利的，根据《民法通则》第117条、第118条及其他有关法律的规定，在行为人和受害人之间就产生了债权债务关系，即侵权行为之债。受害人有权请求加害人赔偿损失，加害人负有赔偿损失的义务。

侵权行为是单方实施的为法律所禁止的不法行为，基于侵权行为产生的侵权行为之债则是合法的，是受法律保护的。法律确认侵权行为之债的目的在于：通过债的手段使侵权行为人承担其不法行为所造成的不利后果，给受害人以救济，从而保护民事主体的合法民事权益。

（五）其他原因

除以上几种原因外，其他的法律事实也会引起债的发生。例如，拾得遗失物会在拾得人与遗失物的所有人之间产生债权债务关系；因防止、制止他人合法权益受侵害而实施救助行为，会在因实施行为受损害的受损人与受益人间产生债权债务关系；因遗赠会在受赠人与遗嘱执行人间产生债权债务关系；因缔约过失，会在缔约当事人间产生债权债务关系等。

❋相关法律

《中华人民共和国民法通则》第79条第2款，以及第85、92、93、106、109、117～134条

《最高人民法院关于贯彻执行〈中华人民共和国民法通则〉若干问题的意见（试

行）》第131、132条

《中华人民共和国合同法》第42、第43条

《中华人民共和国侵权责任法》

三、债权的特性

债权作为财产权，与其他财产权存在明显的区别，其特性具体表现在：

（一）债权为请求权

债是特定当事人间得请求为特定行为的关系，在此关系中，债权人享有的权利是请求债务人为特定行为，其利益的取得，只能通过请求债务人给付来完成。因而，债权为请求权，而不属于支配权。债权人不能直接支配债务人应交付的标的物，不能直接支配债务人的人身，也不能直接支配债务人的给付行为。

（二）债权为相对权

债的主体具有特定性，即债权债务只能存在于特定人之间，因而债权人只能向特定的债务人主张权利，即请求特定债务人为给付。对债务人以外的第三人，债权人不能向其主张权利，因其与债权人间并不存在债权债务关系。因此，债权为相对权。例如，以个人名义借款，出借人只能请求借款人还款，不能要求借款人的朋友还款。

债权具有相对性，对其侵害主要来自债务人；债务人侵害债权，债权人有权要求其停止侵害。在特定情况下，债权也可能受到第三人的侵害，债权人同样可向第三人主张权利以保护其债权。即使是债务人与第三人实施的合法行为，如果有害债权，债权人也可以通过行使代位权、撤销权来保护自己的合法权益。

※债权人的代位权

指债务人在债务履行期限届满而未履行债务，同时债务人对第三人享有非专属性的权利并怠于行使其权利，使债权人的债权有不能实现的危险，债权人得依法请求第三人向债务人为给付，以确保债务人的偿债能力。

※债权人的撤销权

指债务人于债权成立后实施使其财产减少的财产行为，包括抛弃所有权及与第三人为财产让与的行为，其行为导致债权有不能实现的危险，债权人得请求法院对该行为予以撤销。

（三）债权的设立具有任意性

债依其发生的原因可分为意定之债和法定之债。意定之债是由当事人在法律范围内依其自由意志约定设立的，当事人可以约定债权的内容、范围、实现期限、实现方式等，只要不违反法律的禁止性、强制性规定，不违背公序良俗，不损害他人的合法权益，即使法律上没有明确规定，其约定对双方都产生约束力，约定设立的债权也受法律保护。

（四）债权具有相容性和平等性

数个民事主体可以与同一民事主体先后形成数个债的关系，发生数个债权，数个债权可以同时并存。如果数个债权均无设定担保，即为普通债权，各个债权具有同等

的效力，仅按债权的清偿期限顺序先后实现。在债务人破产时，债务人的各个普通债权人不论其债权发生先后，只能按债权的比例平等地参加破产财产的分配。

（五）债权具有期限性

债权只在一定期限内有效存在，法律不允许债权永久存续。清偿债权、免除债务、提存债的标的物、债权债务混同或抵销、债务人破产清算等行为或者法律规定的原因均可消灭债的关系，进而消灭债权。

❋债务的特性

①特定性。在任何债中，债务人总是特定的，债务人应为的行为的内容也是特定的。②积极性。债务为债务人应为的特定行为，债务人积极实施特定行为，债权方得以实现。③期限性。债务也只在一定期限内有效存在，同样不允许有永久存续的债务。

四、债权的效力

依法成立的债权有如下效力：

（一）请求力

债权的请求力，指债权人有依其债权请求债务人履行债务的效力。我国《民法通则》第 84 条第 2 款规定，债权人有权要求债务人按照合同的约定或者依照法律的规定履行义务。债权人的利益必须通过债务人实施给付行为方能实现，请求力是债权本质的体现，也是保障债权人利益的必要前提和基础。

（二）保持力

债权的保持力，是指债权人有保持所受给付利益的效力，又称受领保持力。债权人有权接受债务人的履行并永久保持因债务人履行所得的利益，是债权成立的目的和债权人所追求的最终结果。债权人依法取得债务人给付的利益后，债务人不能要求其返还，其他第三人亦不得非法干预。

（三）执行力

债权的执行力，是指债务人不履行债务时，债权人有权请求国家机关给予保护，强制债务人给付的效力。债权的执行力是债权请求力的必要补充，只有在债权的请求力不足以保障债权时才发生，依靠司法救济实现债权人的给付利益，是法律赋予债权的最后保障。

债权的执行力通过债权人进行民事诉讼予以实现，如果债权人怠于行使债权，请求司法保护时已超过诉讼时效，人民法院将不予支持。因此，债权的执行力受诉讼时效的限制，但超过诉讼时效的债权依然具有请求力和保持力，债务人履行的，债权人仍然有权受领，债务人履行后不得以超过诉讼时效力为由请求返还。

【思考与练习】

1. 引例中哪一个观点是正确的?

2. 案例分析:

王谋、赵小青、范一彬三人订立协议:三人各出资3万元共同购买汽车从事货物运输,共同管理,按出资比例分利和承担亏损。三人依约出资买下一台卡车,由王谋驾驶,赵小青、范一彬负责装卸货物,长期给前进公司运输货物。某日,王谋、赵小青、范一彬三人酒后运送货物,途中王谋操作失当发生车祸,致使卡车毁坏,所运价值10万元的货物全部损失。前进公司向三人索赔时,赵小青、范一彬称此车祸系王谋不慎驾驶所导致,因此发生的货物损失应由王谋承担全部赔偿责任;王谋辩称该车系自己同赵小青、范一彬三人共同购置,因车祸引起的损失应由三人共同承担,故不同意承担全部赔偿责任。前进公司遂向人民法院起诉,要求王、赵、范三人共同承担赔偿责任。

前进公司遭受的损失应当由谁负责赔偿?

☆思考方向:

① 确定王谋、赵小青、范一彬三人协议的法律性质:他们之间存在何种法律关系?是否构成合伙?

② 明确合伙的有关法律规定。

③ 判断王、赵、范三人与前进公司的法律关系。

④ 确认对前进公司遭受的损失的责任主体。

项目四 继承权

【引例】

李虹与程敏于2002年登记结婚。2006年5月李虹父亲去世时,留有住房一套,一直未继承分割,由李虹母亲居住。2008年2月16日程敏起诉离婚,24日李虹即以公证的方式放弃继承该房产,3月两人调解离婚。离婚后,程敏以放弃继承的房产应是婚姻关系存续期间已由李虹继承取得属夫妻共同财产为由,起诉到法院,请求判令李虹的放弃行为无效,并对争议房产及其他尚未分割财产进行分割。李虹则认为放弃继承父亲财产无须征得程敏同意,且继承遗产与否并不影响其应尽的义务,其放弃继承的行为是合法有效的。

法院应当支持哪一方当事人的主张?

【基本理论】

一、继承和继承权

继承,是指自然人死亡时,其法定范围内的近亲属按照有效遗嘱或者法律的规定依法取得死者遗留的个人合法财产及其他合法权益的法律制度。《民法通则》第76条规定,公民依法享有财产继承权。继承权是指继承人依照法律的直接规定或者被继承人所立合法有效遗嘱取得被继承人遗产的民事权利。

继承权只能由自然人享有，继承人与被继承人之间必须存在某种身份关系，比如夫妻关系、父母子女关系、兄弟姐妹关系等。继承权以法律直接规定或合法有效的遗嘱为其发生根据，并以一定的法律事实为其实现前提：被继承人死亡或被宣告死亡；被继承人有遗产；继承人没有丧失继承权。

遗产是指自然人死亡时遗留的个人合法财产，包括：合法收入；房屋、储蓄和生活用品；林木、牲畜和家禽；文物、图书资料；法律允许自然人所有的生产资料；著作权、专利权中的财产权利；其他合法财产，包括有价证券和履行标的为财物的债权等。人身权利、专属的债权债务、国有资源使用权、承包经营权及自留山、自留地、宅基地的使用权等民事权利则不得继承。

我国法律对自然人的继承权给予平等保护，不论男女老少，只要是被继承人的近亲属，都有法定继承权；在遗嘱继承的情况下，被指定的继承人都可以行使继承权；夫妻有互相继承的权利；非婚生子女与婚生子女、养子女与亲生子女继承权平等。同时，还强调养老育幼、权利与义务相一致，父母与子女是同一顺序的继承人；分割遗产时对被继承人尽了主要扶养义务的继承人可以多分遗产；对被继承人生前的非专属性债务，继承人应当在取得遗产的范围内偿还。

继承人可以接受继承，也可以放弃继承。继承人放弃继承的，应当在继承开始后遗产处理前，作出明确表示。没有表示的，视为接受继承。

此外，我国《继承法》特别规定了丧失继承权的四种情形，继承人有其中任何一种行为的，将不得继承遗产：故意杀害被继承人的；为争夺遗产而杀害其他继承人的；遗弃被继承人的，或者虐待被继承人情节严重的；伪造、篡改或者销毁遗嘱，情节严重的。

二、法定继承

法定继承是指根据法律直接规定的继承人范围、继承顺序、继承人继承的遗产份额及遗产分配原则等，继承被继承人遗产的继承方式。

根据《继承法》的规定，我国法定继承人的范围包括配偶、子女、父母和兄弟姐妹、祖父母、外祖父母。其中配偶、子女、父母为第一顺序继承人，兄弟姐妹、祖父母、外祖父母为第二顺序继承人。继承开始后，由第一顺序继承人继承，第二顺序继承人不继承。没有第一顺序继承人继承的，由第二顺序继承人继承。这里所说的“子女”包括婚生子女、非婚生子女、养子女和有扶养关系的继子女；“父母”包括生父母、养父母和有扶养关系的继父母；“兄弟姐妹”包括同父母的兄弟姐妹、同父异母或者同母异父的兄弟姐妹、养兄弟姐妹、有扶养关系的继兄弟姐妹。

此外，丧偶儿媳对公、婆，丧偶女婿对岳父、岳母，尽了主要赡养义务的，也视为第一顺序继承人。

如果被继承人的子女先于被继承人死亡，且该子女在死亡时有继承权，被继承人死亡时，该子女的继承份额由其晚辈直系血亲代位继承。代位继承人一般只能继承他的父亲或者母亲有权继承的遗产份额。

同一顺序继承人继承遗产的份额一般应当均等，继承人协商同意的，也可以不均等。分配遗产时，对生活有特殊困难的缺乏劳动能力的继承人，应当予以照顾；对被继承人尽了主要扶养义务或者与被继承人共同生活的继承人，可以多分；有扶养能力和有扶养条件的继承人，不尽扶养义务的，应当不分或者少分。此外，继承人以外的依靠被继承人扶养的缺乏劳动能力又没有生活来源的人，或者继承人以外的对被继承人扶养较多的人，虽然没有继承权，也可以分给他们适当的遗产。

三、遗嘱继承

遗嘱继承，是指继承开始后，继承人按照被继承人生前所立的合法有效的遗嘱继承遗产的继承方式。遗嘱继承直接体现被继承人的遗愿，是自然人依法处分自己合法财产权利的延伸。被继承人应当在法定继承人的范围内指定遗嘱继承人，继承顺序及继承份额等则可以由其自主决定。

遗嘱继承优先于法定继承，被继承人死亡时，只要其所立遗嘱合法有效且其生前未签订遗赠扶养协议，指定的继承人没有丧失继承权也未放弃继承权且在生，指定继承人便可继承遗嘱中涉及的遗产。

遗嘱是自然人生前依法处分其个人财产和其他相关事项并于其死亡时发生效力的单方民事行为，也指该民事行为的形式。合法有效的遗嘱必须符合以下条件：

（1）遗嘱人具有遗嘱能力，即当事人立遗嘱时具有完全民事行为能力。

（2）遗嘱人意思表示真实，即遗嘱必须表示遗嘱人的真实意思，受胁迫、欺骗所立的遗嘱无效。

（3）遗嘱的内容不违反法律和社会公共利益，遗嘱处分的是立遗嘱人个人的合法财产，为缺乏劳动能力又没有生活来源的继承人保留必要的遗产份额，也没有附加违反法律和道德的继承条件。

（4）遗嘱的形式合法，可以是自书遗嘱、代书遗嘱、公证遗嘱、录音录像遗嘱和口头遗嘱。

遗嘱人先后立有多份遗嘱的，后立遗嘱的效力优于先立遗嘱，但公证遗嘱的效力优于其他形式的遗嘱。

除了立遗嘱将个人财产指定继承外，自然人也可以通过遗嘱将个人财产赠给国家、集体或者法定继承人以外的人，即遗赠。受遗赠人应当在知道受遗赠后两个月内，作出接受或者放弃受遗赠的表示；到期没有表示的，视为放弃受遗赠。

如果遗嘱继承人放弃继承或者受遗赠人放弃受遗赠，遗嘱继承人丧失继承权，或者遗嘱继承人、受遗赠人先于遗嘱人死亡，则被继承人的遗产由其法定继承人继承。遗嘱无效或者部分无效的，其所涉及的遗产按照法定继承办理，遗嘱未处分的遗产也适用法定继承。

引例分析

继承权是继承人基于与被继承人之间的身份关系而享有的民事权利，对继承权的行使或者放弃，是继承人处分个人权利的合法行为，无须征得他人许可。根据《继承法》规定，继承人放弃继承应当在继承开始后、遗产处理前作出明确表示。李虹父亲去世后，其房屋一直由李虹母亲使用，并未进行分割，2008 年 2 月 24 日李虹以公证的方式放弃继承该房产，符合法律的相关规定，是有效的法律行为。虽然李虹放弃继承父亲的房屋会影响到程敏可主张的夫妻共同财产的数量，但这只涉及李虹对自己权利的处分，并不涉及她对程敏法定义务的履行，而且在程敏起诉离婚时李虹并未实际取得可继承房产的份额，《婚姻法》第17条规定，夫妻共同所有的财产为：……（4）继承或赠与所得的财产……“所得”两字描述了夫妻共有财产的性质，即是得到了的财产，而非期待的财产，也非权利。遗产没有分割，李虹享有的始终是继承权而非对该房屋的所有权，该房屋并未转化为李虹与程敏的共同财产。因此，程敏不能请求法院撤销李虹放弃继承权的行为，也无权要求分割该房产。

【思考与练习】

1. 试分析比较物权、债权和继承权的区别。

2. 举例说明法定继承和遗嘱继承的区别和联系。

3. 案例分析：

赵伟光系某公司经理，其妻王某长期病休在家，夫妇二人育有一子一女。儿子赵宏于2000年与王英结婚，婚后生有一子赵小刚；2004年7月赵宏病故。女儿赵娟未婚，与父母同住。赵伟光因工作关系经常出差，1998年在某市结识当地女青年钱某并同居，次年钱某生一子赵扬，赵扬一直随母亲生活。2008年5月赵伟光因车祸意外死亡，遗有现金20万元、银行存款100万元，赵伟光生前没有遗嘱，现其家人因继承份额发生纠纷。

钱某提出赵扬为赵伟光的亲生儿子，有权继承赵伟光的遗产份额，其主张是否成立？赵宏的妻子主张代位继承赵宏的应继份额，其主张是否成立？

☆思考方向：

① 明确我国法定继承人的范围，判断赵扬是否具有法定继承权。赵扬是钱某与赵伟光的非婚生子女，其法律地位与婚生子女是平等的。

② 了解有关代位继承的规定，判断王英是否符合法律规定的条件。

③ 进一步分析案例中哪些当事人有权继承。

项目五　知识产权

【引例】

上海某小学教师贾老师应邀到上海教育台做系列节目，讲授如何写好小学作文。节目制作后，电视台向贾老师支付了报酬。

节目播出后很受欢迎，电视台重播，同时许可某音像出版社复制并发行该节目录像带。贾老师得知后，与出版社和电视台交涉未果，遂起诉两被告侵权并要求支付报酬。

出版社称：其复制发行的行为是合法的，与电视台签有许可合同并向电视台支付了许可使用费。电视台称其有权许可他人复制其制作的电视节目，不构成侵权。

1. 贾老师是作者还是表演者？贾老师有什么权利？

2. 电视台是作者还是作品传播者？电视台有什么权利与义务？

3. 音像出版社是作品的创作者还是作品传播者？音像出版社有什么权利与义务？

【基本理论】

一、知识产权的含义

知识产权是指民事主体对其智力活动的成果所依法享有的权利。主要包括著作权、商标权和专利权三大类。其中，由于商标权和专利权与工商产业的发展有着密切的关系，所以两者又合称为工业产权。

知识产权具有如下特征：

（1）知识产权的客体是不具有物质形态的智力成果。这是知识产权的本质属性，是知识产权区别于物权、债权、人身权等民事权利的首要特征。智力成果是指人们通过智力劳动创造的精神财富或精神产品，它本身凝结了人类的一般劳动，具有财产价值，可以成为权利客体，是与民法意义上的“物”相并存的一种民事权利客体。

（2）地域性，即知识产权只在特定国家或地区的地域范围内有效，不具有域外效力。知识产权具有地域性，也是它与有形财产权的重要区别之一。例如，某人在中国购买了一块手表，那么无论其走到哪个国家，这块表仍归其所有，不会被视为公有财产而人人皆可无偿利用，每个国家都会保护他在中国所取得的手表所有权。而作为一项知识产权，如一项中国的专利权，在其他的国家或地区是得不到承认和保护的。一国的知识产权要获得他国的法律保护，必须依照有关国际条约、双边协议或按互惠原则办理。

（3）时间性，即依法产生的知识产权一般只在法律规定的期限内有效。这也是知识产权与有形财产权的区别之一。超出知识产权的法定保护期后，该知识产权权利消灭，有关智力成果进入公有领域，人们可以自由使用。须注意的是，商标权的期限届满后可通过续展依法延长保护期；少数知识产权没有时间限制，只要符合有关条件，法律可长期予以保护，如商业秘密权、地理标志权、商号权等。

之所以对知识产权规定法定保护期限，是为了更有效地推动科学技术、文化艺术的发展，并考虑到知识产权权利所有人利益与社会公众利益的兼顾和平衡。

二、知识产权的范围

知识产权是个不断发展和扩张的开放的权利体系。科学技术的发展和社会的进步，不仅使知识产权传统权利类型的内涵不断丰富，而且使知识产权的外延不断拓展。根据《与贸易有关的知识产权协议》（简称“TRIPS”）、《世界知识产权组织公约》等国际公约和我国《民法通则》、《反不正当竞争法》等国内立法的规定，知识产权的范围主要包括以下内容：

1. 著作权和邻接权

著作权，又称版权，是指文学、艺术和科学作品的作者及其相关主体依法对其作品所享有的人身权利和财产权利。人身权利包括署名权、发表权、修改权和保护作品完整权四项。人身权利由作者终生享有，作者死后，其人身权利可由作者家属或作者遗嘱指定人加以保护。财产权利是指著作权人经济方面的权利，包括复制权、发行权、出租权、展览权、表演权、放映权、广播权、信息网络传播权、摄制权、改编权、翻译权、汇编权等。以上财产权利的实现通常表现为作者依合同许可他人行使上述权利，即由他人对其创作成果进行出版、表演、制片、广播、放映、展览等活动，作者有权收取相应的报酬。多数作品的作者可以终生享有财产权利，作者死后可由继承人享有若干年。

邻接权是指作品传播者在传播作品时所享有的权利，因为它与著作权紧密相连，故称为著作权的邻接权。邻接权有狭义和广义两种含义。狭义邻接权，通常包括表演者权、音像制作者权及广播电视组织权三类。广义的邻接权，是把一切传播作品的媒介所享有的专有权一律归入其中，其基本内容包括：出版者对其出版的图书和报刊享有的权利；表演者对其表演享有的权利；录音录像制作者对其制作的录音录像制品享有的权利；广播电台、电视台对其制作的广播、电视节目享有的权利。

☞ **案例**

谷歌公司2004年开始寻求与图书馆和出版商合作，大量扫描图书，欲打造世界上最大的数字图书馆，使用户可以利用“谷歌图书搜索”功能在线浏览图书或获取图书相关信息。在过去5年，谷歌已经将全球尚存有著作权的近千万种图书收入其数字图书馆，而没有通报著作权所有者本人。

2009年10月13日，中央电视台《朝闻天下》栏目报道称，谷歌数字图书馆涉嫌大范围侵权中文图书，从中国文字著作权协会获悉，570位权利人17 922部作品未经授权已被谷歌扫描上网。谷歌公司面临中国权利人的侵权指控。

中国文字著作权协会相关负责人表示，这570位包括国家领导人、政府官员和作家在内的权利人对此毫不知情，且没有证据表明谷歌公司取得了权利人的授权。法学专家认为，谷歌的这种未经许可的复制和网络转载的行为均涉嫌侵犯著作权。中国文字著作权协会相关负责人还表示，由于谷歌强势霸道的态度，目前与谷歌总部方面的协商并无结果，中国文字著作权协会正在与知识产权专家协商下一步的维权行动。

2. 专利权

专利权是指自然人、法人或其他组织依法对其发明、实用新型和外观设计在一定期限内享有的独占实施权。根据专利权的客体的不同，专利权可以分为发明专利、实用新型专利和外观设计专利三大类。

发明就是人们通过创造性劳动所制造或设计出来的某种前所未有的东西。发明要求具有突出的实质性特征和显著进步，是一种能够实施的技术方案。发明包括产品发明、方法发明、改进发明三种。

实用新型是对产品的形式、构造或其结合所提出的适于使用的新的技术方案。这种新的技术方案能够在产业上制造出具有使用价值和实际用途的产品。

外观设计亦称为工业品外观设计，是指对产品的形状、图案、色彩或者其结合所作出的富有美感并适用于工业上应用的新设计。例如，著名国画家黄永玉为湘泉集团生产的湘泉酒、酒鬼酒精心设计了包装，其对“湘泉”和“酒鬼”的酒瓶拥有外观设计专利权（后被湘泉集团以1 800万元高价买下）。

3. 商标权

商标权是指商标注册人或权利继受人在法定期限内对注册商标依法享有的各种权利，包括商标注册人对其注册商标的排他使用权、收益权、处分权、续展权和禁止他人侵害的权利。商标俗称牌子，是用以区别商品和服务不同来源的商业性标志，由文字、图形、字母、数字、三维标志、颜色组合或者上述要素的组合构成，如“长虹”、“海尔”、“康佳”等。

我国商标权的获得必须履行商标注册程序，而且实行申请在先原则。商标是商业活动中的一种识别标志，所以商标权的作用主要在于维护商业活动中的秩序，与专利权的作用主要在于促进工业产业的发展不同。

☞ **案例**

原告在百盛购物中心发现自己生产的“枫叶”牌商标的服装被“鳄鱼”商标替换后在鳄鱼专柜上出售，原告服装市场售价为50元，被告出售的价格为250元。

法院查明：同益公司与鳄鱼公司合同约定，同益公司代销鳄鱼商标服装，1994年，同益公司将“鳄鱼”服装售完后，没有再向鳄鱼公司进货，而是在市场上购买了200条“枫叶”商标西裤，然后将“枫叶”商标撕下，换上“鳄鱼”商标出售。这一行为鳄鱼公司并不知晓，在其与同益公司的合同中也没有授权同益公司制造或采购“鳄鱼”品牌服装。

4. 商业秘密权

商业秘密权是指民事主体对属于商业秘密的技术信息或经营信息依法享有的专有权利。商业秘密是指一切不为公众所知悉，具有经济价值和实用价值，且权利人已采取了保密措施的经营信息和技术信息。商业秘密的构成要件有四个，即秘密性、价值性、实用性和保密性。

☞ **案例**

甲超市是广州一家大型连锁超市，对其供货商名址、商品购销价格及会员客户通信录等存储在专用电脑的资料设置了密码，并对接触相关资料的员工规定，“不准泄露或透露公司内部任何商业机密信息、不准私自使用FTP上传或下载信息”。

李某原为甲超市市场部主管，2005年8月辞职后出任乙超市市场部经理。同年9月间，甲超市因月销售收入较8月份下跌15.63%而进行调查，发现乙超市向甲超市的客户邮寄了宣传资料，而此前这些客户从未收到过乙超市的任何资料，同时多家供货商都转而向乙超市供货，原因在于其商品采购价格优于甲超市。甲超市怀疑李某有泄露商业秘密的行为，遂向法院申请诉前证据保全，法院从乙超市和李某的个人电脑处查获原告自开业至2005年8月止的供货商名址、商品购销价格及商场会员客户通信录等电脑存储资料。乙超市辩称：这些资料都可以从商场、电话黄页等公开渠道获得，并非甲超市的商业秘密。

5. 植物新品种权

植物新品种是指经过人工培育的或者对发现的野生植物加以开发，具备新颖性、特异性、一致性、稳定性，并有适当的命名的植物新品种。完成育种的单位和个人对其开发的品种，享有排他的独占权，这就是植物新品种权。我国于1997年10月1日起施行《中华人民共和国植物新品种保护条例》，2006年12月25日最高人民法院通过了《关于审理侵犯植物新品种权纠纷案件具体应用法律问题的若干规定》，植物新品种保护体系已日趋完善。

6. 集成电路布图设计权

集成电路布图设计权是指自然人、法人或其他组织依法对集成电路布图设计享有的专有权。我国《集成电路布图设计保护条例》第12条规定，布图设计专有权的保护期为10年，自布图设计登记申请之日或者在世界任何地方首次投入商业利用之日起计算。但是，无论是否登记或者投入商业利用，布图设计自创作完成之日起15年后，不再受该条例保护。

以上六大类知识产权是目前在法律上明确作出了规定的。此外，对于商号权、地理标志权、域名权、反不正当竞争权、数据库特别权利、商品化权等能否成为独立的知识产权，目前在理论界尚存在较大分歧。

三、知识产权的民法保护

1. 知识产权侵权行为

知识产权侵权行为是指未经知识产权权利人许可，又无法律依据，擅自行使知识产权权利人的专有权利或妨碍知识产权权利人正常行使权利等损害知识产权权利人合法权益的行为。就其表现形式而言，知识产权侵权行为主要表现为非法行使权利人的专有权，或非法利用权利人的智力成果，如擅自复制他人作品或擅自实施他人的专利等，但有时也可表现为非法妨碍权利人正常行使权利，如禁止作者正当署名等。

2. 知识产权侵权的民事责任

知识产权侵权行为应承担的民事责任形式主要有停止侵害、消除影响、赔礼道歉和赔偿损失等。停止侵害是保护知识产权的重要救济措施，不管行为人主观上是否存在过错，也不管是否造成损害后果，只要侵权行为正在发生或有证据表明即将发生，权利人均可请求法院判令行为人停止侵权行为。

对于侵犯知识产权的损害赔偿责任构成要件，是否要求主观上有过错，在理论界有一定分歧，按通说仍实行过错责任原则。对于侵权作品制作者、传播者或侵权商品销售者的损害赔偿责任，则通常实行过错推定原则，如《商标法》第56条第3款规定，销售不知道是侵犯注册商标专用权的商品，能证明该商品是自己合法取得并说明提供者的，不承担赔偿责任。

知识产权损害赔偿数额的确定主要有以下计算方法：

（1）按权利人因侵权遭受的实际损失确定。

（2）按侵权人因侵权获得的利益确定。

（3）根据情节参照专利许可使用费的1~3倍合理确定。

（4）按前述方法都难以确定时，由法院根据当事人的请求或依职权在50万元以下酌情判决。

【思考与练习】

1. 你曾经购买过盗版的书籍、CD吗？对于购买或使用盗版产品，你的看法是什么？

2. 将电视台播放的节目录下来供自己欣赏是否属于侵权？

3. 撰写论文时参考、摘引他人作品构成侵权吗？

4. 案例分析：

甲厂自1986年起在其生产的西服上使用“红枫”商标；1988年，乙服装厂也开始使用“红枫”商标。1990年3月，乙厂的“红枫”商标经国家商标局核准注册，其核定使用的商品为服装等。1991年1月，乙厂发现甲厂在西服上使用“红枫”商标，很容易引起消费者的误认，因此甲、乙双方发生侵权纠纷。

甲、乙两个厂谁构成侵权？侵权方能否继续使用“红枫”商标？

☆思考方向：

① 分析甲、乙使用有关商标的情况，判断该商标权的归属。

② 确定侵权行为的实施者，判断其侵权行为的开始时间。

③ 非商标权人使用注册商标的法定条件是什么？侵权方如果继续使用该商标，应当满足相关条件。

【拓展阅读】

1. 姚辉：《论一般人格权》，载《法学家》1995年第5期。

2. 杨立新主编：《人格权法立法报告》，知识产权出版社2005年版。

3. 杨立新：《人身权法论》，人民法院出版社2006年版。

4. 姚辉：《逝者如斯夫》，载《判解研究》，人民法院出版社2002年版。

5. 张新宝：《侵害公民健康权、身体权的民事责任》，载《人民法院报》2001年8月12日。

6. 杨立新：《解决“人肉搜索”中的违法行为关键在于依法规范网络行为》，载《信息网络安全》2008年第10期。

7. 朱伟一：《性骚扰与黄段子》，载《法学家茶座》（第5辑），山东人民出版社2004年版。

8. 龙翼飞、杨建文：《论所有权的概念》，载《法学杂志》2008年第2期。

9. 钱明星：《网络虚拟财产民法问题探析》，载《福建师范大学学报》（哲学社会科学版）2008年第5期。

10. 孙宪忠：《中国物权法总论》，法律出版社2003年版。

单元十

民事责任简述

民事责任属于法律责任的一种，是保障民事权利和民事义务实现的重要措施，是民事主体因违反民事义务所应承担的民事法律后果，它主要是一种民事救济手段，旨在使受害人被侵犯的民事权益得以恢复。

【知识目标】

了解民事责任的含义和基本类型，掌握民事责任的三项归责原则：过错责任原则、无过错责任原则和公平责任原则，以及由归责原则所决定的民事责任构成要件，掌握民事责任的承担形式。

【能力目标】

正确辨别当事人之间的民事纠纷适用何种归责原则，以确定违法行为人承担民事责任需要符合哪些要件，并准确认定违法行为人应承担何种形式的民事责任，从而正确解决民事纠纷。

【内容结构图】

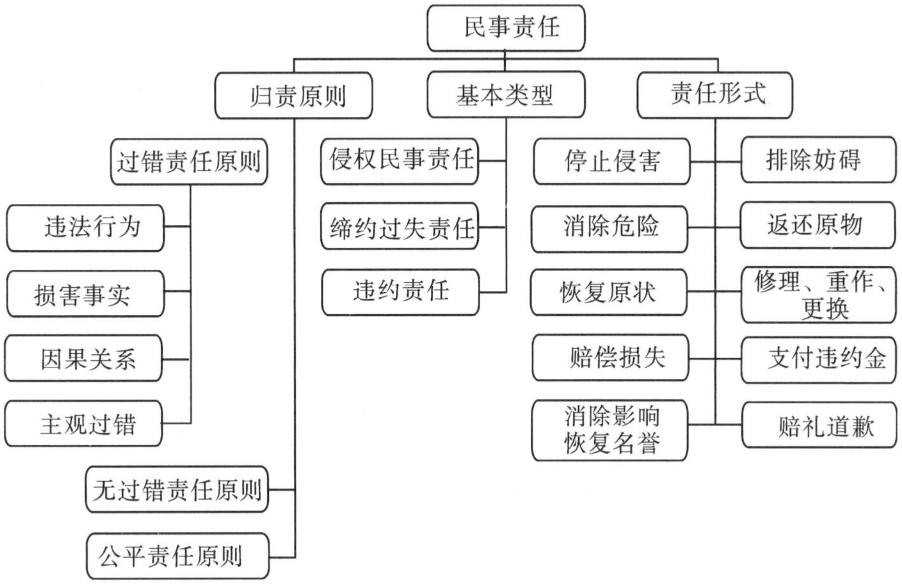

【引例】

××年3月14日，罗洁与陈虎在乘坐公共汽车时，因抢座发生争吵。罗洁声称要给陈虎一点颜色看看，陈虎不服气，于是两人均提前下车，在人行道上厮打在一起。罗洁顺手捡起地上的一块石头砸向陈虎的头部，陈虎顿时血流满面。罗洁见状非常慌张，急忙把陈虎送到医院。陈虎头部被缝合7针，并住院观察治疗，共花去医药费560元，误工损失120元。陈虎出院后，找到罗洁要求其赔偿，罗洁认为陈虎的伤是双方厮打中自己采取防卫措施造成的，无任何过错，不同意赔偿。陈虎遂诉至区人民法院，要求罗洁赔偿自己的损失共计680元。区人民法院依据《民法通则》第98、119、131条，作出判决：原告的医药费560元、误工费120元，合计680元，被告赔偿70%，即476元；原告自己承担30%，即104元。①

在上述案例中，罗杰是否违反了民事义务，法院判决其承担70%的民事责任是否正确？

【基本理论】

一、民事责任的含义

民事责任是民事法律责任的简称，指民事主体因违反民事义务而依法应承担的民事法律后果。民事义务是民事责任产生的前提，没有民事义务就没有民事责任，民事义务人按照法律或依约定履行了自己的民事义务，就不会产生民事责任。

民事责任是民事权利的有效法律保障措施，是民法规定的对民事违法行为人所采取的一种民事制裁措施，其以恢复被侵害的权利为目的。与道德责任相比，民事责任是通过国家强制力来保证实施的；与行政责任和刑事责任相比，民事责任的承担是以民事主体违反民事法律为前提条件的，是民事立法对民事违法行为人实施的一种制裁手段。

民事责任具有以下特征：

1. 强制性

民事权利的实现有赖于义务主体作为或不作为义务的履行，如果义务主体不履行民事义务，权利主体的民事权利就无从实现，通过民事责任制度强制义务主体履行其义务，可以确保民事权利的实现。

2. 财产性

民事责任是以财产责任为主，以非财产责任为辅的责任体系。在民事主体的财产权受到侵害时，被侵权人所受的财产损失当然应以财产责任的方式予以弥补，即便是民事主体的人身权受到侵害，当今各国也普遍认同精神损害物质赔偿的方式。

3. 补偿性

民事责任的主要功能就是通过强制义务人履行义务，使权利主体被损害的权利得到恢复，使受害人得到相应的补偿。因此，民事责任实际上就是一方当事人对另一方当事人的损失进行补偿的责任，一般不具有惩罚性。

※相关法律

《中华人民共和国民法通则》第106条

《中华人民共和国侵权责任法》第2条

---

① 龙翼飞．民法案例分析．北京：中国人民大学出版社，2002.

二、民事责任的分类

（一）违约责任、缔约过失责任和侵权责任

根据产生民事责任的法律基础，可将民事责任分为违约责任、缔约过失责任和侵权责任。

违约责任指合同义务人不履行合同义务或履行合同义务不符合约定时应承担的民事责任。《合同法》第107条规定："当事人一方不履行合同义务或者履行合同义务不符合约定的，应当承担继续履行、采取补救措施或者赔偿损失等违约责任。"

缔约过失责任是指合同当事人违反合同订立过程中应承担的先合同义务而致合同不成立、无效或可撤销，而给对方当事人造成损失时所应承担的民事赔偿责任。《合同法》第42条规定："当事人在订立合同过程中有下列情形之一，给对方当事人造成损失的，应当承担损害赔偿责任：①假借订立合同，恶意进行磋商；②故意隐瞒与订立合同有关的重要事实或者提供虚假情况；③有其他违背诚实信用原则的行为。"

侵权责任是指民事主体侵害他人人身权、财产权时所应承担的民事责任。根据《侵权责任法》第2条规定："侵害民事权益，应当依法承担侵权责任。本法所称民事权益，包括生命权、健康权、姓名权、名誉权、荣誉权、肖像权、隐私权、婚姻自主权、监护权、所有权、用益物权、担保物权、著作权、专利权、商标专用权、发现权、股权、继承权等人身、财产权益。"

（二）财产责任和非财产责任

根据民事责任形式的内容是否带有财产性，可将民事责任分为财产责任和非财产责任。

财产责任是指以财产为内容的民事责任形式，如返还原物、赔偿损失、支付违约金等。非财产责任是指不以财产为内容的民事责任形式，如停止侵害、消除影响、恢复名誉、赔礼道歉等。

（三）有限责任和无限责任

根据责任人承担民事责任的财产范围，可将民事责任分为有限责任和无限责任。

有限责任是指责任人仅以一定限额的财产承担民事责任，如公司的股东，仅以其对公司的出资额为限对公司承担民事责任。无限责任是指责任人要以其全部财产承担民事责任，如合伙企业的合伙人应以其个人或家庭的全部财产对合伙债务承担民事责任。

（四）单方责任和双方责任

根据民事责任是否由双方过错引起，可将民事责任分为单方责任和双方责任。单方责任是指基于一方的过错而发生的应由一方当事人承担的民事责任。单方责任中，承担责任的可以是一人，也可以是多人，所以不同于单独责任，单独责任是一人责任。双方责任又称混合责任，是指当事人双方对损害结果的发生均有过错，各自应依其过错大小承担相应的民事责任。

（五）按份责任、连带责任和补充责任

根据责任一方当事人之间的外部关系，可将民事责任分为按份责任、连带责任和补充责任。按份责任是指在责任人为多人的情况下，各责任人按照一定的比例分别向

权利人承担民事责任，各责任人之间无连带关系。如甲、乙、丙合租丁的三室两厅的房子，房租每月3 000元，按照约定，甲、乙、丙三人对房租、水费、电费等相关费用各自承担三分之一的份额，如承租人未按期缴纳租金，则甲、乙、丙三人承担的就是按份责任。连带责任是指责任人为多人时，每个人都负有清偿全部债务的责任，各责任人相互之间有连带关系。如合伙人对合伙企业所欠的债务即承担连带责任。补充责任是指应当承担赔偿责任的责任人自己财产不足给付时，由与其有关的人依法对不足部分予以补充的民事责任。如监护人对被监护人致人损害时所承担的赔偿责任即是补充责任。

※相关法律

《中华人民共和国民法通则》第133条第2款

《中华人民共和国侵权责任法》第32条第2款

三、民事责任的归责原则

民事责任的归责原则即承担民事责任的原则，是指确定行为人承担民事责任的一般根据和标准。归责原则直接决定着民事责任的构成要件，也决定着举证责任的内容，还决定着损害赔偿的范围。

依照我国民法的有关规定，我国民事责任的归责原则有三项：过错责任原则、无过错责任原则和公平责任原则。

（一）过错责任原则

过错责任原则是指以行为人主观上的过错作为承担民事责任基本条件的一项归责准则。《民法通则》第106条第2款规定："公民、法人由于过错侵害国家的、集体的财产，侵害他人财产、人身的，应当承担民事责任。"《侵权责任法》第6条第1款规定："行为人因过错侵害他人民事权益，应当承担侵权责任。"行为人有过错有责任，无过错则无责任。如前述引例中，罗杰用石头砸伤陈虎，其主观是故意的，存在过错，因此罗杰应当对陈虎承担赔偿责任。在过错责任原则的适用中，行为人可以以自己主观没有过错而获得免责。如前述引例，假如罗杰拿石头砸陈虎时，陈虎因实施正当防卫而致罗杰的手骨折，陈虎可以自己主观无过错而免于对罗杰承担民事责任。

☞案例

潘某和霍某系某中学高二年级同学，潘某因琐事于2001年6月18日下午放学回家后，从家中偷带了一把自制刀返回学校，向霍某腹部捅了两刀，造成霍某左肾切除、七级伤残的严重后果。事后霍某向法院提起刑事附带民事诉讼，将学校列为刑事附带民事诉讼的共同被告人，要求学校赔偿其医疗费、继续治疗费、精神损失费等计人民币50万元。法院最后判决学校不承担责任。霍某服判。

2002年10月6日，某中学学生鲁某上体育课时，被一同玩耍的同学推倒在学校操场正在施工的管道沟内致伤，导致左臂多发性骨折，法医鉴定为十级伤残。事发后校方不闻不问。鲁某家长遂将某学生和学校起诉到法院，要求学校承担连带赔偿责任，法院判决支持。[1]

上述两个案例都属于学生伤害案件，之所以会有不同的判决，原因在于对此类纠纷应适用过错责任原则，在案例一中，学生伤害案件发生在放学后，学校是无过错的，因此学校不承担赔偿责任；而在案例二中，学生伤害案件发生在课堂上，学校存在过错，因此学校要承担连带赔偿责任。

（二）无过错责任原则

无过错责任原则，是指依照法律规定，行为人即便没有过错，造成他人损害仍应承担民事责任的原则。承担无过错责任不是根据行为人的过错，而是根据损害的客观存在和行为人高度危险活动的性质及彼此之间的因果关系。无过错责任只适用于法律有明确规定的特殊侵权民事责任和违约责任。具体包括：①国家机关及其工作人员职务侵权行为；②产品缺陷致人损害的行为；③高度危险作业致人损害的侵权行为；④污染环境致人损害的侵权行为；⑤饲养动物致人损害的侵权行为；⑥无民事行为能力人和限制民事行为能力人致人损害的侵权行为；⑦违约行为。在适用无过错责任原则的行为中，行为人不得以主观无过错而获得免责。

☞**案例**[2]

2003 年 2 月 16 日下午 6 时左右，原告游芝英乘坐从海口开往昆明的云 AR1664 中巴车途经昆碗公路普坪村路段。期间，位于该路段附近普坪庙山的兴达石场正实施爆破作业，因爆炸飞出的一块 20 公斤左右的石块将游芝英乘坐的中巴车顶砸穿后，又掉落到游芝英腿上，将其双腿砸伤。之后，原告入住云南省红十字会医院治疗，被告保安服务中心为原告支付医药费 59 973.13 元、护理费 10 580 元，2003 年 11 月 11 日，原告自红十字会医院出院。此后又转入成都军区昆明总医院继续住院治疗至 2003 年 12 月 26 日。被告保安服务中心为原告支付医药费 43 159.5 元、护理费 1 800 元、生活费 6 500 元，原告自己支出医疗费 4 601.90 元、麻醉保险费 500 元、药具费 953.80 元。2004 年 3 月 23 日，昆明法医院法医技术鉴定中心出具（2004）法伤鉴字第 0731 号鉴定书，鉴定原告的伤残为五级。后原告诉至法院，要求被告李大伟、王兴益、西山区保安服务中心共同承担赔偿责任。

法院查明：2002 年 5 月 31 日，李大伟与西山区民爆大队签订了《西山区爆破服务安全管理责任书》，确定了各自的爆破安全职责。2002 年 10 月 30 日，李大伟取得关于兴达石场的《采矿许可证》。2003 年 2 月 2 日，李大伟与王兴益签订《采石厂承包协议书》，约定李大伟将其取得采矿权的兴达石场发包给王兴益进行经营，王兴益每年交纳承包费 10 万元给李大伟，并约定在承包期内，采石场在生产过程中，所发生的一切问题和事故，都由王兴益负责处理，包括所需费用，李大伟在各种问题和事故的处理上不负任何经济责任。2003 年 1 月 1 日，被告王兴益与西山区民爆大队签订《西山区民用爆炸物品管理服务大队爆破服务协议》，明确民爆队员在实施爆破工程中，如发现服务场点存在安全问题，如场点相关设备及周边设施安全距离不够、放警戒线过短、装

① 引自找法网《学生伤害事故应适用过错责任原则》。

② 引自北大法律信息网。

填药量过大等或其他违反爆破操作安全规程的，民爆队员应立即停止爆破服务，并责令服务场点负责人当场整改，方可实施放炮；不能当场整改的，应填写《停止爆破通知书》，待整改完毕后方能实施放炮；如不听劝阻和管理的，发生的一切事故及后果由场点负全部责任，民爆队不承担任何损失和责任。

事发当日，兴达石场向西山区民爆大队领取了相关爆破物资，爆破过程中，炮眼由王兴益确定，由一名民爆队员及王兴益的一名工作人员共同装填炸药，民爆大队对装填药量的数量具有管理、决定权。

本案责任主体的认定：昆明市中级人民法院认为，本案原告游芝英是因爆炸作业而致伤，根据《中华人民共和国民法通则》第 123 条规定，从事高空、高压、易燃、易爆、剧毒、放射性、高速运输工具等对周围环境有高度危险的作业造成他人损害的，应当承担民事责任；如果能够证明损害是由受害人故意造成的，不承担民事责任。故因爆炸作业而造成他人损害的，法定的责任主体为爆炸作业人。本案中，被告王兴益系采石场承办人，直接从事爆炸作业，故王兴益系本案直接的爆炸作业人。被告保安服务中心下属西山区民爆大队不仅监督爆破作业的实施，而且决定爆炸药量的数量，实施了炸药的装填工作，实际参与了当日的爆炸作业，故西山区民爆大队亦系本案爆炸作业的实施人，与被告王兴益共同实施爆破作业，同为本案的爆炸作业人。被告李大伟为兴达石场的采矿权人，系该采石场的合法开采人，王兴益系使用李大伟取得的采矿权进行开采，故李大伟是本案法律上从事爆炸作业的作业人。因此，本案中，法律上的爆炸作业人李大伟与事实上的爆炸作业人王兴益、西山区民爆大队同属《中华人民共和国民法通则》第 123 条规定的爆破作业人。三被告从事的爆破作业造成了原告游芝英的损害，且李大伟、王兴益、西山区民爆大队并未主张及举证证明原告的损害系由其故意造成，故李大伟、王兴益、西山区民爆大队对原告构成共同侵权，依法应当承担连带责任。其中，因西山区民爆大队非独立法人，其隶属于保安服务中心，不具有独立承担民事责任的能力，故其民事责任应当由被告保安服务中心承担。对于被告李大伟辩称其与被告王兴益签订的《采石厂承包协议书》因违反法律法规的强制性规定而无效，故李大伟应承担责任。

（三）公平责任原则

公平责任原则，是指当事人双方对造成损害均无过错，而法律又没有规定适用无过错责任的情况下，根据当事人双方的财产状况和其他情况，由加害人对受害人的财产损失给予适当补偿的归责原则。《民法通则》第 132 条规定：“当事人对造成损害都没有过错的，可以根据实际情况，由当事人分担民事责任。”《侵权责任法》第 24 条规定：“受害人和行为人对损害的发生都没有过错的，可以根据实际情况，由双方分担损失。”公平责任只适用于财产损害的情况。公平责任与无过错责任，都不以行为人的过错为责任要件，都不以惩罚过错为归责目的。但两者又有明显的区别：

（1）无过错责任的适用只限于法律的明确规定；而公平责任的适用则不限于法律明确规定的情况，只要双方当事人都无过错，法律又没有规定适用无过错责任，都可以适用公平责任原则处理。

（2）无过错责任的赔偿范围由法律规定，大多有最高赔偿限额的规定；而公平责任则由法官酌情裁量。

☞**案例**

2009年4月3日下午，苗振明在郑州市二七区红山茶洗浴中心（以下简称红山茶洗浴中心）洗澡时突然晕倒，该洗浴中心工作人员立即拨打120急救电话，并拨打110电话报警。苗振明经抢救无效死亡，医院诊断其死亡原因为猝死。苗振明家属提起诉讼，要求红山茶洗浴中心赔偿丧葬费11 441.5元、死亡赔偿金66 155元，共计77 596.5元。①

苗振明在红山茶洗浴中心洗澡时突然晕倒，经抢救无效死亡，其死亡前急救病历和死亡医学证明书均载明其为猝死。苗振明晕倒后，该洗浴中心工作人员立即拨打了120急救电话，被告作为洗浴中心的经营者，已尽到合理限度范围内的安全保障义务。对于苗振明的死亡，原、被告均无过错。因此，应根据公平原则，由双方合理分担损失。

❋**相关法律**

《中华人民共和国民法通则》第106条第3款、第121、122、123、124、127、132、133条

《中华人民共和国侵权责任法》第24条、第32条第1款、第41、65、69、78条

《中华人民共和国合同法》第107条

四、民事责任的构成要件

民事责任的构成要件因其适用的归责原则不同而有分别。

（一）一般侵权民事责任和缔约过失责任的构成要件

一般侵权民事责任和缔约过失责任均采取过错责任原则，其构成需要四个构成要件：

1. 违法行为

违法行为是构成民事责任的一个必要要件，一个人的行为，如果不具有违法性，即便造成损害，也不应承担民事责任，如因正当防卫造成他人的损害。违法行为，指行为人违反民事法律规范的行为。违法行为表现为两种形式：一是作为的违法行为；二是不作为的违法行为。作为的违法行为，指实施法律禁止为的行为，即行为人违反了法律规定的不作为的义务，如法律禁止侵犯他人的财产，而行为人实施了毁损他人财产的行为，即为作为的违法行为。不作为的违法行为指义务人违反自己所承担的作为义务，消极地不实施的行为，如法律要求是在公共场所施工，施工人应该设置明显标志和采取安全防范措施，而施工单位不采取安全措施，因而造成他人伤害的行为，即为不作为的违法行为。判断行为人是否构成作为的违法行为，关键是两个方面：一是行为人是否承担作为的义务；二是负有作为义务的人在当时是否具备履行的条件。只有行为人在法律负有作为义务，并具备履行条件而不履行，才能认定其有不作为的违法行为。

---

① 引自北大法律信息网。

缔约过失责任中的违法行为指的是缔约当事人的缔约过失行为。依《合同法》第42条规定，缔约过失行为主要有：①假借订立合同，恶意进行磋商。②故意隐瞒与订立合同有关的重要事实或者提供虚假情况。③有其他违背诚实信用原则的行为。依诚实信用原则的要求，缔约当事人在缔结合同的过程中应对对方履行告知、说明、协作、照顾、忠实、保密、保护等义务，如果缔约当事人违反上述法定义务，即构成缔约过失行为。

☞**案例**

于某、王某、孟某系上、下楼层的邻居，其中于某住2楼，王某住4楼，孟某住6楼。5月1日早晨，王某发现自己家的厕所和下水道堵塞，当即告知5、6、7层等几户邻居停用厕所和下水道，同时到物业管理中心找维修工修理，但因五一放假，维修工均未上班，无法修理，后王某回了父母家。5月3日晚，王某回家，见从厕所流出的水已将自己家的地板淹没，于某的2层和3层居民房屋也被水淹。王某再次上楼制止各邻居用水，发现孟某正在用水，当即予以制止。于某家因被水淹，电视机、墙壁、地板等遭受不同程度的损坏，修理电视机花费500元，粉刷墙壁花费600元，维修地板花费300元，共计1 400元。于某以孟某、王某为被告，提出财物损害赔偿之诉。法院在认定王某、孟某的行为是否具有违法性时，产生不同意见。王某和孟某的行为是否具有违法性?①

2. 损害事实

损害事实，指行为人因其行为而给他人的财产或精神带来的损害结果。

损害事实按照不同的标准可作不同的分类：

（1）财产损害和非财产损害。

财产损害又称物质损害，指因违法行为而给受害人造成的经济上的损失，一般可用货币来估量，如因健康权受侵害而产生的医药费等财产损失。非财产损害又称无形损害，指因违法行为而给受害人财产以外的权益造成的损害，通常不能以货币来估量，如因被毁容而造成的精神痛苦。财产损害一般适用财产性的民事责任形式（如赔偿损失)；而非财产损害，除法律另有规定外，一般适用非财产性的民事责任形式（如消除影响、恢复名誉、赔礼道歉等)。

（2）直接损害和间接损害。

直接损害指因违法行为造成的现有财产的减少或丧失，即既得利益的减少，如财产被毁损。间接损害指受害人本应得到但由于损害事实的发生而没有取得的利益，如受害人因受伤害住院治疗而导致的误工工资收入。

在缔约过失责任中，损害事实指的是相对方信赖利益的损失。所谓信赖利益的损失指相对方因信赖合同的成立和有效，但由于合同不成立或无效而遭受的损失。包括：因信赖对方要约的有效而与对方联系、赴实地考察以及检查标的物所支出的合理费用；因信赖对方将要缔约，为缔约做各种准备所支出的合理费用；为谈判所支出的劳务；

① 王利明．中国民法案例与学理研究（侵权行为篇、亲属继承篇）（修订版）．北京：法律出版社，2003.

为支出上述费用所损失的利益；丧失与他人的缔约机会等导致的损失。[1] 如甲通知乙10天后从广州去北京签订古字画的买卖合同，3天后甲的古字画不慎丢失，但甲并未通知乙，10天后乙依约前往北京，因买卖合同的标的物已不存在，买卖合同显然不能签订。在此案例中，乙信赖买卖合同的成立而前往北京，但由于甲未及时通知乙合同无法成立而致乙徒劳往返，乙因此支出的往返路费及食宿费即为信赖利益的损失。

3. 违法行为与损害事实之间的因果关系

违法行为与损害事实之间的因果关系，是指损害事实由违法行为所引起，损害事实是违法行为的结果，违法行为是损害事实的原因。这种联系是客观存在的，不以任何人的主观意志为转移。

在确定因果关系时，应注意判断：

（1）因果关系的客观存在。如小孩甲、乙在白天游戏时，甲用胳膊肘撞击了乙的腹部一下，乙疼了会儿没事了，晚上乙突然腹痛不止，送院治疗经抢救无效死亡。经解剖，乙是因急性腹膜炎引起并发症而死亡，与甲的撞击无客观因果关系，因此甲的父母对乙的死亡不承担民事责任。

（2）区分原因和条件，只有原因行为才承担民事责任。如甲开车撞伤乙，送院治疗，丙护士打错针，乙死亡。甲的行为只是乙死亡的条件，丙护士打错针才是乙死亡的原因，因此甲对乙的死亡不承担民事责任。

（3）在一果多因的情形下，注意区分直接原因和间接原因、主要原因和次要原因。如公交车司机甲发现汽车刹车失灵，打电话要求公司调度派人前往维修，公司调度员乙坚持让甲把车开回停车场维修。在开回途中，因刹车失灵，将一横过马路的行人丙撞伤。该结果的引起有两个原因，一是司机甲的违章驾车行为，二是调度员乙的错误调度行为，前者是造成丙受伤的直接原因，后者是造成丙受伤的间接原因，但是调度员乙的错误调度对事故的发生起了主要的决定性作用，所以该间接原因为主要原因。

在缔约过失责任中，该构成要件指的是缔约过失行为与信赖利益的损失之间存在因果关系。

4. 主观过错

民法上的过错，是指违法行为人在实施违法行为时所持的一种心理状态。

适用过错责任原则，行为人只有在主观上对自己的行为及损害结果有过错时，才承担民事责任。主观过错分为两种基本形态，即故意和过失。故意指行为人预见自己行为的结果，仍然希望它发生或者听任它发生的主观心理状态。过失包括疏忽和懈怠，行为人对自己行为的结果，应当预见或者能够预见而没有预见，为疏忽；行为人对自己行为的结果虽然预见了却轻信可以避免，为懈怠。过错的有无是承担民事责任与否的关键，一般与行为人的过错程度无关，无论是故意还是过失，其承担民事责任的范围是一样的。

只在下列特殊情况下，行为人过错程度的大小才成为确定民事责任范围的重要依据：

（1）混合过错。

混合过错，指损害结果的发生是由双方当事人的过错所引起的。因此双方当事人

---

① 王利明．合同法新问题研究．北京：中国社会科学出版社，2003. 154.

应依各自的过错大小，承担各自应负的民事责任，属于受害人自己的过错行为造成的损害，由受害人自己承担民事责任，而不能由行为人承担。《民法通则》第131条、《侵权责任法》第26条都规定，受害人对于损害的发生有过错的，可以减轻侵害人的民事责任。

（2）共同过错。

共同过错，指二人以上共同实施违法行为造成他人损害。《民法通则》第130条、《侵权责任法》第8条均规定："二人以上共同侵权造成他人损害的，应当承担连带责任。"

由于损害结果是共同致害人的共同行为造成的，因而法律规定他们对受害人的损失应当承担连带责任。他们之中的任何一人都负有赔偿全部损失的义务，受害人也可以要求其中的任何一人全部赔偿。如果共同致害人之一赔偿全部损失，则在共同致害人内部应根据各自的过错程度，分别按比例承担各自相应的赔偿责任。

（3）受害人的故意或重大过失。

受害人的故意或重大过失，指损害的发生是由于受害人的故意或重大过失造成的，行为人只有轻微的或者一般的过错。根据《侵权责任法》第27条、《民法通则》第131条的规定，在这种情形下，行为人不承担任民事责任，或者可减轻责任。

适用过错责任原则的一般侵权民事责任，如果存在免责事由，行为人不承担民事责任。根据司法实践，免责事由主要有：依法执行公务、正当防卫、紧急避险、自助行为、受害人的同意（但违反法律强制性规定、社会道德及善良风俗的除外）、不可抗力、意外事件、受害人或第三人的过错。

※相关法律

《中华人民共和国民法通则》第107、128、129条

《中华人民共和国侵权责任法》第26～30条

（二）违约责任的构成要件

《合同法》第107条规定，当事人一方不履行合同义务或者履行合同义务不符合约定的，应当承担继续履行、采取补救措施或者赔偿损失等违约责任。由此可知，守约方追究违约方的违约责任时，只需证明违约方的行为违约，无须证明违约方主观上有过错，违约方也不能通过证明自己主观上无过错而免除责任。显然，违约责任的一般归责原则采取的是无过错责任的归责原则。其构成需要以下两个构成要件：

1. 违约行为

违约行为是合同当事人违反合同义务的行为。这些义务主要包括：当事人约定的义务，法律规定的义务，依诚实信用原则产生的附随义务，如注意义务、告知义务、照顾义务、忠实义务、说明义务、保护义务等。

违约行为的形态主要有：不履行，指合同履行期限届满时，合同当事人完全不履行自己的义务；迟延履行，指合同债务已经到期，合同当事人能够履行而不按照法定或约定的时间履行；不适当履行，指合同当事人虽有履行合同义务的行为，但履行的内容不符合法律的规定或合同的约定，如合同约定卖方应交付100吨货物，而卖方只交付80吨；预期违约，指在合同履行期限到来之前一方无正当理由而明确表示其在履

行期到来后将不履行合同，或者其行为表明其在履行期到来后将不可能履行合同，如买卖合同约定的交付期届至前，卖方将标的物赠送他人并完成交付。

2. 不存在法定或约定的免责事由

违约责任的免责事由主要包括不可抗力、债权人的过错、当事人约定的免责条款等。根据《合同法》第 117 条的规定，因不可抗力不能履行合同的，根据不可抗力的影响部分或全部免除责任，但法律另有规定的除外。当事人延迟履行后发生不可抗力的，不能免除责任。

五、承担民事责任的方式

根据《民法通则》第 134 条的规定，承担民事责任的方式主要有：

1. 停止侵害

行为人所实施的侵害他人合法财产和人身权利之违法行为仍处于持续之中，权利人可请求停止侵害。停止侵害只适用于侵权的民事责任。如民事主体的财产正在受到不法行为人的毁损破坏，权利人有权请求违法行为人停止侵害，以防止侵害结果继续扩大。

2. 排除妨碍

违法行为人实施不法侵害致使受害人无法行使或者不能正常行使其财产权和人身权利时，权利人有权请求排除妨碍。排除妨碍主要适用于对物权的保护。

3. 消除危险

行为人的行为对他人人身或财产安全构成威胁，或者可能侵害他人人身或财产权益时，权利人有权请求违法行为人采取有效措施消除危险。消除危险主要适用于对他人财产权和人身权可能造成损害的情形。

4. 返还原物

行为人不法占有他人所有的财物，权利人有权请求不法行为人返还所侵占之物。返还原物主要适用于对物权的保护。

5. 恢复原状

权利被侵害或财产被损害，权利人有权请求不法行为人将被侵害的权利恢复到被侵害之前的状态，或者将被损害的财产修复，但必须建立在有修复可能和必要的基础上。恢复原状主要适用于对物权的保护。

6. 修理、重作、更换

修理、重作、更换适用于违反合同时对债权人的保护。如买卖合同中，卖方交付的标的物质量不合格，即应更换或无偿修理；加工承揽合同中，加工人加工的定作物不合标准，虽经修理仍不能用的，即应重作。

7. 赔偿损失

赔偿损失是最常见的民事责任形式，既适用于侵权民事责任，又适用于违约民事责任，还适用于缔约过失民事责任。在侵权民事责任中适用赔偿损失，既包括财产损失的赔偿，也包括精神损害赔偿。

8. 支付违约金

支付违约金只适用于违约的民事责任，且以当事人约定和法律规定为前提。如无当事人约定或法律规定，一方违约后，债权人则只能请求赔偿损失。

9. 消除影响、恢复名誉

不法行为人侵害了他人人格权或名誉，权利人有权请求其在影响所及范围内消除不良后果，将权利人的名誉恢复到未受侵害时的状态。消除影响、恢复名誉适用于对人格权的保护。

10. 赔礼道歉

不法行为人侵害了他人人身权利，权利人有权请求不法行为人向自己公开认错并表示歉意。可采用口头形式，也可采用书面形式。赔礼道歉适用于对人身权的保护。

引例分析

罗杰和陈虎作为民事主体，均享有健康权，任何人均不得侵害其健康。但罗杰在与陈虎的厮打过程中，用石头将陈虎头部打伤，违反了法定的不作为义务，构成违法行为；罗杰实施的违法行为给陈虎造成了损害，造成了陈虎头部受伤，有损害事实；该损害结果的发生是因为罗杰实施的违法行为所引起的，违法行为与损害事实之间有因果关系；罗杰在实施该违法行为时，其主观是有过错的，其明知用石头砸人头部会致人损伤，但仍然实施该行为，其心理状态应为典型的故意。罗杰的行为符合前述适用过错责任原则的一般民事责任的构成要件，因此罗杰应对陈虎承担赔偿损失的民事责任。但是对于陈虎所受伤害的损害结果的发生，受害人陈虎主观也有过错，两人因争抢座位起争端，陈虎没有采取正确方法处理，在相互厮打过程中罗杰对陈虎实施了违法行为，受害人陈虎主观也有过错，因此属于混合过错，陈虎应依过错大小分担相应的民事责任。人民法院根据双方的过错程度，判决致害人罗杰承担70%的赔偿责任，受害人陈虎自己承担30%的民事责任是正确的。

【思考与练习】

1. 王志英和蒙小骏是同一农场农工。王志英承包的瓜地与蒙小骏承包的麦地相邻。5月26日，蒙小骏在其承包的麦地里喷施除草剂2.4－DJ酯，由于当时有4级西北风，正在瓜地干活的王志英嗅到药味，便劝阻蒙小骏停止喷药，以免影响其瓜地里种的打瓜苗。但是，蒙小骏不听劝阻，还是喷施了六桶药水（纯药液约500克），结果使处于下风头的王志英承包的瓜地里不少打瓜苗歪到，呈现鸡爪状。为此，王志英向乌鲁木齐铁路运输法院起诉称：由于蒙小骏不听劝阻，坚持喷药，使他承包的30亩打瓜苗受到不同程度的损害，经估算经济损失18 000元，要求蒙小骏赔偿。

乌鲁木齐铁路运输法院在审理中，聘请昌吉等农业技术开发中心的技术员到受害瓜地采集了标本。经鉴定，结论认为："按正常安全施药技术要求，麦田喷施2.4－DJ酯，要与双叶子植物如西瓜、棉花、油葵、蔬菜等作物保持100米间隔区，第5片真叶呈鸡爪状，纯属除草剂2.4－DJ酯药害所致。以每亩收入1 450元计算，30亩打瓜苗收入43 500元。按每亩损失率7%计算，王志英共受经济损失3 045元。"审理中还查明：2.4－DJ酯剂为内吸选择性除草剂，该剂适用于禾本科作物田，防除非禾本科阔叶杂草。该剂瓶装标签注明使用注意事项："喷药时对邻近的敏感作物和棉花、大豆等保持一定隔离区……以免损害其他作物。喷药选择无风、晴天为宜。"①

① 姚辉等．民法总论案例教程．北京：中国政法大学出版社，1999．

问：本案中蒙小骏是否应向王志英承担赔偿责任？为什么？

2. 某晚9时许，江苏省某城市郊区公路上，一辆拉载货物的重型卡车将公路上方一输电电缆刮断。大约十分钟以后，又经过一辆重型卡车，该车车轮将刮断的电缆线卷起，致路边之行人被电缆拦腰勒住，造成四死两伤之恶性后果。事发后，两辆卡车均没有停车，即驶离现场，现已无法找到。以上事实皆有相关证人证明。后经查明，事发路段无路灯；且电缆在当初设置时是经过批准的，事故发生数天前例行检查时也是符合要求的，事故发生时究竟是因为车拉载货物过高还是电缆下垂而导致电缆被刮断，现已无法证实。现死者家属及伤者提起民事诉讼，要求两辆卡车（被告甲和被告乙）及电缆设置方（被告丙）承担责任。因两辆卡车均无法找到，法院判决电缆设置方承担适当的公平责任。①

（1）被告甲刮断电缆的行为应适用何种归责原则？

（2）被告乙卷起电缆致人损害的行为应适用何种归责原则？

（3）被告甲与被告乙的行为的结合应如何认定？

【拓展阅读】

1. 姚辉：《过错原则的批判与坚守》，载《法学论坛》2009年第1期。

2. 张新宝：《侵害公民健康权、身体权的民事责任》，载《人民法院报》2001年8月12日。

3. 王利明：《关于缔约过失责任》，载《中国民法案例与法理研究（债权篇）》，法律出版社2003年版。

① 曹险峰. 无过错责任原则、数人侵权与公平责任的适用——以一则案例的分析为主线. 中顾法律网.

单元十一

民事争议的解决途径

现代社会，人与人的交往愈益密切，纠纷的发生亦在所难免，其中民事纠纷的发生率高于其他类型的纠纷。如何恰当地解决民事纠纷，不仅对于当事人利益的维护至关重要，而且对于稳定社会秩序和维护国家的长治久安，也有着非常重要的意义。

【知识目标】

了解民事争议的特点及其形成原因，掌握解决纠纷的各种方式的优、缺点。

【能力目标】

对于各种实际民事争议，学会结合当事人的各种现实因素，为当事人选择合理的纠纷解决机制。

【内容结构图】

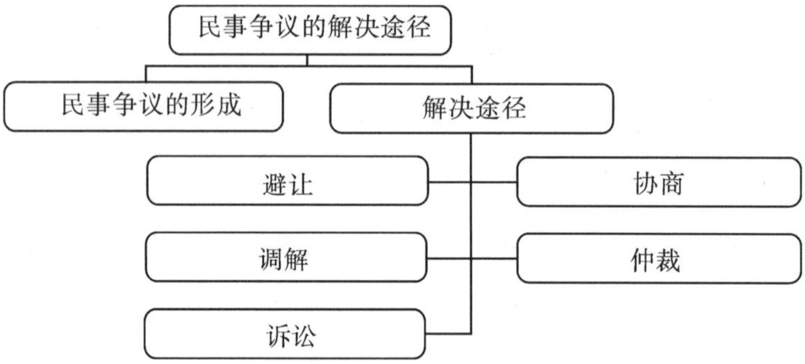

【引例】

敖某在一次给自己的朋友汇款时想通过银行转账进行，结果在转账的过程中，由于输入错误，将款项误转入戴某的账号。敖某发现后，要求银行从戴某的账号中将有关款项转回，但银行在联系不上戴某的情况下，遂告诉敖某作为银行其无权这么做，要求敖某向法院起诉戴某，银行再根据法院的判决书将有关款项转回敖某的账户。但敖某想不通，觉得自己跟戴某素昧平生、无冤无仇，将戴某告上法院于理不合。

敖某可以通过哪些途径维护自己的合法权益？

【基本理论】

从解决纠纷所应适用的法律分析，纠纷大体可分为民事纠纷、行政纠纷和刑事纠纷三大类。其中，民事纠纷处于基础的地位，其一，表现为民事损害赔偿往往可以在行政纠纷和刑事纠纷中得到附带解决；其二，从纠纷的解决重要性而言，民事纠纷的解决在现代社会日益成为当事人的基本诉求，很多刑事案件的发生，往往就是由于当事人认为民事纠纷没有得到公正解决而导致矛盾日益激化的结果。因此，了解民事争议形成的原因及其发展的规律，从而找到适当的解决手段和途径化解矛盾，实为必要。

一、民事争议的形成

民事争议，也称民事纠纷，是指平等主体之间发生的以民事权利义务为内容的社会纠纷。

民事纠纷具有以下特点：

（1）民事纠纷主体之间的法律地位平等。民事纠纷与其他性质的法律纠纷的不同之处在于主体之间在法律地位上是平等的，这是民事法律关系主体法律地位平等的必然延伸。在民事纠纷中，原则上来说，双方法律地位平等，因此在诉讼中，原则上当事人必须就自己的主张实行举证。

（2）民事纠纷的内容是对民事权利义务的争议。也就是说，当事人诉请的要求一般都是要求就自己的利益所受的损害要求另一方予以赔偿抑或予以补偿，而并不是要求对对方进行惩罚。

（3）民事纠纷的可处分性。与民事权利的可放弃性一致，在民事纠纷中，当事人对自己的权利可以进行处分，从而选择以某种方式与对方解决存在的纷争。只要这种选择不违背法律的规定或侵害公共利益或纠纷之外第三者的利益，法律就应当尊重当事人的选择。

民事纠纷与其他方面的法律纠纷所不同的地方在于，在刑事纠纷和行政纠纷中，往往有一方的利益受损，而致害主体在法律或道德上具有可非难性。在民事纠纷中常见的也是一方有利益受损的情形。但是，其形成的原因，既有可能是一方当事人的侵害行为，在有些场合中，可能受损的原因是受害人自身的原因造成的，比如因受害人自身原因造成的不当得利。甚至在有些时候，纠纷的双方其实都是受害者，比如在善意取得制度中的财产所有权人和善意第三人之间的纠纷，致害人实际上是无权处分人，法律只是基于利益平衡的角度，将有关的财产归属问题做个了断。因此，在民事诉讼法中才有确认之诉、变更之诉、给付之诉的区别。所以，民事争议的形成原因可能是当事人为了确认其权利的存在，也可能是为了变更与其他主体之间业已存在的法律关系，也可能是一方当事人向另一方当事人提出明确的权利主张而发生的。

二、民事争议的解决途径

在现实生活中，民事主体间发生矛盾和纠纷有五种解决途径：

（一）避让

避让，是指纠纷发生之后，一方当事人主动放弃争执，从而使纠纷归于消灭的行为。避让的特点，在于一方主动地放弃争执，在程序上无作为的行为要求，在结果上当事人之间的权利义务关系所存在的争执因一方的让步而归于消灭。

避让的一方，一般是基于下列的一种或几种想法：

（1）利他的心理，即基于一定的原因，对对方表示同情、谅解、尊重，从而放弃对对方的请求或满足对方的请求。这种心理的产生，往往是基于双方曾有过友好的关系，比如家庭关系，业务上长期的合作关系。

(2）得不偿失的心理，即认为继续与对方纠缠还不如主动放弃争执，否则损失更大。这种心理的产生，往往是基于纠纷本身所涉及的利益较小，或者纠纷所涉及的问题较复杂，作出避让的一方对事实说不清楚，比如小额的财产纠纷，或者争执的事实是年代久远的纠纷。

(3）蔑视对方的心理，即基于一定的原因，看不起对方而放弃了与对方的争执，所谓的“好男不跟女斗”就是这一心理的写照。这种心理的产生，往往是因为避让者自视清高。

(4）畏惧对方的心理，即基于对方的地位、势力或其他方面的能力而揣测自己不是对方的对手，从而主动放弃与对方的争执。这种心理的产生，往往是因为双方的力量差距过于悬殊。在地位卑微者与地位高贵者之间，被领导者与领导者之间，势力弱小者与势力强大者之间等类型的纠纷中，前者就容易产生这种心理。

（二）协商

双方当事人在平等自愿的基础上，通过友好协商、互谅互让达成和解协议，进而解决纠纷。协商解决纠纷方式的特点如下：

(1）协商是在当事人自愿的基础上进行的，达成的和解协议易于被各方当事人履行。协商方式的采用、协商的进行与中断或终止完全由当事人自己决定，不受另一方当事人或当事人之外的任何人的干预和限制。即使当事人在协议中选用了先行协商的方式，也不意味着一定要以协商方式解决争议。

(2）协商无须第三者介入，完全由当事人双方自行解决。自行协商有时也可以请第三人从中斡旋，但以双方当事人意思一致作为达成协议的根据。第三人在中间只是起到“牵线搭桥”的作用，并不实质上参与当事人之间的协商。这是协商解决与调解解决的重要区别。

(3）协商的程序简单、形式灵活。协商不需要遵从严格的法律程序，也不需要遵从特定的形式，口头方式和书面方式均可。

(4）协商达成的和解协议相当于合同，当事人双方应自觉履行。一方不履行和解协议的，另一方可以向法院提起诉讼或者根据约定申请仲裁。法院通过对和解协议的审查，对于意思表示真实而又不违反法律强制性或禁止性规定的和解协议予以支持。但对于一方非自愿作出的或违反法律强制性或禁止性规定的和解协议不予支持。

协商方式简单灵活的特点可以节省当事人的时间及人力和财力。然而，协商方式也有其局限性。协商解决的结果往往取决于各方讨价还价的能力以及其所处的社会地位或者经济实力，协商所达成的和解协议可能对处于弱势一方的利益保护不够。此外，当各方分歧严重时，难以自行协商解决，只能求助第三方帮助解决。

（三）调解

调解是在第三方或有关组织的主持下，在平等、自愿、合法的基础上分清是非、明确责任，并通过摆事实、讲道理，促使双方当事人自主达成协议，从而解决纠纷。

调解一般包括民间调解、行政调解、仲裁调解、法院调解等类型。民间调解人可以是个人，也可以是某一民间机构，如人民调解委员会。民间调解人通常由争议当事人临时选任。经民间调解人主持所达成的调解协议构成一项双方当事人的协议。行政调解是指行政机关根据法律、行政法规的相关规定，对属于本机关职权管辖范围内的民事纠纷，通过说服教育，使双方当事人互相谅解、解决矛盾。例如，《道路交通安全法》规定，发生交通事故后，当事人对损害赔偿有争议的，可以请求公安机关交通管理部门调解。仲裁调解是在当事人申请仲裁的基础上，由仲裁机构主持解决纠纷。法院调解则是在进入诉讼程序后，法院征得当事人同意，由双方协商并达成解决矛盾的协议。法院调解或仲裁调解达成的调解协议具有等同于法院判决或仲裁裁决的效力，可以强制执行。民间调解和行政调解不具有此等效力，当事人达成协议后不履行或者反悔的，可就原纠纷提起民事诉讼。

调解方式与协商方式一样，是建立在当事人的自愿和互谅互让的基础上进行的。但与协商方式相比，由于有第三方作为调解人，而且调解人要么具有较多的调解经验，要么在其他方面对当事人双方具有一定程度的影响力，因而有利于调解协议的达成，有利于维护各方当事人的合法权益。但是，调解方式也存在着和协商方式共同的局限性，即调解的成功与否依赖各方分歧大小及各方意志，如调解不能成功，还需仲裁或者诉讼，因而对于有些纠纷来讲，调解不是有效的解决方法，且在时间上造成拖延。与仲裁和诉讼相比，调解方式的明显优势是程序简单灵活，费用较低。

（四）仲裁

纠纷当事人根据纠纷前或者后达成的仲裁协议或合同中仲裁条款向仲裁机构提出申请，由仲裁机构依法审理，作出裁决，并通过当事人对裁决的自觉履行或由一方向人民法院申请强制执行而使纠纷得以解决。

一般而言，仲裁主要是解决商事纠纷的一种方式。如我国的《仲裁法》第2条规定，平等主体的公民、法人和其他组织之间发生的合同纠纷和其他财产权益纠纷，可以仲裁。因我国属于民商合一的国家，所以从广义的角度来说，仲裁也属于民事纠纷解决的一种方式。此外，我国目前除了有专门的仲裁法外，对于特殊领域的纠纷也有关于仲裁的规定，如《中华人民共和国农村土地承包经营纠纷调解仲裁法》、《中华人民共和国劳动争议调解仲裁法》等。

与其他争议解决机制相比，仲裁作为解决纠纷的方式，其特点如下：

（1）仲裁以当事人的自愿为前提。当事人达成仲裁协议，约定仲裁机构、仲裁员、仲裁程序规则、仲裁地点等。同时，仲裁协议也是仲裁机构受理仲裁案件的依据。没有仲裁协议，任何仲裁机构都无权受理案件。

（2）仲裁裁决具有终局性和可强制执行性。仲裁机构作出的仲裁裁决对当事人具有法律约束力。且仲裁原则上都是一裁终审的特点，当事人不能向其他仲裁机构或司法机关提出上诉，而必须执行。如一方不履行仲裁裁决，另一方当事人有权申请法院予以强制执行。

（3）仲裁具有保密性和简单灵活性。仲裁通常以不公开的方式进行，有利于保守当事人的秘密。同时，仲裁具有比诉讼方式更为简单的程序规则，有利于较快解决争议。

（五）诉讼

通过打官司解决，它指纠纷当事人一方依法向人民法院起诉，由法院依法审理，作出判决或裁定，通过当事人对生效裁判的自觉履行或人民法院的强制执行而解决纠纷。与仲裁相比，其特点如下：

（1）诉讼必须遵从严格的法律程序。法院必须按照法律规定的程序进行审理并作出判决。

(2）法院对案件的管辖权不依赖当事人的协议，通常是实行原告就被告的原则，由被告所在地法院管辖。法院作为国家的司法机关，具有维护法律尊严、维护国家和当事人合法权利的职责。它依据法律规定受理案件，并依法作出裁决，无须当事人的事先协议。

(3）诉讼具有公开性。大多数案件公开进行审理，个别情况下不公开进行。

(4）诉讼中的一方如对法院作出的裁决不服，可以向上一级法院提起上诉。

由于诉讼比其他争议解决方式更为复杂，加上我国传统“厌讼”文化的影响，当事人往往将诉讼作为解决争议的最后方式。诉讼往往是在当事人无法通过协商或调解解决争议，而且也没有达成仲裁协议的情况下适用。但诉讼毕竟是解决民事争议的最终手段和有效手段。

综上所述，中国在民事纷争解决上有这样的一些特点：

(1）渠道的多样化，当事人、社会、国家在民事纷争解决过程中都发挥作用。

(2）人民调解制度在社会生活中发挥着重要的作用。

(3）随着市场经济的发展和国际交往的增多，仲裁在民事纷争解决过程中发挥着越来越大的作用。

(4）诉讼仍然是解决民事纷争的主要手段，但当事人在诉讼过程中所发挥的作用越来越大，诉讼中的调解有弱化的趋势。

※相关法律

《中华人民共和国民事诉讼法》

《中华人民共和国仲裁法》

《中华人民共和国劳动争议调解仲裁法》

《中华人民共和国农村土地承包经营纠纷调解仲裁法》

《中华人民共和国人民调解法》

《中华人民共和国海事诉讼特别程序法》

《最高人民法院关于适用〈中华人民共和国民事诉讼法〉若干问题的意见》

《最高人民法院关于适用〈中华人民共和国仲裁法〉若干问题的解释》

《中华人民共和国人民调解法》

《最高人民法院关于审理涉及人民调解协议的民事案件的若干规定》

【思考与练习】

1. 试比较民事争议各种解决方式的优、缺点。

2. 从中国传统文化的角度分析调解和诉讼在解决民事纠纷中的作用。

【拓展阅读】

1. 洪浩：《非讼方式：农村民事纠纷解决的主要途径》，载《法学》2006 年第 11 期

2. 潘剑锋：《论民事纠纷解决方式与民事纠纷的适应性》，载《现代法学》2000 年第 6 期

3. 柯阳友、高玉珍：《诉讼内外纠纷解决机制的分流、协调与整合》，载《河北法学》2006 第 8 期

情境训练

训练方法

1. 课堂讨论

课堂讨论是指在授课过程中由教师或者学生提出问题，由学生自主进行探讨、论证，从而加深对知识的理解和掌握并解决问题。

通过课堂讨论，增强教师与学生的沟通，锻炼学生以下能力：①理论研究能力；②口头表达能力；③应变能力，同时可以激发学生的积极性和创造性。

课堂讨论可以依以下步骤实施：①选定讨论之题目；②介绍相关资料；③分组进行讨论；④各组总结发言；⑤各组进行辩论；⑥教师点评。

2. 模拟训练

模拟训练是指由教师或者学生选择和整理若干真实案例，依据一定的标准提出问题，在教师指导下由学生模拟相关场景，展现民事主体从事民事活动的具体情形，从中体会民事法律在现实生活中的应用；也可以通过小规模的实地调查，深入了解各种民事活动的产生、发展及其引发的各种可能性。

通过模拟训练，促使学生全面运用所学理论知识，进一步深化对法律事务的认识，将知识变成能力，提升职业技能，并拾遗补阙，弥补学生在学习中留存的知识盲点。

模拟训练着重培养学生以下能力：①独立思考能力；②资料搜集、整理能力；③分析判断能力；④组织协调能力。模拟训练也有助于学生团队合作精神的形成和提高。

模拟训练可以依以下步骤实施：①确定选择标准，收集与整理相关案例或其他材料；②确定训练方式，包括模拟法庭、模拟调解、模拟仲裁、实地调查等；③根据不同训练方式，学生自由组合形成训练团队；④各训练团队经讨论草拟出训练方案；⑤根据训练方案进行实操；⑥学生自我总结；⑦教师点评。

以下资料可供课堂讨论和模拟训练使用。

民事法律关系实训

【情境设计】

东方公司（供方）与振兴公司（需方）签订一份购销10 000条××牌香烟的合同，约定单价每条100元，总货款100万元。合同签订后，振兴公司到茂源公司联系推销香烟，茂源公司提出看货后再定。于是双方到东方公司的仓库看货，茂源公司提出订购2 000条，但东方公司声明自己的香烟只卖给振兴公司一家，凡振兴公司带来的客户一律视为东方公司在同振兴公司履行合同。鉴此，振兴公司与茂源公司签订购销2 000条××牌香烟的合同，单价上浮为每条120元。合同签订后，茂源公司派员携带10万元的特种转账支票，随振兴公司的业务员到东方公司，要求提货。东方公司提出预付款先入账再发货。当茂源公司到银行办理转账手续时，银行以茂源公司与东方公司之间没有直接的合同关系为由不同意转收支票款。于是，茂源公司便在特种转账支票上写上“代振兴公司付香烟货款10万元”后，银行方同意将此款项转至东方公司的账户。款进账户后，东方公司毁约，拒绝发货。经交涉未果，茂源公司以东方公司为被告提起诉讼，请求退回货款。东方公司认为自己与茂源公司没有业务往来，也没有收取茂源公司的货款，不应当成为被告。法院受理后查明，东方公司、振兴公司及茂源公司均无经营烟草的业务范围。

【工作任务】

1. 正确认定民事法律关系，明确民事法律关系中权利的享有及义务的承担要求；确定民事法律关系的法律效力，从而对案件作出正确的处理。

2. 通过确认主体之间的民事法律关系，正确认定民事诉讼法律关系中的民事诉讼主体，以正确指导民事诉讼实践。

【实训步骤】

步骤1. 确认民事法律关系

确定案例中有哪些民事主体，各个主体之间存在什么样的民事法律关系，各个民事法律关系分别是由哪些民事法律事实引起的；在各民事法律关系中，主体享有何种民事权利，承担何种民事义务。

步骤2. 判断茂源公司付款行为的性质

茂源公司付款行为的性质认定影响其与东方公司、茂源公司之间的关系，也决定着各方当事人的民事权利及民事义务。

步骤3. 判断诉讼当事人是否适格

应该具备相应资格条件才能成为民事诉讼的当事人，分析判断茂源公司、东方公司、振兴公司是否为适格的当事人。

自然人制度实训

【情境设计】

案例一：

李某老两口由于多年无儿无女，觉得孤单，就收养了一个女儿甲。如今养女甲已经14岁，李某老伴却因病去世了，只剩下李某与养女甲相依为命。不幸的是，李某在一次车祸中受重伤，医治无效死亡。李某死后，除去房产与衣物不算，尚留有存款5万元。由于养女甲才14岁，还未成年，在一所卫生学校读书，需要为其确定监护人，但在由何人担任监护人上却有了分歧。因甲失去养父母，许多人就去找其亲生父母。甲的亲生父母说：“我们在农村生活，如果让孩子回来，不如让她在城市读书就业。”甲的亲生父母还认为，甲有一同胞兄长王某与她在同一城市里生活，是个体户经理，见多识广，让他担任监护人对甲有好处。但这时甲的一个舅舅来对其父母说，王某为人不正直、不老实，如果让王某担任监护人会不顾他们小女儿的利益，所以不同意让王某担任监护人。同时，他还自愿为甲的监护人。王某听说后就与其舅舅争执起来，双方各自都说自己能行，最后争执到法院，法院最后判决由甲之兄王某担任监护人。

王某作为监护人，一开始时还对甲很好，但后来就开始动用甲的钱去做生意，而且还赔了本。甲的一个姑姑听说这件事后，就找到王某指责他不为其小妹着想，擅自动用她的钱。但王某却说："我做生意赚钱还不是为了让小妹过好日子？我赚了钱之后，还能少了她的钱吗？"双方争执不下，最后甲的姑姑起诉到法院，要求撤换王某，由自己担任监护人。

法院经审理，确认王某确实动用了甲的财产，而且还赔了钱；甲的姑姑退休后，在家无事可做，日子过得还可以。根据甲本人和其姑姑的接触情况和感情深度，法院判决撤销王某的监护人资格，由甲的姑姑担任其监护人。

案例二：

12 岁的李桦生下了一个女婴，李桦的养母龚某大吃一惊，向当地公安机关报了案。公安机关很快就查明，当地的个体医生王某某、村民郭某和李某某曾多次采用金钱和其他物质引诱的方式，和李桦发生过性关系。按照刑法规定，与未满 14 周岁的女孩发生性关系，无论女孩自愿与否，都视为强奸。王某某、郭某、李某某随即被检察机关批准逮捕，三人对强奸事实供认不讳。

王某某、郭某、李某某将受到法律的制裁，但是李桦及其产下的孩子却面临重大的生活难题。李桦的身心遭受了重大的伤害，如果作为刑事附带民事诉讼的原告人，只能向被告人要求物质损害赔偿，其巨大精神损害无法获得弥补。尚不知道父亲是谁的婴儿被取名青玉，谁能够担任青玉的监护人？她的母亲是个年仅 12 岁的未成年人，自己都还需要别人的监护；她的父亲目前尚难以确定，但不管亲子鉴定出来是谁，都将是一个需要负刑事责任的罪犯。李桦的养母龚某仅有微薄的经济收入，青玉不仅缺乏必要的生活条件，而且无法享受正常的父母之爱，整个成长过程都将背负着巨大的精神负担。作为王某某、郭某、李某某犯罪行为潜在的受害人，青玉能否主张其生理父亲承担造成她不当出生的损害赔偿责任？

【工作任务】

1. 明确我国法律关于自然人民事权利能力的规定，了解在现实生活中可能出现的问题。

2. 掌握我国监护制度的内容，判断目前我国《民法通则》和相关的司法解释等对未成年人监护制度的规范哪些是合理的，哪些可能有欠缺。

【实训步骤】

步骤 1. 确认案例一的监护人范围

根据我国现有法律规定，判断哪些当事人具有担任监护人的资格，他们担任监护人的顺序是否有所不同。

步骤 2. 明确案例一指定监护人的程序和指定依据

根据材料提供的情节，分析判断甲的舅舅、甲的兄长王某、甲的姑姑谁适合担任甲的监护人；指出法院先后两次指定甲的监护人的法律依据。

步骤 3. 明确案例二的监护人范围

根据法律规定和案件的具体情况，判断在具有监护资格的民事主体中谁能够实际承担监护的职责。

步骤4. 评述我国自然人民事权利能力和监护的有关规定

结合上述两个案例，查找其他相关资料，加以综合分析，讨论我国目前将法律保护仅限于自然人出生之后是否合理、监护人的设置是否全面妥当，最后作出书面评述。

法人制度实训

【情境设计】

2004年1月，童某、陈某和姜某三人共同在某市设立了一家儿童制衣有限公司（下称制衣公司），公司注册资金为60万元。章程中载明三人的出资分别是20万元、15万元和25万元，但实际上三方的出资都没有缴足，总共只有价值20万元的生产设备和5万元的流动资金，公司的注册是陈某通过欺骗手段获得出资证明办理的。公司成立后，一直运营正常，也与其他企业签订了大量的合同，其中多数合同已经履行完毕，但是由于经营不善，公司一直都没有真正赢利。2005年5月，制衣公司因对市场估计失策，导致严重亏损，童某、陈某和姜某决定解散公司。该市布料厂得知消息后前来追讨被欠的50万元布料款。童某三人声称公司破产，无法偿还债务。布料厂认为他们是有意逃避债务，遂将该公司的一辆价值8万元的小型货车开走。姜某的一位朋友在某省服装公司工作，知道姜某公司的状况，提出由其所在公司收购制衣公司。童某、陈某、姜某商量后同意，两个月后制衣公司被服装公司兼并，成为其分公司。制衣公司起死回生，布料厂又向其追讨布料款，姜某等人以制衣公司已经不存在为由，拒绝还款。布料厂要求服装公司偿还该项欠款，服装公司则认为该债务属原制衣公司，与公司业务没有任何关系，也拒绝承担责任。于是布料厂向法院起诉。

【工作任务】

1. 掌握法人成立的条件及程序上的要求，知晓法人解散或破产的原因。

2. 明确法人享有财产权利和承担民事责任的具体要求。

3. 把握处理法人债权债务的方式方法，以及如何通过诉讼途径解决法人的债务纠纷。

【实训步骤】

步骤1. 判断儿童制衣有限公司是否具有法人资格

根据材料提供的情节，判断童某、陈某和姜某在设立公司过程中是否有违法行为，确认其行为对公司成立与否存在何种影响，了解我国现行法律对此有何规定。

步骤2. 分析童某等人拒绝还款和布料厂开走其货车两种行为的性质

法人解散或者破产应当具备相应条件履行相应手续，童某等三人以此为由拒绝清偿欠款是否具有法律依据？布料厂能否因此开走制衣公司的货车？

步骤3. 分析制衣公司、服装公司、布料厂三者之间的关系

根据法人合并的有关规定，判断制衣公司的债权债务在其被服装公司兼并之后产生什么变化，服装公司与布料厂之间是否因此形成某些民事法律关系。

步骤4. 明确布料厂的起诉对象

了解我国《民事诉讼法》关于当事人资格条件的规定，判断哪一民事主体是适格的被告。

步骤5. 确认原制衣公司财产权利的主张者和债务的承担者

合伙制度实训

【情境设计】

2010 年 1 月，赵、钱、孙、李四人决定设立一合伙企业，并签订书面协议，内容如下：①赵出资 10 万元，钱以实物折价出资 8 万元，孙以劳务出资 6 万元，李货币出资 4 万元。②赵、钱、孙、李四人按 2∶2∶1∶1 比例分配利润和承担风险。③由赵执行合伙企业事务，对外代表企业，但签订大于 1 万元的销售合同应经其他人同意。协议未约定经营期限。

经营期间发生以下事实：①2010 年 5 月赵擅自以合伙企业名义与红天公司签订标的额为 8 万元的销售合同，红天公司不知道其内部限制。钱获知后，向红天公司表示不承认该合同。②2011 年 1 月，李提出退伙，未对企业造成任何不利影响。2011 年 3 月李经清算退伙。同年 4 月，新合伙人周出资 4 万元入伙。同年 5 月，合伙企业的债权人绿光公司要求赵、钱、孙、李和周共同清偿于 2010 年 12 月底到期的 24 万元债务。李以自己退伙为由、周以自己新入伙为由拒绝承担。③赵为了改善企业的经营管理，于 2011 年 4 月独自聘任田某为合伙企业的经营管理人，并以合伙企业的名义对蓝海公司提供担保。④2012 年 4 月，合伙人钱在与黄河公司的买卖合同中，无法偿还到期债务 8 万元。黄河公司于 2012 年 6 月向人民法院提起诉讼。黄河公司胜诉，于 2012 年 8 月申请强制执行钱在合伙企业中的财产份额。

【工作任务】

1. 明确合伙的法律地位和有关其内外关系的法律规定，以及入伙、退伙的条件和程序。

2. 准确判断合伙债务的承担方式及各个合伙人的相应责任。

【实训步骤】

步骤 1. 判断赵跟红天公司的合同是否有效

步骤 2. 分析李的退伙和周的入伙的法律依据

步骤 3. 判断赵聘用田某及为蓝海公司担保的行为是否合法

步骤 4. 分析合伙人钱被人民法院强制执行其在合伙企业中的全部份额后可能发生的法律后果

步骤 5. 综合评判该合伙企业各合伙人的关系及责任

民事法律行为实训

【情境设计】

案例一：

1997 年 4 月 29 日，上海复佳房地产开发有限公司（下称复佳公司）与杨某签订《上海市内销商品房预售合同》，约定杨某向复佳公司购买上海市青浦区“宝宜苑”小区内两套商品房，单价每平方米人民币 2 800 元，总价款为 493 472 元。杨某支付房款后于 1998 年 12 月取得该房使用权至今。复佳公司于 2000 年 12 月 22 日取得新建住宅交付使用许可证，于 2001 年取得上海市房地产权证（大产证）。

2004 年 12 月 9 日，复佳公司与顾某签订两份落款日期为 2000 年 11 月 20 日的《上海市商品房预售合同》，约定顾某向复佳公司购买上述两套商品房，单价为每平方米 3 800 元，两套房屋总价为 675 868 元。同日，交易中心办理了系争房屋商品房项目网上备案认证证明，复佳公司向顾某开具了全额购房发票，顾某取得了系争房屋的产权证。2004 年 12 月 11 日，复佳公司向顾某的丈夫张某出具承诺书，表明顾某已交付全部购房款并取得产权证，但因房屋已出租他人，公司承诺在三个月将空房屋交付张某并承担由此产生的后果。

2005 年 4 月，杨某以复佳公司与顾某恶意串通“一房二卖”，导致其无法取得房屋产权证为由，起诉要求确认复佳公司与顾某签订的两份预售合同无效。杨某提供证据证明与系争房屋同地段类型房屋的市场单价已达每平方米 10 000 多元，而复佳公司与顾某所订合同的价格远低于市场价。一审中复佳公司未到庭答辩。顾某述称，其丈夫张某与复佳公司就系争的两套房屋于 2000 年已达成订购协议，并预付了 10 万元定金，预售合同虽为 2004 年 12 月 9 日签订，但全部内容是参照原先订立的订购协议，故将预售合同的落款时间写为 2000 年 11 月 20 日。但顾某未能提供 2000 年的订购协议书。

案例二：

李某于 1996 年 2 月与张某结婚，婚后育有一女。2003 年 9 月，张某与陈某相识并时常背着丈夫李某与其姘居，后被李某察觉。张某请求李某原谅，并发誓一定与陈某一刀两断。李某原谅了妻子。过了几天，张某对李某说道：“我为那个男人付出的太多了，就这么与他断绝来往，我不甘心，也不划算。他非常有钱，已经先同意买套房子给我，但有个条件，就是我必须单身。”接着张某与李某商量，夫妻俩先假离婚，等房子拿到手了，再复婚。李某最终同意签离婚协议，并与张某一起去婚姻登记机关办理了离婚手续。但拿到离婚证的次日，张某就变了一副面孔，对李某说道，两人不再是夫妻了，将来要复婚，想也别想。李某恼羞成怒，诉至法院，要求法院宣告其离婚无效。

有人认为，李某当初意欲与妻子恶意串通，以离婚为筹码获取不正当利益的想法本身就是不道德的，反而遭妻子“骗离婚”，是自作自受，法院理应伸张正义，给李某这样居心不良的人以警告和教训，驳回李某的诉讼请求。也有人认为就算法院宣告李某与张某离婚无效，李某与张某也不可能重新生活在一起了，不如就此顺水推舟，不需要到法院去枉费时间和精力了。众人七嘴八舌，莫衷一是。

【工作任务】

1. 正确认识什么是恶意串通，在司法实务中在现有的举证规则体系下如何去认定恶意串通，准确把握判断恶意串通的标准，正确处理当事人之间的民事争议。

2. 正确认识什么是无效的民事行为，以及欺诈和恶意串通的行为特征及行为后果，掌握处理民事法律关系当事人之间权利义务争议的正确方法。

【实训步骤】

步骤 1. 确定案例中有哪些民事法律事实和民事法律关系

步骤 2. 判断案例中各当事人争议的焦点

步骤 3. 判断案例中各当事人的行为在法律上应如何认定及可能导致的法律后果

代理制度实训

【情境设计】

2000年9月5日，黄某与浙江某饭店在口头协商的基础上，签订了承包该饭店下属安心酒家意向书一份。双方约定，黄某必须在2000年9月28日以前交付给饭店承包金5.5万元，并约定在9月30日前签订正式承包合同。黄某在签订意向书的同时，向饭店交纳定金1万元，安心酒家保证不再以其他形式承包或出租给他人。若黄某违约，逾期不交承包金，饭店有权没收黄某交付的定金，但扣款之前必须书面催款一次；若饭店违约，则饭店赔偿黄某损失5 000元，并退还黄某预交的承包金和定金。意向书签订第二天，黄某向饭店支付现金2 500元和面额为7 500元的支票一张。饭店将支票交银行转账，被银行确认为空头支票，黄某于次日向饭店补交现金7 500元，安心酒家向黄某出具了收款收据一份。此后，黄某未按约定向饭店交纳首笔承包金。2000年9月27日，饭店通知黄某到安心酒家协商签订正式承包合同。黄某因故外出，不能亲自参加签约，遂在电话中告之饭店，他将委托李某前来洽谈此事。与此同时，黄某用传真的形式，给李某传真了一份《委托代理合同书》，载明："甲方（黄某）特委托乙方（李某）全权处理有关安心酒店承包事宜，具体要求参照本月签订的意向书。处理满意，回来重谢!"李某持该委托合同前往饭店商谈。谈判开始后，李某向饭店人员说明自己是代黄某来谈判的，由于双方都认识，也就没有提及代理合同或授权委托书的事。谈判休息中间，饭店负责人向李某出具了一份催款通知，要求黄某按时交纳第一笔承包金。通知上还写明，逾期支付，饭店将按意向书条款执行。李某接过通知看了一下内容，但李某认为，自己只全权负责谈判，接受催款通知不是自己的分内事，所以，将通知看后又还给饭店负责人。双方继续谈判，并在意向书的基础上确定了具体的承包条款，签订了正式的承包合同。黄某回来后，李某把承包合同交给了黄某，但未将催款通知之事告诉黄某。

2000年10月5日，饭店见黄某仍未交款，便与另外一家饭店商谈承包事宜。黄某得知后，便与饭店交涉，要求饭店停止该承包谈判，否则，饭店应立即退还定金，并赔偿5 000元。饭店认为，饭店已经按照意向书的规定通知黄某，符合"催款一次"的要求，黄某在书面通知后仍不按时交款，已构成违约，故拒绝退还定金1万元。黄某见协商无果，便向法院提起诉讼。在诉讼中，黄某承认传真了一份委托代理合同给李某，但同时提出，李某以自己的名义签订的合同不能算作自己的意思表示，双方应重新谈判签订。而且，自己从未收到饭店的催款通知，因此，饭店没收定金违反意向书的约定，构成违约。

【工作任务】

1. 了解代理与其他行为的区别、代理权的取得和行使的一般要求、无权代理的几种情形及其所产生的法律效果。

2. 确认案例中各当事人行为的法律性质及可能产生的法律效果。

【实训步骤】

步骤1. 分析当事人之间的民事法律关系

不同当事人之间因不同的民事法律事实而形成不同的民事法律关系，确定这些民事法律关系的类型和具体内容。

步骤 2. 判断是否存在代理关系

根据代理制度的规定，分析黄某与李某之间是否形成代理关系。

步骤 3. 确认两份协议（承包意向书和承包合同）的效力

协议的订立人、协议内容、协议形式等都可能影响其效力，根据案例中的有关情节作出判断。

诉讼时效制度实训

【情境设计】

郭鑫与某房地产公司于 2006 年 11 月 25 日签订了《商品房购销合同》。合同约定房屋总价款为 50 万，交房时间为 2007 年 3 月 31 日，交房后 90 日之内办理房产证；付款方式为分期支付，合同签订后 7 日内支付第一笔款项 20 万元，剩余款项付款时间为 2007 年 3 月 31 日；开发商逾期交房的，剩余款项在交房后支付。合同还对逾期付款及逾期交房的违约责任作了约定。合同签订后，郭鑫按时支付了第一笔款项，后开发商未能按约交付房屋，郭鑫由此也未支付尾款，期间郭鑫多次电话联系要求交房和支付违约金，开发商一直没有满足其要求，直到 2010 年 7 月开发商才通知郭鑫收房付款和办理房产证。郭鑫办理了收房手续，但拒绝支付剩余款项，他认为房地产公司逾期三年交房之违约金已经超过剩余款项，因此主张两相冲减，开发商不同意其解决方案。郭鑫于 2010 年 9 月诉至法院，要求法院判定剩余款项与开发商违约金相冲抵。开发商认为，郭鑫主张的违约金有一部分已超过两年诉讼时效，只同意支付时效内的违约金，要求郭鑫付清其余房款。

【工作任务】

1. 理解诉讼时效在具体诉讼实务中的应用。
2. 在法庭辩论中准确运用诉讼时效的相关规定，以达到胜诉目的。

【实训步骤】

步骤 1. 明确争论焦点

根据民法具体规定，明确双方当事人的争论焦点，找到论辩的切入口。

步骤 2. 确定诉讼时效的起算点

以《民法通则》为基础，结合论辩双方主张的案件事实要素，找到本案该适用的具体法律规定，并且根据诉讼时效的起算标准，逐一辨别案情的具体时间。

步骤 3. 提出诉讼代理意见

根据诉讼时效的相关理论及法律规定，结合具体法律规定的要求，在详细分析案中所涉及时间的基础上，形成严密的论证观点，进而提出自己的综合意见。

人身权实训

【情境设计】

王某与姜某系夫妻关系，双方于 2006 年 2 月 22 日登记结婚。姜某在网络上注册了名为“北飞的候鸟”的个人博客，以日记形式记载其心路历程，将王某与案外女性东某的合影照片贴在博客中，认为二人有不正当两性关系，自己的婚姻很失败。姜某的博客日记中显示出了丈夫王某的姓名、工作单位地址等信息。2007 年 12 月 27 日姜某试图自杀，并将自己博客的密码告诉一名网友，委托该网友在 12 小时后打开博客。当日姜某自杀未遂。两天后姜某跳楼自杀身亡。受委托的网友将姜某博客的密码告诉了姜某的姐姐，后姜某的博客被打开。张某系姜某的大学同学。得知姜某死亡后，张某于 2008 年 1 月 11 日注册了非经营性网站，名称与姜某博客名称相同，即“北飞的候鸟”。在该网站首页，张某介绍该网站是“祭奠姜某和为姜某讨回公道的地方”。张某、姜某的亲属及朋友先后在该网站上发表纪念姜某的文章。张某还将该网站与天涯网、新浪网进行了链接。2008 年 1 月 10 日前后，姜某的博客日记即被一名网民阅读后转发在天涯网的社区论坛中，后又不断被其他网民转发至不同网站上。张某“北飞的候鸟”网站开办后，该网站上有关姜某的文章也被不断转载、传播，姜某的死亡原因、王某的“婚外情”行为等情节引发众多网民的长时间、持续性关注和评论。一些网民在参与评论的同时，在天涯网等网站上发起对王某的“人肉搜索”，使王某的姓名、工作单位、家庭住址等详细个人信息逐渐被披露；一些网民在网络上对王某进行指名道姓的谩骂；更有部分网民到王某和其父母住处进行骚扰，在王家门口墙壁上刷写、张贴“无良王家”、“逼死贤妻”、“血债血偿”等标语。

王某认为“北飞的候鸟”网站上刊登的部分文章中披露了其“婚外情”以及姓名、工作单位、住址等个人隐私，并包含有侮辱和诽谤的内容，侵犯了其隐私权和名誉权，遂起诉要求张某和另外两家链接的网站停止侵害、删除侵权信息，为其恢复名誉、消除影响、赔礼道歉，并赔偿其经济损失及精神损害抚慰金。一审法院经审理判决支持王某的诉讼请求，张某不服，提起上诉。2009 年 12 月 23 日，二审法院进行了终审宣判，确认张某侵害王某名誉权的事实成立，判令张某删除网站上的侵权文章、由张某在其开办的网站上对王某赔礼道歉并赔偿王某精神损害抚慰金及公证费共计 5 684元。

【工作任务】

1. 了解我国有关保护自然人名誉权、隐私权的规定。
2. 明确网络表达和“人肉搜索”的必要限制。

【实训步骤】

步骤 1. 收集并观看与案例有关的视频及其他网络资料，进一步了解案件的具体情节

步骤 2. 分析案件中当事人的民事权利和民事义务内容，判断人民法院作出相关判决的依据

步骤 3. 调查、收集对案件的不同看法

步骤 4. 讨论在互联网上发表言论、利用网络工具进行搜索等行为与民事法律的关系，联系个人实际，归纳应当注意的事项

参考文献

[1] 周枏．罗马法原论．北京：商务印书馆，1994.
[2] 佟柔．中国民法．北京：法律出版社，1990.
[3] 王泽鉴．民法总论．北京：中国政法大学出版社，2001.
[4] 史尚宽．民法总论．北京：中国政法大学出版社，2000.
[5] 王利明．民法．北京：中国人民大学出版社，2000.
[6] 梁慧星．民法总论．北京：法律出版社，2001.
[7] 郑玉波．民法总则．北京：中国政法大学出版社，2003.
[8] 郭明瑞．民法学．北京：北京大学出版社，2001.
[9] 彭万林．民法学．北京：中国政法大学出版社，1994.
[10] 杨立新．人身权法．北京：中国检察出版社，1996.
[11] 王利明．物权法论．北京：中国政法大学出版社，2003.
[12] 中国民法典立法研究课题组．中国民法典草案建议稿．北京：法律出版社，2003.
[13] 杨大文．婚姻家庭法．北京：中国人民大学出版社，2001.
[14] 王利明，崔建远．合同法．北京：北京大学出版社，2003.
[15] 刘春田．知识产权法．北京：中国人民大学出版社，2002.
[16] 董安生．民事法律行为．北京：中国人民大学出版社，2002.
[17] 芮沐．民法法律行为理论之全部．台北：台湾三民书局，2002.
[18] 王泽鉴．民法学说与判例研究（1~8）．北京：中国政法大学出版社，2005.
[19] 杨立新．民商法判解研究（1~10）．长春：吉林人民出版社，1999.
[20] 王利明．中国民法案例与学理研究（总则篇）．北京：法律出版社，2003.
[21] 郭明瑞．民法总论案例教程．北京：北京大学出版社，2004.
[22] 李仁玉．民法原理与实务．北京：北京大学出版社，2002.
[23] 李开国．民法原理与实务．北京：中国政法大学出版社，2002.
[24] 胡爱国．民法．北京：中国政法大学出版社，2008.
[25] [德] 迪特尔·梅迪库斯．德国民法总论．邵建东译．北京：法律出版社，2000.
[26] [德] 卡尔·拉伦茨．德国民法通论（上下册）．王晓晔，邵建东等译．北京：法律出版社，2003.
[27] 姚辉．民法的精神．北京：法律出版社，1999.
[28] 姚辉等．民法总论案例教程．北京：中国政法大学出版社，1999.

后　记

编著一本适合高职法律专业学生的教材，是广东司法警官职业学院长期讲授民法课程的所有教师的共同愿望。有幸得到本学院教材建设工作委员会的肯定，《民法原理与实务》一书得以立项。在张文彪院长、万安中副院长和其他学院领导的关怀与支持下，在盛永彬主任和李雪峰副处长的悉心指导下，在所有参编同事的共同努力下，我们终于不甚完满地完成了这一任务。

在此，对所有关心和帮助我们的人，表示衷心的感谢！

同时也请各位领导、同行提出宝贵意见，以助于我们在适当的时候对本书进行进一步的修改和完善。

吴晓苹

2011 年 4 月

图书在版编目（CIP）数据

民法原理与实务／吴晓苹，但小红主编．—广州：暨南大学出版社，2011.9（2015.1重印）
（高等法律职业教育系列教材）
ISBN 978－7－81135－931－2

Ⅰ.①民…　Ⅱ.①吴…②但…　Ⅲ.①民法—中国—高等职业教育—教材　Ⅳ.①D923

中国版本图书馆 CIP 数据核字（2011）第 152867 号

出版发行：暨南大学出版社

地　址：中国广州暨南大学
电　话：总编室（8620）85221601
营销部（8620）85225284　85228291　85228292（邮购）
传　真：（8620）85221583（办公室）　85223774（营销部）
邮　编：510630
网　址：http：//www.jnupress.com　http：//press.jnu.edu.cn

排　版：广州市天河星辰文化发展部照排中心
印　刷：湛江日报社印刷厂

开　本：787mm×1092mm　1/16
印　张：15.375
字　数：373 千
版　次：2011 年 9 月第 1 版
印　次：2015 年 1 月第 4 次
印　数：7001—8500 册

定　价：32.00 元